JN061144

アンドリュー・J・M・ビンズ
チャールズ・A・オライリー
マイケル・L・タッシュマン
加藤今日子 訳　加藤雅則 解説

コーポレート・エクスプローラー

新規事業の探索と
組織変革をリードし、
「両利きの経営」を
実現する4つの原則

Corporate Explorer

How Corporations Beat Startups at the Innovation Game

Andrew J. M. Binns, Charles A. O'Reilly III, Michael L. Tushman

英治出版

私と同じくらい本書に深く関わってくれたトリスタン、ゲティン、クレアリへ。君たちの愛情とサポートがなければ、本書が完成する日は来なかっただろう。

——アンディ

話を聞かせてくれたすべてのコーポレート・エクスプローラー（ＣＥ）に感謝する。本書で紹介した以外にも多くの人のおかげで、ＣＥが直面する課題への理解が深まった。

——チャールズ

本書をマージョリー・ローズに捧げる。我々の世界は、彼女の明晰さに照らされて広がった。

——マイケル

Corporate Explorer
How Corporations Beat Startups at the Innovation Game
by
Andrew Binns, Charles O'Reilly, and Michael Tushman

This translation published under license with
the original publisher John Wiley & Sons, Inc.,
through Tuttle-Mori Agency, Inc., Tokyo

コーポレート・エクスプローラー　目次

3　戦略的抱負の条件　64

Part 2 イノベーションの原則 85

8 探索事業システム 176

11 二重らせん――イノベーションと組織変革を「両立する」リーダー 238

12 実行する覚悟――新規事業の量産化を決断するリーダー 262

編集部注

＊訳注は〔　〕で示した。

＊本書内での引用について、邦訳がすでに存在するものに関しては基本的にその訳を用いたが、本書の文脈に合わせて訳出を調整する必要がある場合などは、適宜、手を加えている。

まえがきと謝辞

本書の始まりは二〇年前まで遡る。私（アンドリュー）は、ＩＢＭの戦略リーダーシップフォーラムに参加した。同社の新規事業創出（Emerging Business Opportunity、ＥＢＯ）プログラムの支援に携わっていたマイケル・タッシュマン教授とチャールズ・オライリー教授がハーバード経営大学院で開催したフォーラムだ。当時、私はマッキンゼーからＩＢＭに転職したばかりで、新規事業の支援を担当する社内コンサルタントを務めていた。

そのときの同僚の一人が、キャロル・コバックだ。当時はライフサイエンス部の事業部長で、私たちの考えるコーポレート・エクスプローラー（ＣＥ）のお手本だった。就任からわずか五年で、コバックはジャミー・コフィンとともに偉業を成し遂げる。巨大企業の内側から、数十億ドル規模の新規事業を成功させたのだ。現場に居合わせた私は、間近でＣＥの成功要素を学ぶ幸運に恵まれた。それ以来、成熟企業も、スタートアップを上回るイノベーションを生み出せるという確信は一度も揺らいだことはない。もちろん、目の当たりにしたからこそ、難しさも痛感したのだが。

ＩＢＭでの経験は、マイケルとチャールズの共著で人気を博した『両利きの経営』（東洋経済新報社、二〇一九年、増補改訂版は二〇二二年）の軸にもなった。二人はこの本の中で、ＩＢＭをはじめ、新規事業の着想、育成、量産化に成功（または失敗）した企業を多数紹介している。二人が強く提唱する「両利きの組織」は、コア事業を効果的に運用する部門と、新たな事業機会を探索する部門を分離することで、事業の成熟度に応じたマネジメントを可能にする。まさにＩＢＭがＥＢＯプログラムで実施した方法だ。

同じ頃から、事業推進プログラムやラボ（研究所）に投資する企業が増加し、社内イノベーションは一大産業になっていく。ツールや技術や手法を駆使してイノベーションを起こし、世界中に進出した企業も多い。大半のツールや手法は優秀だ。私たちも、ケリー兄弟が考案したデザイン思考や、スティーブ・ブランクとエリック・リースによるリーンスタートアップには深い敬意を抱いているし、アジャイルソフトウェア開発がビジネスの世界にもたらした重大な変革にも同じ想いだ。アジャイルが企業の事業手法に新しい風を吹き込みつつあるのもいい流れである。

ただし、どの手法も見落としている点がある。まず、大半のイノベーションに関する手法は、スタートアップ向けでも大企業の内側から行う場合でも進め方がほとんど変わらない。しかし、両者の進め方は大きく異なる。成熟した企業では、社内慣習の中でイノベーションをどう扱うかが、成功の鍵なのだ。また、先ほど触れた手法は、社内イノベーションのリーダーは起業家の模倣でしかないという前提で成り立っている。多くの共通点があるのはたしかだが、ＣＥと起業家の役割はまったく別物だ。ＣＥは、どの手法もスタートアップ向けであることを念頭に置き、活用する前に自社向けに調整する必要がある。

この二点への気づきから、ＣＥに焦点を当てるという本書の構想が生まれた。ＣＥが取り組むのは、一般には不可能とされる「大企業の内側から破壊的イノベーションを起こす」ことだ。上から任命される場合もあれば、たった一人で着手する場合もある。どちらの場合も、ＣＥは事業機会を見つけ、後ろ盾を得て事業を推進して実現させる。許可を待つだけでなく、自分から周りを動かすリーダーシップが必要だ。

本書は、多くのＣＥからの学びと、著者自身の研究や教育、コンサルティングの経験をまとめたものだ。ＩＢＭで始まった我々の取り組みは、二〇〇七年にピーター・フィンケルスタインとともに創業したチェンジ・ロジックで継続している。当社は、本書で取り上げた企業以外にも多数のクライアントと協業してきた。ＣＥやＣＥを後押しする経営幹部が成功するための方法はすべて、クライアントから学んだものだ。

まずは、これまで出会ったあらゆるＣＥに謝意を伝えたい。中でも感謝しているのは、本書のために時間をとって経験や感想やアイデアを共有してくれたキャロル・コバック、クリスティアン・クルティス、バラジ・ボンディリ、ケビン・カーリン、トニー・モンタルボ、クレア・クローク、コリン・ライデン、フィオナ・トレーシー、マイク・メイズ、ジェイソン・リンチ、松岡陽子、セバスチャン・ジャキッシュ、サラ・カルヴァーリョ、ヴェヌ・ゴピナサン、コリン・リッチー、エリック・クルシェツ、ルーカス・メイル、パトリック・マグニー、クリストファー・ウィダウアー、クリス・ブレンクリー、ローナ・キーン、ブライアン・ドネリー、ボブ・バーセルメス、サジ・ベン・モシェ、藤川修、中島輝行、井原成人、エディカ・リン、ウーヴェ・キルシュナー、マイケル・ニコルズだ。

社内イノベーションに関して多くをご教授くださった企業経営陣にもお礼を申し上げたい。中でも、アナログ・デバイセズ（ＡＤＩ）のヴィンセント・ロウチとユニカのアンドレアス・ブラントシュテッターの両ＣＥＯからは洞察に富む言葉を数多くいただけた。また、優れたソートパートナー〔先進的な考えを主導するパートナー〕としてＡＤＩの可能性を切り開いたマーティン・コッターにも感謝している。クライアントからも多くの学びがあった。特にユスフ・ジャマル、オリビエ・デュモン、ギャビー・アップルトン、ロン・モベッド、ジャミー・コフィン、トメル・ズヴルン、アイシャ・エバンス、セルジオ・プッターマン、アレクサンドル・ファン・ボッツェリア、デビッド・ナント、ジョン・グレコに謝意を伝えたい。もちろん、本書の旅を始めるきっかけとなったブルース・ハレルドにはどれほど感謝してもしきれない。

我らがチェンジ・ロジックはアイデアの宝庫で、どんなときも手助けしてくれた。本書はチームの労力の結晶であり、読者の皆さんに役立った部分があったなら、称賛されるべきは当社の仲間たちだ。二〇二一年に長期の不在を許してくれた経営陣のクリスティン・グリフィンとクリスティン・フォン・ドノープには、心から感謝している。現在とかつての社員にもお礼を伝えたい。アーロン・レオポルド、ユージーン・イワノフ、ジョ＝アン・サバティーニ、ニシ・グプタ、アリーナ・カウデン、ヴィンセント・デュクレ、アレキサンダー・ペット、エルスペス・チェイサー、タムラ・カルハルト、アンドレス・エチェベリー、ダリル・ダンバー、カーティス・ライジング、ケヴィン・モルジン、ルーカス・ウォール、ブレンダン・ホジソン、ジョージ・グラッキン、ウリケ・シェーデ、ピーター・アインリー＝ウォーカー、ジェイソン・ラビノウィッツ、ウェンディ・スミス、ノエル・ソベルマン、本当にありがとう。

アドバイスやフィードバックをくれる有能な友人や同業者がいて、私は本当に幸せ者だ。時間をかけて草稿を読んで感想を伝えてくれたリサ・ウェイド、ピーター・ロバートソン、ブライアン・ウルフ、ジョージ・グラッキン、ミシェル・マーティン、キャロル・コバック、ノエル・ソベルマン、ヴィンセント・デュクレ、ダイアナ・シャヨン、ナレンドラ・ラリヤニに感謝を。また、研究・編集チームのヴァネッサ・セイアとエリッサ・チェイスにも心から謝意を伝えたい。二人の本書への貢献は、私が誰より理解している。もし本書に誤りが残っていても、ここまで名前を挙げた人に責任は一切ない。逆に、優れたインサイトが盛り込まれた部分は、彼らなしには生まれなかった。

本書の執筆がコロナ禍と重なったことには、特別な意味があった。そもそもコロナがなければ、本書は日の目を見なかったかもしれない。二〇年ぶりに外を飛び回らずに自宅で過ごし、妻であり仲間でもあるトリスタン・ボイヤー・ビンズの支えと親友のジム・ボールとアニータ・ディアマントからの励ましが得られたからだ。

最後に、共著者のマイケル・タッシュマンとチャールズ・オライリーには最上級の感謝を捧げなければならない。二〇〇〇年からこれほどの巨人とともに仕事をしているなんて、恐れ多い光栄だ。私は二人から多くを学び、アドバイザーとしてもコンサルタントとしても成長できた。

私たちは大勢のCEと知り合いになり、ありがたいことに一緒に働く機会も得られた。CEを命じられた者は、「これからどうすればいいの?」と迷うことが多い。その答えは本書で見つけてほしい。本書が少しでも多くのCEへの情報源となり、CEがリーダーとイノベーターの両立を実現できるよう祈っている。

アンドリュー・ビンズ
マサチューセッツ州グロスター、七月

チャールズと私が目指す厳密であり現実と関わりの深い研究には、世界中で活躍中のリーダーとの関わりが欠かせない。チェンジ・ロジックは、そんな現役リーダーと出会う機会を広げてくれた。私たちのアイデアが数々の企業にじかに影響を与えられたのは、当社の優秀なプロ集団の力による。ただし、そのチェンジ・ロジックも、アンドリュー・ビンズの洞察力と創造性とリーダーシップと卓越した才能がなければ存在しなかった。アンドリューは私たちのCEだ。彼と一緒に仕事ができたことは、本当に幸運だった。

マイケル・タッシュマン
マサチューセッツ州ケンブリッジ
チャールズ・オライリー
カリフォルニア州パロアルト

PART 1 戦略的抱負

本書で扱う「コーポレート・エクスプローラー（ＣＥ）」とは、成熟した企業の内側からイノベーションを起こすリーダーだ。現実味のないテーマだと思う人もいるかもしれない。「社内イノベーション」は、「耳をつんざくほどの静寂」とか「ワーケーション（普段の職場から離れたリゾート地などで仕事をすること）」のように、矛盾した表現だと捉えられがちだ。だが、私たちの考えは違う。本書で説明するのは、ＣＥが自社の資産を活用して破壊的な新規事業を迅速に成功させる方法だ。簡単ではないし失敗例もあるのはたしかだが、今や世界中で社内イノベーションの成功例が見られる。

本書では、成功事例と失敗事例の差を解き明かしていく。第Ｉ部では、まず自社の資産を活用して破壊的イノベーションを起こすことができる企業が生まれた経緯と、具体的な方法を説明する。次に、ＣＥの実例としてユニカ（ＵＮＩＱＡ）のクリスティアン・クルティスを取り上げ、彼が社内イノベーションで果たした役割を紹介する。最後に、ＣＥを行動に駆り立てる事業機会に負けないほど壮大な「戦略的抱負」が不可欠という点を解説したい。

図I－1　コーポレート・エクスプローラー

PART 4

探索事業のリーダーシップ

- サイレントキラー
- 二重らせん
- 実行する覚悟

PART 1

戦略的抱負

- 社内イノベーションの利点
- CE
- 戦略的抱負の条件

コーポレート・エクスプローラー

探索事業のリーダーシップ
戦略的抱負
イノベーションの原則
両利きの組織

PART 3

両利きの組織

- 探索事業部
- 探索事業システム
- リスクと報酬

PART 2

イノベーションの原則

- 着想
- 育成
- 量産化

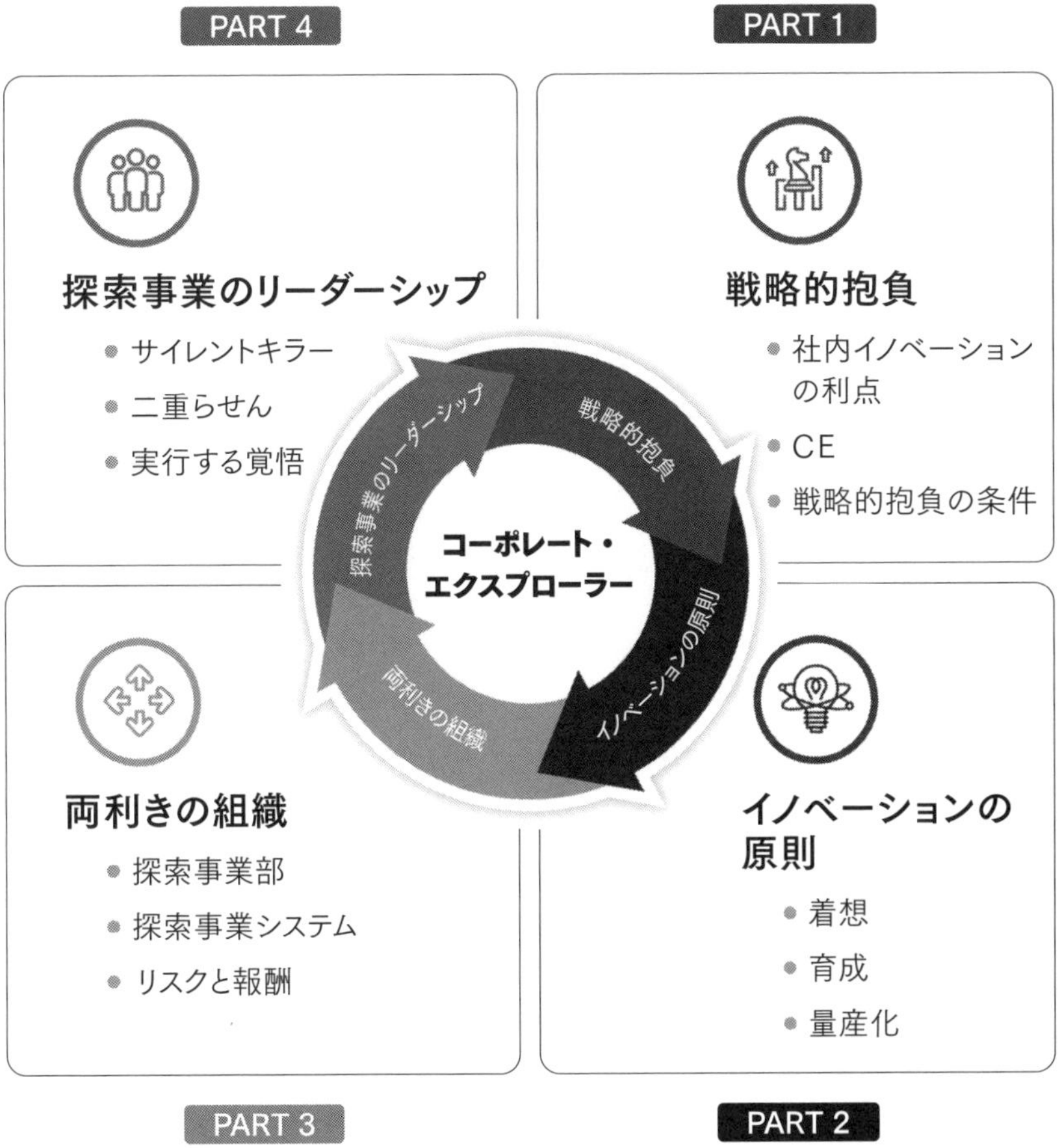

1　社内イノベーションの利点

業界を一変する「破壊的イノベーション」は成熟した企業には適さない、と普通は思われている。完成した事業モデルのもとで利益を上げて成長してきた企業には、慣習に反する驚異的な事業など不可能というわけだ。目先の利益が最優先だから、どうなるかわからない新規事業を推進するリスクには及び腰になるし、よさそうな案に資金を投じてみた場合も、事業化して採算がとれるまで我慢できないのがほとんどだ。こうして成熟企業は、「創造的破壊（ディスラプション）」の餌食になる。創造的破壊とは、クレイトン・クリステンセンが命名した概念で、業界の常識が短期間で激変することを指す。わかりやすいのは、タクシー業界におけるウーバーだ。同社は相乗りサービスで業界に参入すると、世界中から認可を受けたドライバーを一掃した。一世紀もの間、安泰だったタクシー業界の常識が、わずか一〇年でひっくり返ったのだ。デジタル革命や最近では新型コロナウイルスの影響によって市場変化の勢いは止まらず、創造的破壊も生まれ続けている。

クリステンセンは、名著『イノベーションのジレンマ』（翔泳社、二〇〇〇年、増補改訂版は二〇〇一年）で、スタートアップが反逆者として既存の支配的企業を打破してきたデータを示し、成熟した企業が創造的破壊の戦いに勝つのはまず不可能と結論づけた。長年一つの市場を席巻してきた企業は、別の分野で商品を開発しても利点がなく、既存製品とのカニバライゼーション（共食い）の回避を優先するからだ。二一世紀に入ると、グーグル、アマゾン、アリババなどが巨大デジタル企業へと急成長したことで、二〇世紀型のテクノロジー、メディア、小売関連の大企業が凋落し、クリステンセンの説が裏付けられた。その後も、創造的破壊の勢いは増す一方だ。成熟企業をさらに追い詰めたのがデジタル技術である。テクノロジーがあれば、企業の規模にかかわらず革新的な事業モデルを構築できるため、創造的破壊は誰でも起こせるものになった。今では、創造的破壊はスタートアップの専売特許で、ウーバーやリフト、キャスパー、エアビーアンドビー、ソーファイ、ワービー・パーカー、ブルーム・エナジーなど、世界を一変しうる企業は挙げきれないほどだ。もはや、老舗の成熟企業に出る幕はない。

クリステンセンの説は、一般論としても納得しやすい。年老いて動きの鈍くなった大企業が、新興デジタル企業のスピードや独創性に太刀打ちできなくても仕方ないというわけだ。資金面や技術面の資産は多くても、大企業には新規事業の育成に必要な起業家精神が欠けている。イノベーションは、ベンチャーキャピタルの後ろ盾を得た起業家同士の戦いなのだ。社内で優れた案を出しても官僚的な承認プロセスを長々と待つだけだから、いっそ起業したほうがいいと助言されるマネジャーも多い。こうして、成熟した企業には斬新なイノベーションなど不可能という常識は、ますます揺るぎないものになる。

たしかに、新しい企業が業界の常識を一変するイノベーションを起こしても、差し迫る脅威に対処できる大企業はほとんどなかった。かつての大企業の多くが、もう存在しないか名前だけの抜け殻である。ある調査によると、スタンダード・アンド・プアーズの格付けリストに現在掲載されている企業の半数が、二〇三〇年までに他の企業と置き換わるとされている(1)。二〇〇七年には携帯デジタル端末市場を牽引していたノキアが、二〇一三年に七〇億ドルでマイクロソフトに買収され、その数年後には償却された。音楽会社のＥＭＩも、ＳＰレコードや、ビートルズの大ヒットアルバム『アビイ・ロード』を収録したＬＰ盤や、磁気テープやＣＤといった多様な録音媒体によって輝かしい時代を築いた。しかし、デジタル音楽とそれに合わせた事業モデルが登場すると、同社は完全に利益を失い、二〇一二年に消滅した。同様の事例は、写真・画像業界のコダックやポラロイド、小売業のブロックバスターやディベンハムズなど枚挙にいとまがない。創造的破壊はどこでも起こり得る。どれほど歴史があろうと、どの地域や業界でも、手加減などないのだ。

▼創造的破壊の戦いを制する

では、本書はなぜ企業内で新規事業を起こすコーポレート・エクスプローラー（CE）を扱うのだろうか。

それは、クリステンセンの著書から二五年近くたち、状況が変わってきたからだ。自社の資産を活用して創造的破壊の戦いを制する大企業が増えてきた。世界最大級の数兆ドルもの時価総額を持つアマゾンでは、新規事業の創造が経営方針の軸だ。現在、同社の業態は「エブリシング・ストア」やマーケットプレイスにとどまらない。アマゾン・ウェブ・サービス（AWS）は世界有数のクラウドプラットフォームだし、アマゾン・プライムは映画や動画の制作・配信分野でネットフリックスとも渡り合っている。半導体メーカーのエヌビディアは、従来のパソコン市場が急速なコモディティ化による脅威にさらされつつあると認識した途端、方向転換して人工知能（AI）に投資し、AI企業として見事に再建を果たした。ネットフリックスも、DVD郵送事業で競合のブロックバスターに競り勝ったのち、オンライン配信事業へと舵を切り、今ではコンテンツ制作会社としても大成功を収めている。過去二〇年間で、多様な新規事業が大企業から誕生した。創造的破壊を牽引できるのはスタートアップのみという常識が当てはまらなくなってきたのだ。自社の資産を活用できるという**社内イノベーションの利点**を、企業自身も自覚しはじめたのである。

公平を期すために言えば、ここまで挙げた企業はたしかに歴史が浅いし、起業家精神を備えた「デジタルネイティブ」の創業者が今も経営を担っている。では、そうではない企業も挙げよう。ソフトウェア界の巨人、マイクロソフトだ。顧客企業内のサーバーやパソコンへのインストール型ソフトウェアが収益の柱という状態が何十年も続いていたが、突然、セールスフォースの顧客関係管理（ＣＲＭ）ソフトウェアや、ワークデイの人事管理アプリケーションなど、クラウドベースのサービスやソリューションが爆発的に誕生する。「サービスとしてのソフトウェア（SaaS）」時代が始まったのだ。創造的破壊の理論からすれば、マイクロソフトは衰退へと向かうはずだった。

ところが、同社は企業向けメールサービスを刷新し、オンラインサービス「オフィス３６５」を始める。十分普及していたインストール型ソフトウェアの基盤を自ら壊し、生産性の高いサービスへの切り替えに成功したのだ。マイクロソフトほどの知名度はない企業にも、同じくらい抜本的な改革に踏み切ったところはある。一例が、オンライン情報プロバイダーのレクシスネクシスだ。二〇年前の同社は、弁護士や法人向けに法律関連ニュースを配信する事業を軸に、一桁台の安定した収益成長率と高い利益率を維持していた。にもかかわらず、レクシスネクシスは二〇〇一年に数十億ドルを投じて兄弟会社レクシスネクシス・リスクソリューションズを設立する。あるマネジャーが経営陣の後押しで立ち上げ、ビッグデータを駆使して保険会社や政府機関や医療機関などにデータ分析とソリューション提供を行う会社だ。今では、本社を上回る収益を出している。

成功した企業の共通点は、スタートアップにはない自社の利点を認識していたことだ。大企業には、活用できるリソースや組織能力、資金力、スキルを持つ人材、生産力、顧客などの資産がある。資金だけなら引けを取らないスタートアップもあるものの、それ以外の資産では大企業のほうが大幅に有利だ。マイクロソフトは社内サーバーに同社のメールソフトをインストールしている膨大な顧客企業を抱えていた。オフィス365は、このメールアカウントをクラウドに移すことで顧客企業のコストを削減するとともに、自社にもプラットフォーム革命を起こしたのだ。レクシスネクシスも、公的記録を活用・整理する仕組み、ブランドとしての知名度、資金力などの資産は最初からあったし、実績のないデータ連携ソフトなどの分野では、外部の力を借りた。

実のところ、この種の資産をむしろ重荷に感じて、失わないようマネジャーをせき立てるばかりの企業も多い。一方で、資産を武器に創造的破壊の戦いに挑む企業もある。両者の差はどこにあるのだろうか。私たちが調査した結果、創造的破壊を起こす企業には、四つの特徴があった。第一に、経営陣が創造的破壊の機会や脅威に負けないほど壮大な「**戦略的抱負**」を持ち、行動を変える必要性も理解していた。第二に、グローバルなイノベーション業界が体系化した「**イノベーションの原則**」を事業推進に取り入れていた。原則を守った企業は、立ちはだかる障害も乗り越えられた。第三に、革新的な新規事業をコア事業から分離する「**両利きの組織**」が見られ、新規事業は成長に欠かせない裁量権を守りながらコア事業の資産も活用できた。

第四に、CEだけでなく、リソースを投じて新規事業を後押しする覚悟のある経営陣のあいだにも、明らかな組織能力として**「探索事業のリーダーシップ」**が見られた。

本書は、以上の四点を軸に進んでいく。破壊的な新規事業を起こすことができる企業とそうでない企業との差は、四点をどこまで守れるかにかかっている。

▼戦略的抱負

グーグルやアマゾンなどのデジタルネイティブ企業が急速に世界を支配しつつあった二〇〇〇年代、老舗企業のCEOも「グーグルやアマゾンやアップルと同じくイノベーションが必要だ」と警鐘を鳴らしはじめていた。新構想をすばやく自在に実現するグーグルや、イノベーションを戦略としているアマゾン、新しい市場を生み出したアップルのような存在を目指したのだ。どの企業にも、新しいテクノロジーの活かし方を学び、事業手法を刷新する意欲があった。また、小規模で身軽な会社が瞬く間に驚異的な市場価値を生む様子を見て、少しでもそのような勢いを取り入れたいと考えるCEOもいた。

こうして目覚めたCEOたちは、自ら創造的破壊を起こすべく大胆な改革に着手する。その一人であるエヌビディアのジェンスン・フアンも、二〇〇七年の時点で、すぐ行動しなければ資産を失う一方だと認識していた。同社は、コンピューターの画面に画像を表示する技術を開発し、デルやヒューレット・パッカード（ＨＰ）などのパソコンメーカーに販売する会社だった。だが、インテルが画像処理機能を、コンピューター本体でソフトウェアを動かす自社の技術に統合しはじめた。市場はＣＰＵのコアと画像処理性能が一体化したコンピューターが席巻し、エヌビディアはシェアの大半を失った。創業から二〇年間成長し続けて収益一〇〇億ドルに達していた同社は、突如存亡の機に直面したのだ。インテルの「ブラックホール」に引き込まれて、身動きすらとれなくなっていた。

逆境の中、フアンは社内を鼓舞すべく方針転換を打ち出す。あえて、創業以来のコア事業から離れた領域を目指したのだ。エヌビディアは、ＡＩと自動運転の新規事業を立ち上げると、二〇一五年には従来のパソコン事業とともに業績を公開しはじめた。当初は懐疑的だったアナリストたちも、温めてきた事業が軌道に乗り、二〇一七年に業績が跳ね上がると態度を変える。その後五年間で、同社の株価は三五〇〇％増加した。エヌビディアは、危機に先立って意図的にデジタル革命の中心に身を投じることで、自力での再建を果たした。

他にも多くの企業が、創造的破壊の戦いに全力で取り組んでいる。マスターカードでは、アジェイ・バンガが中心となり、「現金の世界に革命を」という戦略的抱負のもと幅広いデジタル決済商品を開発した。アナログ・デバイセズ（ＡＤＩ）のヴィンセント・ロウチは、コア事業以外での躍進を目指して、イノベーション・ラボ「アナログ・ガレージ」と、デジタルヘルスなどの新たな成長分野に注力する事業部を発足した。小売会社のベスト・バイでは、ユベール・ジョリーが自社を建て直すべく、家電の専門知識を活かして高齢者向け医療サービスを始めた。

ドイツの自動車メーカーのアウディも、将来の事業モデルを探索するイノベーション事業部を立ち上げ、コア事業とは分離して運営している。

テクノロジー企業ボッシュは、従来の事業モデルから脱却するために、コア事業以外の分野で画期的な事業モデルを徹底的に検証する「アクセラレーター・プログラム」を取り入れた。日本にも、創造的破壊の戦いに並々ならぬ力を注ぐ企業がある。大手電機メーカー日本電気株式会社（NEC）には、新規事業分野の成長要因の探索に専念する「ビジネスイノベーションユニット」があり、AGC株式会社も、「M・I・T（マーケティング・インキュベーション・トランスファー）」という手法で次々と新規事業を立ち上げて多角化を実現した。次章以降で、世界的大手コンサルティング会社のデロイト、情報プロバイダーのレクシスネクシス、欧州の保険会社ユニカなど多くの事例を紹介する。

もちろん、成功だけでなく失敗した企業にも注目すべきだ。総合製造業のゼネラル・エレクトリック（GE）をソフトウェア企業にするというジェフリー・イメルトの試みは失敗に終わり、メルセデスは変革事業を担ってきた「ラボ１８８６」を売却した。歴史ある企業が新事業モデルを取り入れるのは、やはり容易ではない。かつては企業イノベーションの代名詞だったグーグルでさえ、コア市場以外の事業の失敗を認めざるを得なかったときがある。クラウドゲームサービス「スタディア」が二〇二一年に撤退したのは、記憶に新しいだろう。

ただ、失敗事例があろうとも、もう流れは止められない。創造的破壊をスタートアップによる脅威ではなくチャンスと捉える企業も増えている。こうした企業は、自社の核となるパーパスやアイデンティティに挑戦するような事業モデルでも躊躇なく試す。そうしなければ創造的破壊の戦いを制するどころか、餌食になるだけだからだ。

二章以降で、多くのCEを紹介する。CEとは、率先して画期的な方法を試して組織変革に取り組む者だ。二章では、保険会社ユニカのハンガリー支店のクリスティアン・クルティスが、保険業界において破壊的新事業を成功に導いた事例を紹介する。三章では、経営陣に明確かつ説得力のある「**戦略的抱負**」があれば、漸進型ではなく一足飛びのイノベーションを起こしやすくなる理由を説明する。もちろん、上からの許可などなくても新規事業に着手することはできる。それでも、経営陣が打ち出す戦略的抱負は、CEが新分野を探索する可能性を開いてくれる。戦略的抱負は、単なる指針表明ではない。イノベーションを生み出すことに悪影響を及ぼしそうな考えに異議を唱えやすい組織カルチャーを生む力があるのだ。

▼イノベーションの原則

戦略的抱負は、企業のイノベーション部門にも変革をもたらした。かつてのイノベーション部門は、専門家やプロセス管理者を集めた場所だった。一九九〇年代までは、科学者や技術者やアクチュアリー〔保険のリスク計算などを担当する専門家〕などが、各自の専門性から決めた顧客のニーズに基づいて解決策を出していた。しかも、事業案は「ステージゲート法」で管理されていた。この方法はコア商品の効率性向上には役立つものの、事業案のリスクを低減するために、採用可否の厳格な基準を設けている。これでは、採用されるのは漸進的イノベーションのみで、大胆な改革案は生まれない。だが、ここ二〇年ほどで、破壊的イノベーションへの理解は大きく進んだ。大勢の学者、ベンチャーキャピタリスト、起業家やコンサルタントのおかげだ。このグローバルなイノベーション業界から、デザイン思考〔ユーザーの視点から課題を見つけて解決策を考える手法〕やリーンスタートアップ〔最低限の機能を持つ試作品を作り、顧客の反応に基づいて改良を重ねる手法〕、ビジネスモデルキャンバス〔事業モデルを九要素に分類して書き出すフレームワーク〕などの手法やツールが生まれた。どれも指針にはなるが、すべてを理解する必要はない。CEが知っておくべきなのは、**着想、育成、量産化**のイノベーション原則だけだ。成功するには、必ずこの原則を守って事業を進めなければならない。

着想では、斬新かつ自社の戦略的抱負と一貫した事業案を出す。優れた案が出る可能性が上がるよう、案の数を増やすのも大切だが、何より肝心なのは、専門家が出す解決策ありきの「インサイド・アウト」方式ではなく、顧客の悩みを重視する「アウトサイド・イン」方式を習得することだ。アマゾンには、誰でも提案できるよう企画書の形式を固めた「PR／FAQ〔プレスリリース&よくある質問とその回答〕」手法がある。提案条件は、一ページのプレスリリース〔新商品発表〕の形で、顧客にとって真に価値がある理由について、顧客自身の声が盛り込まれた企画書を作る点だけだ。他にも、デザイン思考などの手法を通じて、創造性は顧客への深い共感から生まれると学んだマネジャーや、[2] シリコンバレーやベルリンやハイファなど最先端のベンチャー拠点の起業家の協力でアウトサイド・イン方式を実現した企業も存在する。案さえ出せばいいのではなく、企業の戦略的抱負と合致した案であることが求められる。検証も必要だ。

育成という原則では、優れた構想を検討し、立証済みの事業として提案するか、中止または方向転換するかを決める。かつては、CEOのお気に入りというだけで、事業化を急かされた時代もあった。インテル伝説のCEOだったアンディ・グローブは、一九九〇年代に自社開発のテレビ会議用システム（プロシェア）が市場の圧倒的覇者になれると確信していた。ところが、五年かけて七億五〇〇〇万ドル投じた末に、事業は頓挫する。グローブはのちに、「技術的に可能というだけで大きな需要があると思い込んだ（中略）のは間違いだった」と振り返った。資金投入を続ける価値があるか否かは、直感ではなく証拠で示す（せめて直感を証拠で補う）必要がある。[3]

育成はまず、顧客や市場やニーズに合った解決案かどうかの仮説を立ててから、仮説を低予算で検証し、結果に基づいて改良した構想を再提案する流れを繰り返す。IBMで大成功を収めた「新規事業創出（EBO）」プログラムでは、「私たちが解決しようとしている顧客の課題は何か？」など六種類の質問から仮説を立てる「事業デザイン」を採用している。アマゾンでは、PR／FAQ段階を通過した社員は、事業案を検証する「ピザ二枚チーム」（ピザ二枚で事足りる規模のチーム）を結成する。どちらも、目指す事業から逆算した取り組みで、売りたい商品や技術を起点にはしていない。

検証は、顧客（需要はあるか？）と市場化への提案（利益は出るか？）の理解につながる手法だが、実験を繰り返して徹底的に検証しない限り意味はない。まずは最低限の機能だけを盛り込んだ不完全なソリューションで試し、顧客の反応を分析し、結果に基づいて改良を重ねる。すなわちリーンスタートアップだ。もともとは起業家向けの手法だったが[4]、今では世界中の大企業が熱心に導入している。ＧＥ、プロクター・アンド・ギャンブル（Ｐ＆Ｇ）、インテュイット、米国家安全保障局でも採用された手法だ。徹底的な検証によって、本物の顧客のデータやインサイトに裏打ちされた事業案になる。必ずうまくいく保証はないものの、成功の確率は上がる。インテルのプロシェアほどの大損害を出す可能性は低いだろう。

量産化は、育成で立証された事業モデルを持続性の高い事業として市場化するための原則だ。育成で得た学びに基づき、資産を集めていく。新規事業には、顧客（ブランド、顧客との関係、営業力、販路、代理店など）、組織能力（テクノロジー、商品、サービス、オペレーションなど）、経営資源（製造、海外拠点など）が必要だ。一方で、新規事業には裁量権も求められるため、半独立組織としてコア事業から分離する必要もある。つまり、裁量権はＣＥが自社の事業慣習に縛られずに量産化に取り組むためのもので、コア事業の資産は、大企業の利点を活かした事業の成功に欠かせないということだ。

破壊的イノベーションの原則の中で、おそらく最も重要なのが量産化だ。アイデアを育成したところで、量産化しない限り市場への影響はなく、収益も生まれない。量産化しなくても、イノベーション自体に価値があるのもたしかだ。企業は新しい技術や能力を学べるし、スタートアップや競合他社の社員だったかもしれない人材を採用できるし、顧客の話題にもなる。ただ、破壊的イノベーションで市場を席巻するのが本書のテーマである以上、やはり量産化は避けて通れない。ところが、最も重要な原則にもかかわらず、量産化は最もないがしろにされている。量産化を扱う本は数えるほどだし、量産化専門のコンサルティング会社はほとんどなく、一般向けの研修プログラムに至っては皆無だ。デザイン思考やリーンスタートアップとは大違いである。例えば、ＧＥは六万人を超える社員にリーンスタートアップの研修を実施したと言われる。しかし、着想と育成にしか目が向いていなければ、結局は痛い目を見るだろう。これらの手法を駆使すれば大量の事業案は出るだろうが、量産化まで資金投入が続くものはほぼないからだ。

グローバルなイノベーション業界におけるこれらの原則は、着想と育成を重視した企業の慣行を変えつつある。しかし、起業家の真似をしたり、スタートアップの生態系に参画したからといって、必ず成功するわけではない。社内の新規事業は、立ち上げには成功しても、親会社の近視眼的な方針のせいで身動きがとれなくなって頓挫するものが大半だ。

四〜六章では、ＣＥがイノベーションの原則を使って新規事業を軌道に乗せるまでの流れを説明する。四章の「着想」で扱うのは、顧客の課題の解決案を出す具体的な方法だ。ＣＥはアイデア先行になりがちだが、対象ユーザーや顧客にとっても価値のある事業だと確証しない限り、決して成功はできない。五章の「育成」では、着想した案を検証して市場化提案まで持っていく流れを取り上げる。育成に必要なのは科学的手法だ。立てた仮説を検証して、顧客の問題を解決できたか、顧客が価値を感じて購入しようと思えるか、そして本当に自社で実現可能かまで立証する。エビデンス重視の進め方に抵抗を感じる企業も多いが、リスク回避の慣習を克服する重要な方法だ。六章ではいよいよ核心の「量産化」に入る。量産化には、既存顧客や組織能力や経営資源などが欠かせない。コア事業の資産の一部を新規事業に回すか、買収や戦略的提携などの方法が考えられる。目標達成までの手順を考えるのに役立つ「量産化への道」も紹介する。

▼両利きの組織

ビジネスの世界では、「企業が創造的破壊の食いものにされるのは、イノベーションの到来を見過ごしていたせいだ」と常識のように言われる。だが実際には、食いものにされた企業にもイノベーションの到来は見えていたし、戦えるだけの技術的資産もあった。例えば、ポラロイドは一九九〇年代に世界で初めて百万画素のデジタルカメラを市場化した。ノキアにも、スマートフォン時代に勝ち残る資産はすべて揃っていた。どちらも創造的破壊の到来は認識していたが、コア事業から目先の成果ばかり求められたため、新規事業が育たなかったのである。なぜそうなるのだろうか。それは、コア事業が成果の最大化を目指し、競合企業に競り勝てる漸進型イノベーションを進め、できるだけ多くの収益を出すための独自の運営リズムを持っているからだ。

だが、探索事業のやり方は正反対だ。不確実性の高い世界でうまくいく事業モデルを求め、試行錯誤しながら学んでいく。前者は複雑だとしても立証済みの環境に、後者は極めて複雑かつ不確実な環境にいる。どちらにも妥当性はあるが、決して相容れることはない。火花を散らして反発し合うのも当然だろう。コア事業の原動力は業績予想に到達することで、求められるのも短期的な成果だ。同じやり方を押しつけられれば、探索事業は学ぶ時間などなくなり、一刻も早く進めざるを得ない。着実な市場化への圧力が強い企業では特に、経営陣も革新的な事業機会を逃しがちだ。こうして、新規事業の業績は振るわなくなり、コア事業側はますます「新規事業にはリスクがある」と確信していく。

成熟度の異なる複数の事業を管理するのは難しい。この難題を解決する方法の一つが「**両利きの組織**」だ。様々な段階の事業を同時に運営することで、新規事業で実験しながら、成熟事業から利益を出せる。ポイントは、事業の成熟度に合った戦略を推進できるように、探索事業をコア事業から分離することだ。そうすれば、戦略的抱負は共有しながらも、お互いが自分のやり方で進められる。探索事業はCEOなど経営幹部の直属組織となり、コア事業体制の外で活動する裁量権を持つ。IBMが二〇〇〇年に始めたEBOプログラムも、両利きの組織の考え方に基づいている。EBOから生まれた事業を取締役会の直属戦略部門にしたところ、二〇〇六年には、新規事業の収益は一五〇億ドル以上（全社収益の二四％）、投資収益率（ROI）も買収部門の二倍に達した。成功の秘訣は、EBO事業を経営構造から分離した点にある。

新規事業が成長に必要な裁量権を持ちながら、自社の資産を活用できる仕組みだった。[5]

探索事業に裁量権を与えつつもコア事業の資産を活用できるという両利きの組織は、前述したレクシスネクシスのほか、アナログ・デバイセズ、アマゾン、マイクロソフト、ＮＥＣ、ＡＧＣなど多くの企業が採用している。七章以降で、各社の事例を紹介したい。七章では、単一の新規事業や複数の新規事業を支える「**探索事業部**」のあり方を解説する。八章で扱う「探索事業システム」は、計測・管理システムなどソフト面の要素だ。九章では、新規事業でリスクと報酬の釣り合いをとる方法を考察する。ＣＥは起業家とは違い、事業を売却したり株式公開したりしたところで人生が変わるほどの富を得るわけではないし、失敗しても自分の財産を失うリスクはない。そんなＣＥのモチベーションを高めるために各社がとっている工夫を紹介する。

▼探索事業のリーダーシップ

私たちがＣＥという存在に初めて出会ったのは、二〇〇〇年のＩＢＭだ。新たな成長事業に資金投入して成長へと導く「ＥＢＯプログラム」が始まった年でもある。ＥＢＯでは七個の新規事業が生まれ（のちに二〇個以上になる）、めざましい成果を上げた。新規事業の収益が、買収部門をはるかに上回った四半期もあるほどだ。[6]特に大きな成功を収めたのが、キャロル・コバックの率いたライフサイエンス部門である。この部門には、めまぐるしく動く新しい市場に適した画期的なソリューションが求められた。そこでコバックが目指したのは、一九九〇年代のゲノム解析から生まれたライフサイエンス革命の中心にＩＢＭを据えることだ。この目標のもと、豊富な科学的知見を持つ何百ものスタートアップと業務提携をした。成熟市場の大企業だけを重視する既存部門から見れば常識外れとも言える行為だが、ライフサイエンス部門は「三年以内に収益一〇億ドル」という目標を掲げ、五年後には三〇億ドル以上の収益を上げた。コバックが成功したのは、他部門の反発をものともせず、通例を破って自らのビジョンへと邁進し続けたからだ。

ＣＥには、自分が壊そうとしている事業モデルに固執する社員との友好関係は保てない。落としどころなどないのだ。コバックたちは、従来のＩＢＭにはない仕事のやり方を示す必要があったため、コア事業とはまったく異なる分野（計算化学、遺伝学、製薬事業など）の学位や実績を持つ専門家を採用した。堅苦しい経営幹部とは服装や言動からして異質な人々だ。真に有能なＣＥが覆すのは既存市場だけではない。今までにない業務手法を取り入れて、自社の常識もひっくり返すのだ。組織再建の機会を貪欲に求め、説得力のある論拠で経営陣の注意を引き、新規事業の成功に力を注ぐ。一方で、周囲との同調は求めず、ビジョン実現のためならルールを破ることをいとわない。それが有能なＣＥなのである。

ＣＥの行動は、成熟した大企業から見れば非常識だ。一〇章では、破壊的イノベーションが呼び起こす多くの「サイレントキラー」を取り上げる。[7] 製造分野で一世紀以上の歴史を持つ巨大企業GEは、自社の将来像を先取りする新組織「GEデジタル」の責任者にビル・ルーを登用した。しかし、ジェフリー・イメルトCEOの積極的な後押しにもかかわらず、ルーの事業は頓挫する。その要因が「コア事業システム」だ。コア事業システムは企業の事業慣習や日常業務・手順などであり、過去の成功の土台でもある。現在の事業モデルの深掘りには心強い存在だが、新規事業に対してはサイレントキラーとして立ちはだかる。CEは、イノベーションを起こすだけでなく、組織カルチャーも変革しなければならないのだ。一一章では組織変革とイノベーションを両立する「二重らせん」を取り上げ、CEを後押しする組織内での味方の作り方や、事業の評判を管理する方法を扱う。

組織のトップに果敢な戦略的抱負があり、それに呼応するCEがいて、新規事業が着想・育成・量産化の原則通りに進む。これだけでも、十分に創造的破壊の世界で戦える。とはいえ、新規事業の真の成功には、経営陣の覚悟も欠かせない。必要なのは、CEの味方であり続け、量産化の時期が来たら躊躇なく資本投入を決断する人物だ。世の中には、育てた構想をついに収益性ある事業にできるチャンスが訪れたのに、踏み出せないリーダーもいる。崖っぷちに立っていても、経営資源を投入する準備ができていても、まだ動けないのだ。一二章「実行する覚悟」では、こうした困難の要因を説明してから、対処法を考察したい。CEがよく悩むのが、量産化のタイミングを見極める方法だ。経験上、量産化の時期は事業の立ち上げ時に検討し、仮にでも答えを出したほうがいい。のちほど経営陣にどんなリソースを求めるべきかわかるからだ。

▼ＣＥは起業家ではない

本書はＣＥに関するものだが、現役のＣＥだけに向けて書いたわけではない。ＣＥになりたい人や、ＣＥをサポートする人にも読んでほしい本だ。ＣＥは起業家予備軍だと思われがちだが、そんなことはない。ＣＥと起業家には共通する面も多いものの、資産や制約などの点では別物だ。本書の主役を「起業家（アントレプレナー）」から派生した「イントラプレナー」や「コーポレート・アントレプレナー」などではなく、まったく異なる「コーポレート・エクスプローラー」と名付けた理由もここにある。本書はぜひ、ＣＥやＣＥ志望者に手に取ってほしい。あなたが本書の後押しで成功することが、著者一同の願いなのだ。新規事業に力を入れる企業が増え、多様な立場から取り組む人が現れてほしい。ＣＥの道を選ぶマネジャーや、戦略・財務・組織面でＣＥを支援する経営陣が増えるよう願っている。「ＣＥが成功するにはどうすればいいか？」という問いが、本書を書き進める原動力なのだから。

本書の内容は、過去に出会った多くのＣＥからの学びに基づいている。私たちのコンサルティング会社「チェンジ・ロジック」のクライアント、ハーバード経営大学院とスタンフォード経営大学院の講義を受けた経営幹部、ＩＢＭ在籍時代の同僚などだ。様々な事例を通して、組織内でＣＥがチームを変革に駆り立てたり、組織に変化を起こしたり、障害を乗り越えたりしながら新規事業を成長させるまでの流れを伝えたい。本書と同様の例は、規模や業種にかかわらず世界中で起きている。エヌビディアのジェンスン・ファアンのような目を引く成功もあれば、あまり知られておらず、まだ道半ばという事例もある。のちほど、世界的な大手コンサルティング会社デロイトで進められたオープンイノベーションプラットフォーム「ピクセル」の事例を紹介する。長い歴史を持つ大企業において新規事業の意思決定がどのように行われるかを明らかにする。別の章では、レクシスネクシスがビッグデータ事業のために立ち上げた別会社が、二〇年後に本社を上回る収益を出すまでの経緯も取り上げたい。

どの事例からも、新規事業を育てる手法やフレームワークを学べるだろう。また、CEが実務の中で直面した壁に対し、それらの手法をどう活かしたかもわかるはずだ。本書を読めば、事業を成功させる唯一の万能薬はないと気づくだろう。置かれた文脈が異なるのだから、破壊的イノベーションを生み出すのに画一的な方法を用いてもうまくいかないのだ。本書の手法は非常に有効なものばかりだが、創造的破壊の勝敗を分けるのは**どの**手法を採用するかではない。CEが成功するか否かは、属する組織や組織の人的体制の中で、**どう**変革を進めるかにかかっている。CEは優れたイノベーターであると同時に、組織変革もリードしなければならない。

▼本章のまとめ

これまでの常識は、「創造的破壊の世界では成熟した大企業に勝機はなく、新旧どちらのビジネスでも戦えない」だった。苦戦を強いられたのはたしかだが、近頃は変わってきた。成熟企業にも、見事に新規事業を独り立ちさせるところが増えたのだ。

この変化には、四つの要素がある。まず、企業が「戦略的抱負」（戦略を兼ね備えた決意）を明確に示し、既存事業の効率・利益追求と、新市場の探索という相容れない目標の両方に妥当性やお墨付きを与えていること。

次に、（1）顧客が重視する課題と解決策から事業案を出す「着想」、（2）採算性ある事業にする方法を学ぶ「育成」、（3）社内の顧客と組織能力と経営資源を集め、立証したアイデアを本格的に事業化する「量産化」という三つの原則が守られていること。

さらに、探索事業を通常のコア事業から分離する「両利きの組織」を採用していること。

最後に、戦略的抱負を実現するためにイノベーションの原則を守りながら事業を進める意欲のあるCEがいることだ。CEは、起業家の代わりではない。求められる能力も行動する動機も異なる。大企業の内側で起こすイノベーションには反発が生じやすいが、CEが組織自体を変革すればそれもなくなる。また、社内で破壊的事業を立ち上げるには、CEが、権限を持つ経営陣とともに、新しい組織能力である「探索事業のリーダーシップ」を発揮する必要もある。

2 新規事業はＣＥが動かす

本書は処方箋ではない。創造的破壊の餌食にならずに済む唯一の方策もない。絶対失敗しない方法などないのだ。とはいえ、新規事業がうまくいく企業にはたしかに共通点がある。リーダーシップだ。私たちは、長い歴史を持つ様々な規模の企業との協業を通して、イノベーションではリーダーシップが手法や戦略や組織の構造・カルチャーと同じくらい重要だと確信した。かつての強みや成功法則に固執するリーダーより、探索精神を刺激し続けるリーダーのほうが成功しやすい。本書には多くの社内イノベーションが登場するが、どの事例でも鍵を握るのはリーダーのＣＥだ。好奇心が強く、他者が進まない道をあえて突き進み、「新規事業を成長させるには何が必要かを知っていること」と「実際にそれを行動に移すこと」との差を埋められるリーダーたちだ。

本章では、ユニカ・インシュアランスのクリスティアン・クルティスの事例から、CEが事業を始めて成功に導くまでの流れを見ていく。クルティスには、自社だけでなく業界全体も変革できる事業機会を見通す力があった。経営陣から事業資金を得られたのは、彼がパーパスを大切にしながら、先見性に基づいたビジネスを形にしたからだ。それでもなお、無謀な冒険者だと思われて、スタートアップに任せておけばいいと言われる恐れはある。不確実性をうまく扱い、経営陣がエビデンスに基づいて新規事業の方針を決定できる形を整える必要があった。

▼探索者として先を見通す

保険業界に二〇年携わってきたクリスティアン・クルティスは、我慢の限界に達していた。いくら昇進しても、自分が育ってきた業界への失望は増す一方だった。彼に言わせると、保険業界は当初の使命を見失っていた。保険とはそもそも、災害時に仲間が被った損失をコミュニティ全体で穴埋めしようとする取り組みだ。現在の形の保険会社は、一六六六年に多くの家屋を焼失させたロンドン大火がきっかけで誕生した。従来の木造に代わってレンガ造りで自宅を建て直した市民たちが、互いの家を守る団体を結成したのだ。しかし、保険業界は次第に互助の理念を失い、保険商品の販売や管理、自社の損失回避ばかりに目を向けるようになった。契約者の掛け金が収入に、補償金が支出となるため、顧客のニーズよりもリスクの低さが優先される。顧客は貢献すべき相手ではなく、コストと化したのだ。クルティスは、何とかして保険業界を原点に戻し、本来の「リスクを分け合う」理念を思い出させたいと考えた。業界に創造的破壊を起こしたかったのである。

クルティスには情熱があった。一方で、保険業界の常識も熟知していた。保険証書の細かい規定、保険料の年払い制、更新や契約者の請求に対応する巨大なカスタマーサービス部門、保険会社のリスクを低減する手順。こんな常識だらけの中で、どうすれば創造的破壊が起こせるのだろうか。着想のきっかけになったのは「デジタルネイティブ」、特に音楽配信サービスのスポティファイだ。顧客に聞き取り調査をした結果、保険商品は複雑で高額だし、給付金の請求は時間がかかって面倒だと認識されていることがわかる。旅行や家屋所有などのリスクに対しても保険を掛けたがらない人が増えていた。クルティスにとって、これは解決に値する問題だった。従来のネガティブな印象を一掃する保険商品が生まれれば、今は未加入の人を取り込んで市場拡大できるかもしれない。高い収益性が見込める事業機会だ。

クルティスは「スポティファイが保険商品を扱うとしたら、どんな手を打つだろう？」と自問した。ここから生まれたのが、画期的な「チェリスク（Cherrisk）」の構想である。使いやすく低価格で、スポティファイのように月払いのサブスクリプション契約も可能な保険商品だ。普通の保険会社には、不正請求の監視に専念する大規模な部署があるものだが、チェリスクは顧客の誠実な行動を前提としている。盗っ人には目をつぶるわけではない。性善説に基づいたうえで、最先端のデジタルテクノロジーで後から不正請求を検出するという、業界の常識を覆す仕組みを作ったのだ。ただし、これだけでは保険業界を刷新する野望を達成できたとは言えない。クルティスは、一六六六年当時の「皆でリスクを分け合う」理念にのっとり、デジタルポイント「チェリーズ（Cherries）」を導入した。チェリスクの利益を契約者に還元する仕組みだ。新しく運動を始めたり、運転中に携帯電話を使わなかったりした顧客にはポイントが入る。ポイントは、保険料金に充ててもいいし、好きな地域や慈善団体に寄付してもいい。

▼パーパスを原動力にする

クルティスは、中東欧の大手保険会社ユニカのハンガリー支社のCEOだ。彼をチェリスクの着想へと導いた力は何だろうか。顧客に貢献できる新しい事業機会の発見も無関係ではないものの、最大の原動力はパーパスだ。クルティスには、保険業界と社会との関係を一新すべきだという強い思いがあった。同様の思いを持つCEは珍しくない。四章で、ボッシュのサラ・カルヴァーリョが開発途上国で進めた給湯器設置事業を取り上げるが、この事業案も、彼女が休暇中に訪れたペルーでの発見から生まれた。パーパスは、CEと起業家に共通する要素でもある。エイミー・ウィルキンソンは著書『クリエイターズ・コード』（日本実業出版社、二〇一六年）の中で、テスラおよびスペースXのイーロン・マスクやスターバックスのハワード・シュルツなどの卓越した起業家には「ギャップを見つける」力があると述べる[1]。彼らは、社会でうまく機能していない部分を見つけると、何とかしなければという思いに突き動かされ、解決への道を邁進する。イーロン・マスクがスペースXの創業を決意したのは、火星で植物が育つのかを知りたかったのに、NASAには火星探査の計画がなくて落胆したからだ。サラ・カルヴァーリョの場合は、ペルー旅行での経験が事業推進の原動力となった。

CEが新規事業に取り組み続けるには、本人のパーパスが不可欠だ。五章では、会計コンサルティング会社デロイトのバラジ・ボンディリを取り上げる。ボンディリにも個人的なパーパスがあった。彼が立ち上げた新組織「デロイト・ピクセル」は、経営上の込み入った問題の解決に「集合知」を活用する。ボンディリが初めて集合知の力を体感したのは、二〇〇四年のスマトラ島沖地震と津波による被災者の救援団体に参加したときだ。市民が自ら結成した団体には、既存の組織構造では解決しづらい問題にも対応する力があると実感したのだ。そこで、経営コンサルティングにも集合知を活用する方法を模索しはじめた。コンサルタントの浮世離れした生活は悪名高く、長期にわたるホテル暮らしも珍しくない。結婚して子供が生まれたこともあり、ボンディリはコンサルタントの働き方を変えたかった。彼にとって、デロイト・ピクセルは単なる業務ではなく自分自身と分かちがたいパーパスそのものだった。他の業務とは比べものにならないほど重要だったのだ。

CEは、投じるのが自分の財産か否かが違うだけで、「創業」という意味では起業家と変わらない。新規事業には、存続が危ぶまれる瞬間が必ず訪れる。社内で最終的に成功した新規事業には、中断期間を経て立て直したものも多い。「創業者」としてのパーパスから引き出される行動力とやる気があるからこそ、ＣＥは頓挫しかねない状況でも耐え抜ける。その点は、イーロン・マスクなどの起業家とまったく同じだ。

別の人（イノベーション・ラボや企業戦略部門など）が着想した新規事業を率いるよう指示されたなど、ＣＥ自身が「創業者」ではない場合もある。この種のＣＥも不利というわけではない。客観性や公平性が備わっている分、事実に基づいて事業の将来性を評価する力はおそらく「創業者」的ＣＥよりも高いからだ。一章で取り上げたＩＢＭのキャロル・コバックは、ライフサイエンス部門では二代目の責任者だった。たしかに科学者だったし、採用したリーダーの多くもそうだったものの、新規部門の発足自体はコバックが望んだことではない。だが、彼女は新規事業の推進とビジョン作りに全力を注ぐ。社内の組織開発コンサルタントに講師役を頼み、何度も部内講習を開いた。ビジョンも自分が心から追求できる「コンピューティング環境の開発によって医療業界を変革する」へと変更し、三年以内に収益一〇億ドルという目標を立てた。常軌を逸していると思われた目標だったが、見事に達成した。コバックが成功した主な要因は、断固とした姿勢と、部内に作り上げた一体感だ。ＣＥはパーパスが原動力になる。ＣＥ本人の経験に深く根付いたものでも、指示されて全力を注ぐ中で生まれたものでも、パーパスは新規事業の成功に欠かせない要素だ。

ＣＥは「スタートアップではなく、社内で新規事業を進める理由は？」ときかれる機会も多いが、パーパスはその答えにもなる。個人の起業家よりも企業の中でやるほうが量産化がうまくいく明確な理由が求められる。顧客や軸となる組織能力（テクノロジーやブランド認知度など）

など社内の資産を活用できる、今すぐ事業を起こさなければ自社が脅威にさらされる、などの理由だ。クルティスの答えはこうだった。事業資産が潤沢にあるユニカだからこそ量産化も可能だし、デジタル時代を生き抜く覚悟があるならやるしかない。

保険業界の刷新というパーパスに情熱を傾けた結果、業界を一変し得る「チェリスク」の構想が生まれた。次の課題は、どうすれば社内から組織構造を変えられるかだ。ユニカには、オーストリア、ハンガリー、ポーランド、チェコ共和国、スロバキアなど多数の国に一〇〇〇万人の契約者がいる。従来の事業モデルには、強大な既得権益があったのだ。ウィーン本社には、今すぐ行動すべき動機などなかった。「収益面も順調で株主も満足していて何も問題はないのに、なぜ刷新しなければならない？」と感じるのは当然だ。クルティスは質問攻めにあった。「当社のマネジャーの立場でこの事業機会を進める理由は？　自分で創業して融資を得たほうが楽なのでは？」。企業は事業機会をつかみ損ねるものだ。クルティスも、多くのイノベーション部門や新規事業部がインパクトを出すことに苦戦しているのはわかっていた。社内イノベーションなんて無駄なことはやめておけと言う友人もいた。保険業界にもレモネードなどのスタートアップがあって対抗できるわけがないし、そもそも、保険の本質的な価値に戻るべきというのはクルティス個人の構想でしかなく、ユニカには独立した新規事業を起こす理由などないと諭されたのだ。

どの言い分にも説得力があるし、イノベーションの多くがスタートアップから生まれているのも明らかだ。とはいえ、スタートアップは失敗率も高い。厳密な数字を出すのは難しいものの、経験的には、シリコンバレーで投資を受けたスタートアップのうち成功するのは一割程度で、一～二割はそれなりの結果に落ち着き、七割は失敗に終わる。[2] 失敗する一番の理由は、事業案が顧客から受け入れられないことだ。また、事業案自体は優れていても、すべてを一から構築するのは簡単ではない。多くのスタートアップには、顧客や技術的な専門性や生産力などの資産はないのだ。セールスフォース・ドットコムの「アップエクスチェンジ」やアップルの「アップストア」などのプラットフォームが登場したため、アプリ関連の事業なら、以前は入手しづらかった顧客や組織能力や経営資源を活用した迅速な量産化は容易になってきた。それでも、スタートアップの失敗率はさほど変わっていない。[3] 量産化に必要な資産に関しては、もともと大量に保有している成熟企業のほうが（使い方さえ間違えなければ）はるかに有利だ。

ユニカには数十億ドルもの市場価値があり、膨大な顧客層と保険商品を開発するノウハウも豊富にあった。これらの資産を成功の鍵と捉えていたクルティスからすれば、一人で始めるより、社内CEとして事業を推進するほうが何もかも早く進む。データを分析すれば市場の需要もわかる。開発のためにオフィスを借りる必要はないし、既存顧客の契約データも使える。開発段階では、試作段階のサービスを彼らに試してもらえば、すぐに感想が得られる。商品開発は、オフィスにいるアクチュアリーに任せればいい。保険の事業モデルを変革するからといって、リスク商品の開発や価格設定といった専門性までまっさらにするつもりはなかったのだ。何よりも、法務やコンプライアンスの担当部署を作る必要がないのは大きかった。保険業界には厳しい規制があり、免許取得には時間も金もかかる。自社がすでに保有する免許を活用すれば、面倒な手順を飛ばせるというわけだ。ユニカの新商品としてチェリスクを売り出したほうが、強力なスタートダッシュが切れる。クルティスの理念は守られ、成功率も上がるだろう。次に必要なのは資金だった。

▼資金面の後押しを得る

ユニカのウィーン本社では、チェリスクへの対応を巡って経営陣の意見が割れていた。無理もない。オーストリアは、他国と比較にならないほどデジタル金融サービスの導入率が低かった。英国では市場の五割近くがデジタルチャネルを採用していたのに対して、オーストリアの採用率はわずか三％だった。経営陣には、スタートアップが取り入れた「保険テック」によって、業界に新しい事業モデルが生まれつつあることも、急成長中の東欧市場の需要が大きいこともわかってはいた。だが、差し迫った脅威はまだ存在していない。経営陣のクルティスへの評価は高かった。ハンガリー支社のＣＥＯとして事業再建を手掛け、支社を成長路線に戻したばかりだったのだ。とはいえ、ハンガリー支社の規模自体が小さく、社内階層の中でやや下位にいた。本社には、ブダペストから革新的な案が生まれるなどと期待していた役員はほとんどいなかった。大半の企業と同じく、ユニカも階層を上がるのは容易ではない。いきなりアンドレアス・ブラントシュテッターＣＥＯに電話をかけて、数百万ユーロの事業資金をくださいと頼むわけにはいかなかったのだ。CEOを巻き込むには、まず事業の正当性を立証して他の幹部の後ろ盾を得なければならなかった。だが、誰が主流ではない市場での独自路線に味方するというのだろうか。CEが保険テックのスタートアップに勝てると信じる幹部などいるのだろうか。

クルティスが起業家だとしたら、経営陣を巻き込まなくても、ベンチャー・キャピタルに構想の優れた点と自分の実行力を訴えれば資金が得られたかもしれない。ある意味では、そのほうが簡単だ。ベンチャー・キャピタルは事業の評価に慣れている。リスクや投資価値にも優れた判断基準があり、慣習に反した事業案でも評価が受けられる。ただし、同時に経営チームの実行力も見られる。事業案が通らない場合、たいていは案自体だけではなく、実行力のないチームだとみなされたのが理由だ。実績のない状態で投資を求めても無駄に終わることが多い。チェリスクほど優れた事業案なら投資家を惹きつけるかもしれないが、提案者に事業を手掛けた経験がなければ、そこを突かれる可能性がある。

多くの場合、CEと起業家の障壁はちょうど裏表の関係になる。クルティスはマネジャーとしての実績も豊富で、社内の評価も高かった。ただ、成熟企業の経営陣には、未完成で不確実性の高い事業機会を評価した経験がほとんどない。CEは、自分の事業案に投資する価値があると訴えるだけでは不十分だ。不確実な事業をどう進めればいいかわからない経営陣に、不確実性の扱い方も伝えなければならない。社内イノベーションプログラムやイノベーションラボなどから専門的なスキルを得られる企業もあるが、ユニカはそうではない。これはクルティスたちの事業案だ。経営陣の後ろ盾が欲しければ、自力で何とかするしかなかった。

企業内で新規事業が生き延びるには、社内の重要人物を味方につける必要がある。ここでCEが陥りがちなのが、事業の将来性を前面に出しすぎるという過ちだ。経営陣に対して、事業機会の確実性や、すぐ行動しなかった場合の脅威を断言しがちなのだ。当然の行動ではある。企業では昇進するほど、わからない部分があって勉強中だと正直に言うより、自信を持って言い切るほうが評価されるからだ。ところが、不確実な市場で新規事業が必ず発展するなどと断言すれば、あとで裏目に出かねない。未知の世界では何がわからないかすらわからないため、事業モデルに対する当初の仮説はたいてい外れるからだ。そこで推奨するのが、経営陣をアドバイザーとして引き込み、一緒に未完成の構想を試す方法だ。あらかじめ経営陣を味方につけておけば、自社を脅かしそうな事業への反発も和らぐ。答えはわかっていると言い張るよりも、経営陣とともに学ぶ姿勢を見せるほうがいい。

直属の上司ウォルフガング・キンドルをはじめ、何人もの経営幹部から明確な後ろ盾を得たクルティスは、ついにブラントシュテッターCEOに提案する機会をつかんだ。ここまで来たら、劇的な表現で断言しても構わない。クルティスが見せたのは、二枚の画像だ。片方は大勢の社員が詰め込まれた巨大なオフィスビルで、もう片方は、二人だけが働くチェリスクのコールセンター。従来の保険業務とデジタル時代の保険業務にかかる運営費用の対比を狙っていた。画像に込められたメッセージは、単純明快だった。「我々の事業モデルはもう壊れています。今すぐ刷新しなければ、他社に先を越されるでしょう」。CEOはクルティスの提案を「核爆弾」と呼び、プロトタイプの開発予算を与えたのだった。

▼不確実性を扱う

私たちは、企業の冒険的事業にも一般的な冒険にも、複雑な感情を持っている。起業家であれ、自然界の探検家であれ、目的に邁進する人は常に称賛の的だ。あるかどうかもわからない見返りを求めて、身の安全も顧みずに高い壁に立ち向かう。冒険は美化され、結末にも感動せずにはいられない。一方で、冒険の意味という点になると、首をかしげる場合も多い。あまりにも無謀な行動をとる人は、時に正気を疑われる。例えば、南極探検の英雄アーネスト・シャクルトンは、新たな挑戦への衝動に突き動かされただけで、身を守るなどまったく頭になかった人物に見える。彼は地球上で最も冷え切った大地に何度も上陸するという並外れた偉業を成し遂げたものの、目標としていた南極点には到達できず、最後は無一文となりサウスジョージア島で生涯を閉じた。

一九八三年、当時二六歳の英国人女性トレイシー・エドワーズは、三万三〇〇〇マイル（約五万三〇〇〇キロメートル）のヨットレース「ホイットブレッド世界一周レース」に、無謀にも女性のみのチームで参戦すると表明して嘲笑を受ける。過去のレースでコックを務めただけの女が、初心者だけの女性チームの船長なんてできるわけがないとまで言われた。エドワーズは、安全に関する一般常識だけでなく、当時の社会が持つ「女性の限界」への偏見にも挑んだのだ。結果は、参加したクラスで二位。見事に下馬評を覆した。今では人類史最大の偉業と称えられているアポロの月面着陸も、当初は賛同を得られなかった。米国の世論調査によると、一九六〇年代を通して国民はアポロ計画への予算投入に反対していた。計画は科学者からも批判され、『サイエンス』誌が一一三人の科学者に質問したところ、ＮＡＳＡの計画を大いに支持すると回答したのは三人のみだった。(4)

ＣＥの冒険は、シャクルトンやエドワーズやアポロの乗組員ほど劇的ではない。企業内で新規事業を起こすだけだ。勇敢で命がけの偉業でもなく、文字通りの「危険」はほぼないと言っていい。しかし、結果がどうなるかは、南極探検と同じくらい不確実だ。市場への参入機会はたいてい見えづらく、普通は立証もされていない。クルティスの保険商品と同じく、前例がまったくない場合もある。ＣＥやＣＥＯ（最悪の場合は経営コンサルタント）が思いついただけの事業案がそうだ。南極探検隊のように南米のホーン岬で激しい嵐に襲われることはなくても、コア事業のマネジャーが頑なに抵抗すれば、同じくらい破滅的な事態が起こり得る。チェリスクの開発予算を求める準備をしながらも、クルティスは無謀なアイデアを打ち出す夢想家として拒絶される可能性を想定していた。だからこそ、戦略の正当性を主張するだけでなく、後ろ盾も必要だったのだ。

幸いにも、クルティスの冒険はそれほど困難ではなかった。実は、ブラントシュテッターとキンドルは、もともと保険市場の変革やデジタル事業モデルの影響を懸念していて、壮大な「戦略的抱負」も持っていたのだ。チェリスクは、自社の戦略的抱負達成への最良の学習材料で、ユニカの将来像を具現化した事業案に思えた。二人とも、チェリスクを通して成功要因を学ぶ意欲があった。不確実性を扱うときに何より大切なのが学ぶ意欲だ。ブラントシュテッターとキンドルがクルティィスを後押しした一因に事業機会の大きさがあったのはたしかだが、最大の要因は、チェリスクが保険の可能性を広げる商品だったことだ。ブラントシュテッターが目指したのは、従来のコア事業と新たな探索事業の両方を推進する両利きの戦略だ。優秀なCEは、経営陣の戦略的抱負と関連した事業案を出せる。クルティィスに求められたのも、チェリスクは無謀な冒険などではなく、ユニカの将来像を学ぶ方法だと伝えることだった。

チェリスクが開発可能で、顧客から求められる商品でもあると立証する。これが資金面の後ろ盾を得る条件だ。半年で証拠を揃えなければ、次の段階に進む予算は獲得できない。ブラントシュテッターたちは、チェリスクを全社の年間戦略や予算には組み込まず、他の事業と分けて扱った。見ようによってはマイクロマネジメントだが、クルティィスは経営陣が事業を成功させるために積極的に関わりたがっている証だと受け止めた。ユニカは一〇〇年以上保険商品の開発・販売事業を手掛けて、長年の強固な顧客ロイヤルティもある。経営陣は、保険事業への資金投入には慣れていたが、立証されていない新規事業は勝手が違い、一から学ぶ必要があった。

クルティィスはまず、成功への先入観を捨てた。顧客が最も重視する点を把握してから、学んだ内容を踏まえてチェリスクの開発に入ったのだ。保険業界を刷新せねばという情熱にはあふれていたが、答えはすべてわかっているとは考えなかった。これは、保険の世界で長年実績を積んできたマネジャーにとって容易ではない。科学者やエンジニアやアクチュアリーなど専門性の高い人ほど、顧客の要望や価値観から学ぶのではなく、自分の専門知識で判断したがり、技術を重視する傾向がある。大規模な研究施設への技術移転（ゼロックスのパロアルト研究所［PARC］など）の失敗も、この傾向が要因だ。だが、クルティスは試行錯誤を重ねながらチェリスクの開発を進めた。知りたかったのは、想定されるリスクを評価するデータと、顧客の関心を商品化する要素だ。まず顧客から聞き取った情報でベータ版を作る。その後の九カ月は調整期間だ。四〇〇〇回以上変更を加え、一度はゼロから作り直した。すべては、顧客を満足させるためだった。

二〇一八年にサービスを開始したチェリスクは、瞬く間にハンガリー中に広がる。やはり莫大な市場があったのだ。国内の利用者数は半年で一万五〇〇〇人になり、二年後には一〇万人に達した。ついに、クルティスの構想が立証されたのである。チェリスクの市場はさらに拡大し、二〇二〇年初頭にはドイツでも導入された。クルティスが最も誇らしかったのは、二〇一九年にブダペストで開催したお披露目会で経営陣一〇〇人を案内した瞬間だ。チェリスクの戦略を学ぶためにはるばる訪れた経営陣である。どうやって作ったのか、誰を採用したのか、どんな慣習を導入したのかなど、様々な質問が寄せられた。

クリスティアン・クルティスの事例で特筆すべきは、経営陣から指示されたのではなく、自分で事業を始めた点だ。破壊的な事業モデルの構築や、イノベーション担当ヴァイス・プレジデントへの就任を言いつけられたわけではない。変革しろという命令も、『シャーク・タンク〔米TV番組。投資家の前で起業家が事業のプレゼンテーションを行い、成功すると資金が得られる〕』式でアイデアを発表する場もなかった。クルティスは、自力で事業機会の可能性を分析した。構想への情熱と強固な人脈を活用して、社内の重要人物を味方につけた。楽観的すぎる収益計画を披露したり、密かに事業の育成計画を立てたりもしなかった。率直に提案したからこそ、経営陣も耳を傾け、成功する可能性の検証に力を貸した。トップダウンの取り組みではなく、理念を持ったマネジャーが、経営陣を巻き込んで変革を進めたのだ。本章では、CEの様々な成功要素を先取りして紹介した。次章以降では、多くの成功事例と失敗事例を取り上げながら、CEが成功する方法と、新規事業が陥りやすい落とし穴の避け方を系統立てて説明していく。

大企業には抜本的なイノベーションなど起こせないという一般論を鵜呑みにする人の多くは、「CEOにリスクをとる勇気さえあれば！」と責任転嫁する。だが、クルティスの事例からは、イノベーションを任されるのを待つのではなく、自分からCEOを巻き込むことでうまくいく場合もあるとわかる。クルティスは自力で事業に着手した。解決したい問題に関して顧客の意見を聞き、インサイトを深めてから提案して、探索事業への後ろ盾を得た。本書で紹介するCEと同じく、クルティスの行動は社内イノベーションの常識を揺るがすだろう。彼は旧態依然とした企業を目覚めさせ、動かしたのだ。

ただし、CEが何もかも一人でできるわけではない。クルティスも、学ぶ意欲のある経営陣がいなければ成功できなかっただろう。多くの場合、新規事業に予算を回す決断は、社内に物議を醸す。今利益を出している部門の予算を減らすことを意味するからだ。部門間に緊張関係が生じた場合は、必ず経営陣が解決しなければならない。経営陣には莫大な経営資源を配分する権限とともに、収益の一部を長期的な成長戦略に投じる責任もある。だが、リソースを割くべき理由がわかってさえいれば、それほど難しい決断ではない。経営陣とCEとの橋渡し役として欠かせないのが、次章の「戦略的抱負」だ。

▼本章のまとめ

本章では、ユニカ・ハンガリー支社のクリスティアン・クルティスの事例から、CEが新規事業を成功させるまでの流れを説明してきた。

クルティスは、目新しい事業機会だけを求めて行動したわけではない。今の保険業界を正すべきというパーパスが、二一世紀型の事業モデルであるチェリスク着想の原動力になった。

起業して投資家からの資金援助を求めてもよかったが、彼が選んだのはハンガリー支社でチェリスクを開発する道だった。迅速な開発には自社の資産が必要だと確信していたからだ。事業が進むにつれて、チェリスク自体に対しても、社内の資産が事業に欠かせないという考えに対しても、賛同者が増えていった。

経営陣が資金を投じたのは、チェリスクが自社の戦略的抱負と合致した事業案であり、チェリスクを通して戦略面でも商品面でもさらに顧客を重視する企業になれると考えたからだ。一方、クルティスも、実験結果を踏まえて開発を繰り返しながら着想・育成・量産化を進める姿を見せることで、経営陣に不確実性の扱い方を示した。

3 戦略的抱負の条件

CEは、既存組織の内側から新規事業を立ち上げるという難題に取り組んだだけでも称賛に値する。安定した成功を収めている企業内で破壊的な事業が生まれるのは、情熱とパーパスに突き動かされたマネジャーがいるからだ。ユニカのクリスティアン・クルティスは保険業界の従来型事業モデルに挑み、顧客満足度の向上とコスト削減を両立するデジタルを活用した保険商品を考案した。デロイトのバラジ・ボンディリが目指したのは、顧客企業に常駐するという一〇〇年続いた経営コンサルタントの事業モデルを一変することだ。レクシスネクシスのジム・ペックは、テクノロジーを活用したデータ分析を初めて導入した。どの場合も、CEが立ち向かったのは自業種の常識だ。イノベーションは、収益源も顧客もないという弱い立場から生まれやすい。企業に利益をもたらした経験のない者が、証拠はなくても画期的なものが作れると信じて取り組む。社内に味方が一人もいない例も珍しくなく、大半のＣＥが、少なくとも当初はチームすら持たない孤独な立場だ。

一方で、成長戦略やイノベーションへの意欲を持ったＣＥＯから任命されるＣＥもいる。この場合、どうすれば成功できるだろうか。本章では、ＣＥＯをはじめとする経営陣が新規事業を後押しするためにとるべき行動を扱う。具体的には、探索事業にお墨付きを与えてＣＥが気兼ねなく着手できるような全社的なパーパスの作成だ。成功事例として、時価総額九〇〇億ドルの製造会社アナログ・デバイセズ（ＡＤＩ）のヴィンセント・ロウチを取り上げる。彼がＣＥＯに就任した二〇一三年以来、同社は著しい成長を続けている。その要因は、これまでの漸進型でなく一足飛びのイノベーションを目指す果敢な「戦略的抱負」を掲げて、経営陣を巻き込んだことだ。

エヌビディアのジェンスン・フアン、ユニカのアンドレアス・ブラントシュテッター、ＮＥＣの森田隆之、マスターカードのアジェイ・バンガなどのＣＥＯと同じく、ロウチも**感情と論理と意欲**に訴えかける戦略的抱負こそが事業成功の鍵だと考えた。戦略的抱負は、社内慣習に異議を唱えやすい雰囲気を作る。探索事業にお墨付きも与えるため、普通なら潰されるような取り組みでも迅速に進み、企業の将来像を決めるほど先進的な事業も育ちやすい。とはいえ、戦略的抱負はＣＥＯだけが持つものではなく、「**社内の団結**」が必要だ。当初はＣＥＯ主導だとしても、結局は経営陣が団結しなければ新手法への変革は進まない。また、「**ハンティング・ゾーン**」を定めて、新規事業の方向性に多少の縛りを設けるのも重要だ。以上の条件を満たした戦略的抱負を簡潔な言葉にまとめ、経営陣の成長方針の「**マニフェスト**」に盛り込むと、勢いある変革が生まれるだろう。

▼感情と論理と意欲

ＣＥＯに就任して以来、ヴィンセント・ロウチは経営戦略の常識を変え続けた。ＡＤＩが扱っていたのは、アナログ情報（触覚、動作、音声など）をデジタル信号（コンピューターで使える形）に変換して、現実とデジタル世界をつなぐ技術だ。また、同社の半導体は、携帯電話や車だけでなく、病院の画像診断機器や人工衛星や製造機械にも使われている。創業から五〇年以上、テクノロジー分野の先駆者という評価を受け続け、高性能の半導体部品を武器にテキサス・インスツルメンツなどの大手とも渡り合ってきた。しかし、ロウチからすると、戦略を変えない限り技術優位性が保てなくなるのは目に見えていた。今後もグローバル経済において半導体は高い価値を保ち、高性能のものには高い価格が付くだろう。だが、半導体技術をソフトウェアやＡＩ、機械学習と組み合わせれば、活力ある成長領域が生まれる可能性がある。ハードウェアとソフトウェアを統合したシステムへの需要は必ず増える。困っているユーザーに対しては、クラウドに集めたデータを高度に分析して解決策を提示できる。ロウチはそう確信していた。

ロウチは社内の技術者を集めて戦略的抱負を披露する。ＡＤＩには、社会や環境に優しいものの開発という地球規模の課題を解決して、世界を変える力があると語ったのだ。現代の問題はかつてなく込み入っているものの、物理学と化学と生物学が重なる部分は自社の得意分野でもあった。ＡＤＩなら、シリコンチップではなくソリューションを商品にできる。ハードウェアとソフトウェアとデータ解析を様々な形で組み合わせれば、どんな問題も解決するはずだ。戦略に関わる問題を解決できれば顧客はそれに価値を見いだしてくれるだろうし、その結果、自社の市場優位性も高まる。ロウチはこの戦略を「シリコンを超えるイノベーション」と命名し、経営幹部らに「分野横断的な高い視座」をもち、顧客の重大な問題を解決しうる「ホールプロダクト」ソリューションを生みだすことを求めた。成長分野の範囲を広げたのである。こうして、ＡＤＩは回路基板上の「ソケットを獲得する」ことだけを競う、単なる高性能部品の製造会社ではなくなった。経営や経済や社会全体に大変革を起こす、唯一無二の企業へと歩みはじめたのだ。

図３‐１の通り、戦略的抱負には「感情、論理、意欲」の三本の軸がある。まず、ロウチのように感情に訴えかける言葉は、より大きなパーパスを生み出す。ＡＤＩの「人に貢献するイノベーション」やマスターカードの「現金の世界に革命を」など社会的なものでもいいし、スペースＸの「人類を多惑星種族に」など思い切ったものでも構わない。また、成果への意欲をかき立てるのも有効だ。ゼネラルモーターズ（ＧＭ）の経営目標「二〇三五年までにガソリン車・ディーゼル車の販売数をゼロに」には意欲があふれている。論理は、どう行動を変えるべきかを伝える要素だ。ＡＤＩの「分野横断的な高い視座をもつ」のほか、マスターカードの

性を伴っている。

戦略的抱負が果敢なものなら、ＣＥも果敢に取り組める。通常、大企業のマネジャーは職域から離れないよう刷り込まれている。より大きな事業機会をつかむためでも部署の横断は認められず、既存の短期目標通りの成果を迫られるのが普通だ。だが、企業に事業機会や脅威と同じくらい壮大な戦略的抱負があれば、ＣＥも視野を広げて高い目標を目指しやすい。

二〇一〇年にマスターカードのアジェイ・バンガＣＥＯが掲げた「現金の世界に革命を」も、壮大さでは負けていない。彼は、ビザとのシェア争いをやめ、取引の八五％が現金か小切手で行われている小売業界への参入を狙った。狭いクレジットカード市場にとどまるのではなく、来たるフィンテック革命を背負って立つ企業になろう。この果敢な戦略的抱負に駆り立てられ、同社はイノベーションへと邁進する。[1]二〇二〇年までに世界各地のマスターカード・ラボで多様な商品やサービスが開発され、年間一五億ドルの収益が見込まれている。日本でも、大手電機メーカーのＮＥＣが既存市場を見直して、人々の暮らしへの貢献に力を入れた戦略的抱負を打ち出した。現在は、生体認証、スマートシティ、がん治療薬の開発といった分野にも手を広げている。[2]

図３－１　戦略的抱負の三本の軸

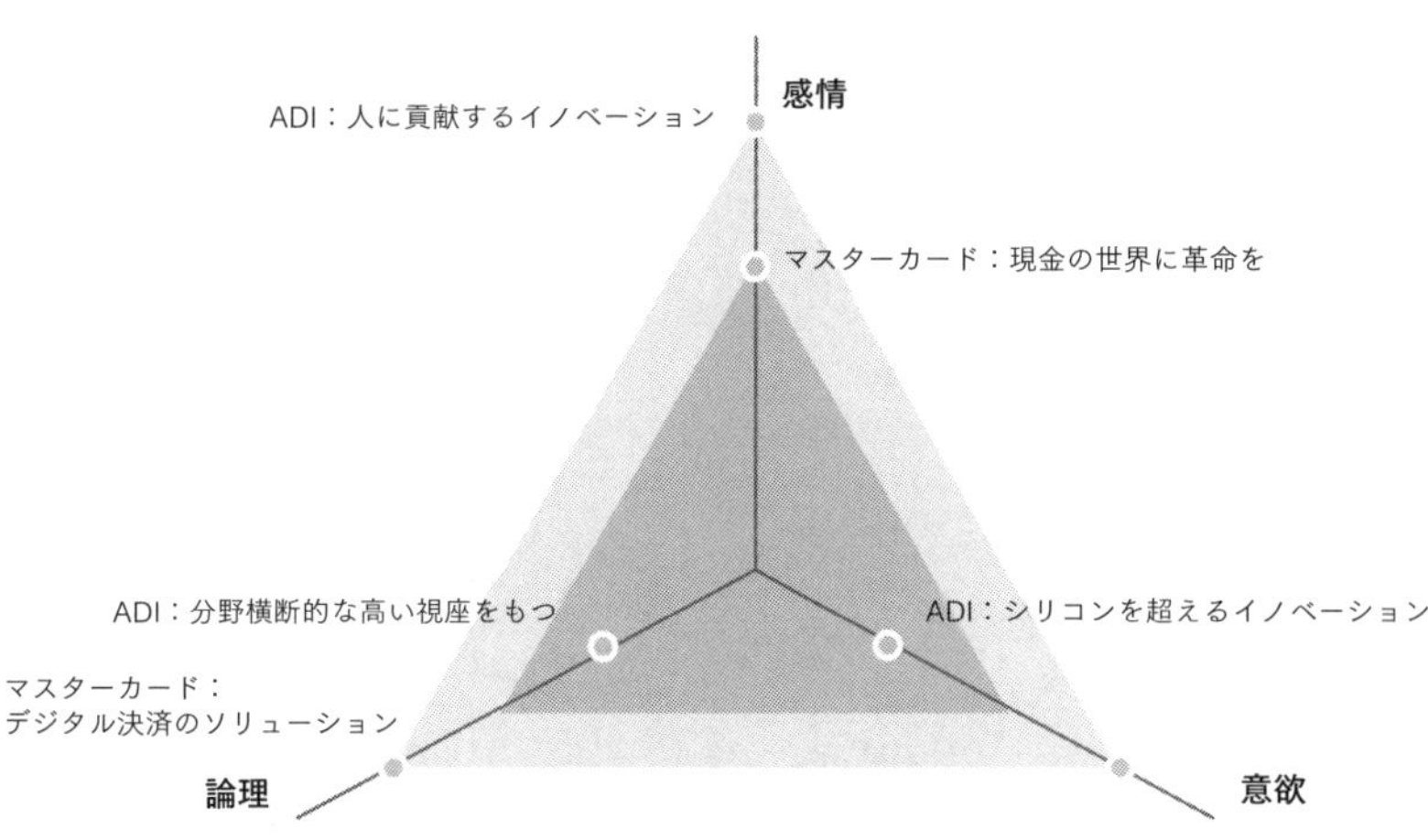

▼探索事業へのお墨付き

戦略的抱負を十分練り上げると、ＣＥＯは自社の中核を成す信念に挑む「お墨付き」を得る。これは、自社の信念を潰すという話ではない。人には、今よりいい未来を強く求める気持ちがある。いい商品やサービスになるという期待が、事業の推進力になるのだ。戦略的抱負には、現在と望む未来を結びつけて、今までの期待を書き換える働きがある。エヌビディアがインテルの「ブラックホール」に引き込まれかけたときにジェンスン・ファンがとった行動も、理屈は変わらない。インテルによる差し迫った危機に直接対峙するのではなく、社員とともに別の未来を目指したのだ。世界で起きている科学関連の問題を解決する会社を目指すべく、ファンは社内に問いかけた。「我が社の優れた点は？」「やること自体が喜びになる仕事（つまり、お金をもらえなくてもやりたい仕事）は？」「今は存在しなくても、うちが作ったら世界中が欲しがるものは？」。これらの質問に対する社員の答えが、高性能コンピューティングによるＡＩ開発と、自動運転車の実用化に向けた迅速な科学研究の事業案だった。今から振り返れば明らかに成長市場だが、一〇年前は半導体市場の競合他社から夢物語と見られていた。しかし、市場がこの戦略は利益を生むと気づき始めた二〇一五年以来、同社の時価総額は二〇〇〇％以上増加した。

ロウチの戦略変更は、ＡＤＩの技術部門の核となる信念を揺るがした。技術者たちが慣れていたのは、かなりの裁量を持って取り組むやり方だ。技術部門には独立した権限が与えられ、特定の市場で優位性を保つ方向なら商品改良も自由にできた。しかし変更後の戦略では、技術性能（チップの処理速度）の向上は継続しながらも、顧客への影響も重視するよう求められる。イノベーションによる顧客企業への影響を理解させることで、「分野横断的な高い視座」をもたらせる技術者を養成するのがロウチの狙いである。見直すべきは、イノベーションへの取り組み方だった。「競合他社のソリューションより優れているか。顧客が容易に導入・利用できるか」と自問した技術者は、現在のソリューションが顧客の課題にどこまで対処できているか認識できる。技術部門の責任者からすれば、自尊心に関わる変革だ。「シリコン設計のスキルは、もう評価されないのでしょうか」という声も上がる。五〇年以上コア事業だったシリコンを、なぜ変えなければならないのか。ましてや、当時のＡＤＩは過去最高の業績を上げていたのだ。

これは、古い世界と新たな世界の架け橋となる戦略だった。現実世界のデータを取得する既存技術をないがしろにするものではない。ロウチは、技術部門と何時間も対話して相手の懸念に耳を傾け、社員が過去と未来のつながりを実感するまで話をした。こうして、新戦略が従来の組織能力を否定するのではなく高めるものだと理解すると、社員もスキルアップや新方針に前向きに取り組みはじめた。現実のアナログ情報をデジタルに変換する事業が消えるわけではなく、シリコンなどの商品にソフトウェアのソリューションが加わると納得したのだ。

会社全体の雰囲気が変われば、ＣＥも心置きなく探索に取り組める。大胆なイノベーションへの態度を決めかねていた人も、むしろ正面から反対してきた人も、組織の方針が変われば必ず考え直す。優先順位が変わり、長期的な成長への道が開けるのだ。ＡＤＩでも、この変化の影響は計り知れなかった。今までは社内階層の壁に阻まれていた者にも、変革の権限が与えられる。この変化をいち早く活かしてＣＥになったのが、トニー・モンタルボだ。彼は、５Ｇの携帯電話サービスの立ち上げを目指していた。当時の携帯電話基地局内のシリコンハードウェアは限界に達していて、５Ｇへの帯域拡張はコストがかかりすぎる。モンタルボは他に先駆けて、ソフトウェア定義型の無線技術を開発した。ハードウェア型よりも適応性が高く、大きさもわずか一〇分の一だ。

「シリコンを超えるイノベーション」を求めたロウチの頭にあったのは、まさにこの種のソリューションだ。だが、当初モンタルボは苦戦を強いられた。社内慣習に反する事業だったし、上司も彼の提案する抜本的イノベーションより、すぐ収益化できる事業機会に目を向けていたからだ。しかし、ロウチの組織変革で状況は一変した。突如、モンタルボはアウトサイダーから戦略の中心人物となったのである。いざ商品化してみると、従来の半分の大きさで、消費電力も少なく、八倍の帯域幅に対応し、かつ安価なＡＤＩのプラットフォームは市場を席巻する。瞬く間に５Ｇは世界中に広がり、イノベーションの中心となったＡＤＩは一五億ドル以上の収益を手にした。部品製造企業からシステムソリューションの担い手になるというＡＤＩの戦略が初めて実を結んだ瞬間だった。

モンタルボは探索事業のお墨付きを得て、自社の限界を超える事業を成功させた。その後も、ロウチの戦略的抱負に力づけられたＣＥが次々と行動を起こしている。あるＣＥは、最先端のセンサーと分析ツールによって、生産量の向上と予期せぬダウンタイム（故障や動作不良による停止時間）の防止を両立する事業を始めた。車両の組立ラインで金属部品の嵌合音（かんごう）から不具合のある工程を検出する、などの場面で活用できる技術だ。また、うっ血性心不全の発症を予測できる機器をアメリカ食品医薬品局に承認申請したＣＥもいる。どちらの新規事業も、ＡＤＩの基本技術にハードウェアやソフトウェア（最近ではサービスも）を組み合わせることで生まれた。

▼社内の団結

ＣＥＯが直面するもどかしい現実の一つは、ＣＥＯの力が思ったよりも限られているということだ。ブリティッシュ・テレコムとアルカテル・ルーセントでＣＥＯを務めた経験を持つベン・ヴェヴァイエンは、以前私たちに「ＣＥＯの最大の過ちは、名刺の肩書きを鵜呑みにすることだ」と語った。ヴェヴァイエンによると、ＣＥＯは先頭に立って実務を手掛けるわけではなく、社員に影響を与え、背景や課題を設定し、人材を選定する。[3] つまり、ＣＥＯの力とは、人をまとめて団結させ、業務を遂行させる力ということだ。社会的動物である人間は、自分が集団に馴染めているかを気にせずにいられない。誰か――特に集団内で最も力を持つ人――が始めた行動は、すぐ集団全体に広がる。人類は進化の中で、単独行動すれば捕食者に襲われやすく、群れに属すほうが安全だと学んでいった。社内の団結は、群れの現代版だ。ＡＤＩの事例で見た通り、権限を持つ者が新しいやり方を取り入れれば、たいてい他の社員もついていき、「群れ」全体に浸透する。こうして組織が団結すると、強大な力が生まれる。経営陣も群れの本能で長いものに巻かれ、慣習に反する業務手法でも受け入れるようになる。戦略的抱負が明確に示されれば、戦略決定の方針が変わり、コア事業から離れたイノベーションにもお墨付きが与えられる。

我々の知る限り、社内の団結から生まれた最大の成功例は二〇〇〇年から二〇〇八年のＩＢＭだろう。当時の戦略リーダーは、経営陣の中の「アウトサイダー」ブルース・ハレルド。破壊的イノベーションを逃し続ける自社の行動様式にメスを入れるのが任務だった。ハレルドから見ると、破壊力を持つ新たな事業機会はいくつもある。だが、どれも独り立ちする前にコア事業から潰されかけていた。そこで新規事業を守るために目指したのが、社内の団結だ。ハレルドは経営陣とともに問題に取り組むべく、ハーバード経営大学院で数日間の戦略リーダーシップフォーラム（SLF）を何度も開催した。創造的破壊の脅威や社内にはびこる有害な先入観に関する研修は全体の四分の一程度で、残りの四分の三は、どうすれば事業機会に対する認識の差が埋まって新規事業を育てられるかの議論に充てられた。SLFには三年間で五〇〇人以上の経営幹部が参加し、誰もが自社の将来には新規事業とキャロル・コバックなどのCEが不可欠だと納得した。ハレルドは、与えられた権限を活かして社内を団結させ、経営陣に幅広い成長機会を後押しさせるのにも成功した。

ADIでも同様の取り組みが行われた。ロウチは、経営幹部の多くが諸手を挙げて新方針に賛同しているものの、なお否定的な者や、そもそも彼の本気度を疑っている者もいるとわかっていた。そこで、一〇〇人の幹部を集めてSLFを開催し、戦略的抱負と現状との差を埋める方法を話し合った。SLFに参加した幹部たちは、技術だけでなく経営面でもイノベーションの割合を増やすよう迫られる。当時の経営幹部が当てにしていた収益源は、成熟期に入った商品ばかりだった。中には発売から一〇年以上たったものもある。高い価値をもたらしてきた資産ばかりだとはいえ、ロウチはもっと重要な問題を解決する統合型ソリューションを土台に、前例のないイノベーションを起こしたかった。

ロウチが目指したのは、経営陣のリーダーシップの引き上げだ。経営部門と技術部門の幹部三〇人が、マサチューセッツ工科大学で三日間の講座を受けた。幹部が習得を求められたのは、

「シリコンを超えるイノベーション」戦略から価値をつかむ方法だ。ロウチは、「分野横断的な高い視座をもつ」という戦略の中心を経営部門に移そうとしていた。ソフトウェアとアルゴリズムとデジタルビジネスを技術力や戦略の中核に据える組織に生まれ変わるために、技術部門と経営部門に協力を求めた。両部門が団結すると、モンタルボのような探索事業を進めやすい雰囲気が全社へと広がる。ある幹部は、分野を超えた高い視座から事業機会を見いだすために、クロスファンクショナルチーム〔複数の部門や職位から、多様な経験・スキルを持つ人員を集めたチーム〕を複数立ち上げた。次章では、そのうちの一チームを率いて自社モデルを超える事業を成功させたケビン・カーリンを取り上げる。ロウチの戦略的抱負に触発され、ＡＤＩ初のＥＣソリューション「スマート・モーター・センサー」――顧客自身で設置してウェブ登録するだけで、三〇分以内に稼働する機器――を開発した人物だ。

▼ハンティング・ゾーン

元来、イノベーションには矛盾がある。多様性がないと画期的な事業案が出づらいが、幅を広げすぎると企業戦略から外れたイノベーションしか生まれないかもしれない。ヨーロッパの某企業からこんな相談を受けたことがある。幹部たちは、シェアリングエコノミー〔インターネットを介して、個人同士で物や場所、スキルなどを取引するサービス〕やツーサイドプラットフォーム〔売り手と買い手など二つのユーザーグループを結び付けたネットワーク」といった新しく生まれつつある分野で優位に立つ事業案を求められたものの、なぜか大半が途中で頓挫するというのだ。頓挫の理由は、イノベーション自体は優れていても、自社の事業戦略との関係が希薄だったことだ。この会社にも戦略的抱負はあったが幅が広すぎたため、経営陣の求める方向とは違う案ばかり出てくる。当然、資金など得られない。

私たちはよく、CEOにハンティング・ゾーンを絞るよう助言する。イノベーションの幅を狭めたりしたら意味がないと思う人もいるかもしれないが、現実には一点集中によって成功率が上がった企業も多い。ADIの戦略的抱負は、分野を超えた高い視座から、顧客が重視する複雑な問題を解決することだった。このように明確な戦略的抱負があると、ハンティング・ゾーンの大枠も決まりやすい。ADIのハンティング・ゾーンは「モノのインターネット（IoT）」になった。自社の中心となる市場の多くに影響する分野であるうえに、既存商品・サービスにAI機能を盛り込んでIoT化すれば、顧客の複雑な問題も解決できると見込めたからだ。

エヌビディアのジェンスン・フアンは、AIを中心にするという戦略的抱負を打ち出すと、全社から新たな旅路への同伴者を募る。多くの技術者の興味を引き、イノベーション事業に頭脳を集めるのが目的だ。ただし、たしかに創造性は求められたものの、どんな探索でも歓迎されたわけではない。ハンティング・ゾーンは、フアンがAIをいち早く導入しそうだと睨んだ業種の中から、ゲーミング、自動運転車、企業向けコンピューティング、科学研究向けコンピューティングの四つに絞られた。従来はパソコンメーカーなどのＯＥＭ（他社ブランドの製品を製造する企業）が主な取引先で、最終顧客への販売経験のない分野ばかりだった。各領域の技術者は、ＡＩで解決できそうな問題を探すよう指示された。この戦略は一〇年以上かけて実を結び、今やファンが選んだ分野の多くでエヌビディアは高い市場シェアを誇る。実際には、暗号資産のマイニングにかかる莫大な電力に耐える高性能チップへの需要が急増するなど、当初の想定にはなかった領域にも追い風があった。逆に、「シールドタブレット」や「シールドポータブル」などのゲーミング機器が販売中止に追い込まれるなど、成功とは言えない領域もある。それでも、あえてハンティング・ゾーンを絞って戦略的抱負を目指すエヌビディアの取り組みは、今のところ功を奏している。

大まかなハンティング・ゾーンを決めるだけなら、戦略的抱負と足並みが揃っていれば十分だ。ただ、領域をもっと具体的で細かく絞ると、一切または十分対応してこなかった顧客の需要を理解できるようになり、解決策の着想にも役立つ（図３－２参照）。細かいハンティング・ゾーンを見つけるには、次の四つの要素を意識するといい。

1　**社会全体の潮流**――新規事業に追い風をもたらす可能性のある、社会・政治・法律・テクノロジーなどの変化。

2　**自社の優位性**――コア事業の資産のうち、社会全体の潮流に乗るために活かせるもの。

3　**市場魅力度**――市場の潜在的規模。収益見込み、顧客数、競争度合い、成長見込みなどから導き出した仮説。

4　**顧客を惹きつける課題**――現在は不可能だが、今後実現すれば顧客が価値を感じそうなこと。根拠はあっても確実性は低く、あくまでも仮説。

前章で取り上げたユニカには、チェリスク以外にも探索事業がある。オーストリアの医療分野を変革する事業機会を調査するサナスXだ。アンドレアス・ブラントシュテッターCEOの戦略的抱負は、「医療業界で顧客が安心して健康に長生きできるソリューションを作る」だ。患者の健康回復と健康な状態の維持という二つのハンティング・ゾーンがあるとも言える。社会の高齢化、都市化、逼迫する公的医療制度が「**社会全体の潮流**」で、オーストリア最大手の民間保険会社として保有する膨大な顧客や病院の経営実績などが「**自社の優位性**」だ。ユニカは、外部から医師や看護師や政治家や公的医療の専門家などを招き、顧客が抱えている治療や健康維持に関する問題へのアドバイスチームを結成する。そのチームは、患者や専門家や医療従事者にとって一番の課題と非効率な部分をわかりやすく図解した。これが「**顧客の問題**」だ。図によって全体像が見え、医療業界で最も貢献できそうな分野をイメージしやすくなった。さらに、資金の流れも図示されたため、市場における価値の創出・獲得方法がわかり、「**市場魅力度**」の理解も深まった。

図3－2　ハンティング・ゾーン

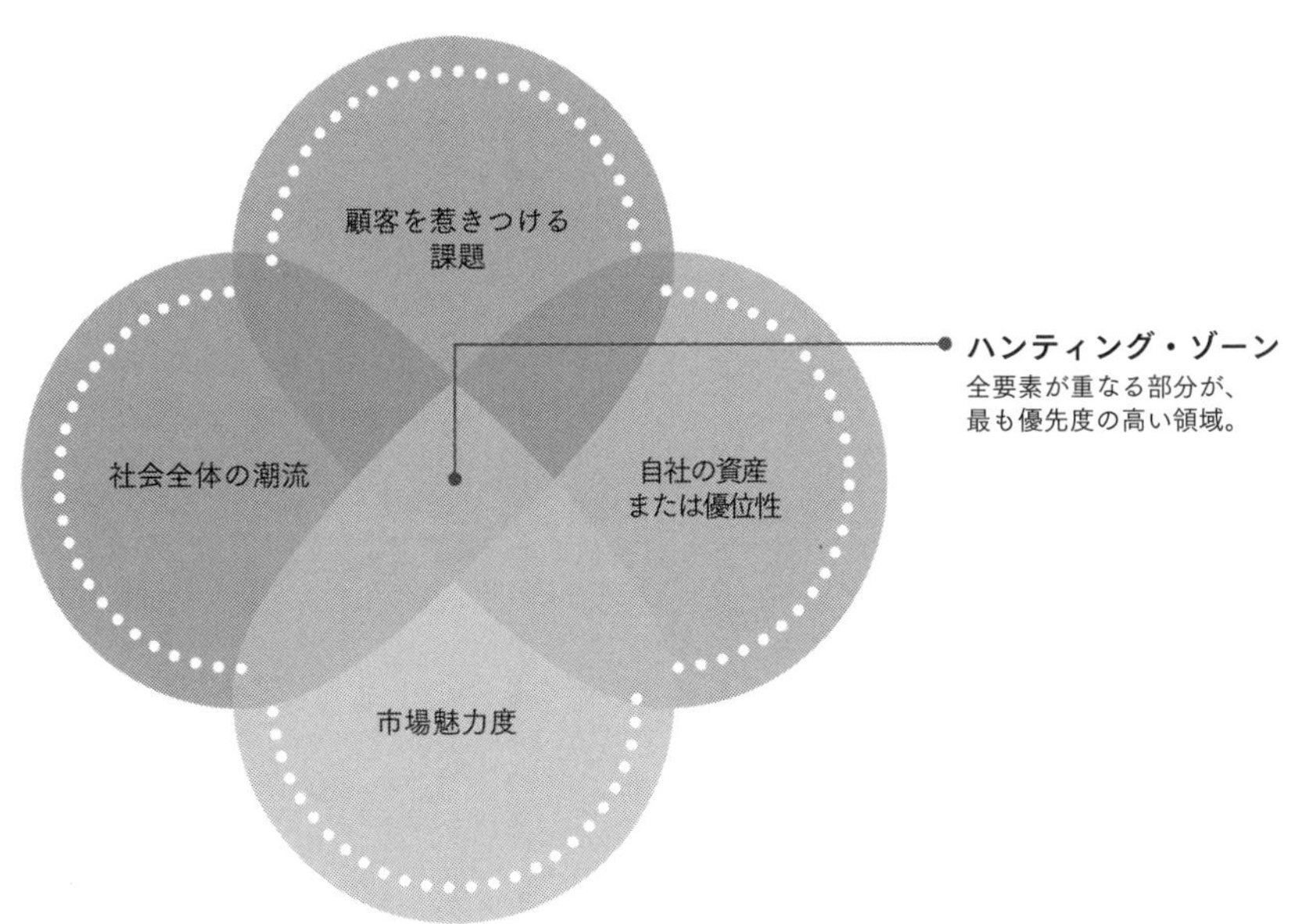

こうしてハンティング・ゾーンが固まると、企業はその範囲内で進めるに値する事業機会の判断基準を決める。アマゾンでは、以下の条件をすべて満たした事業案だけが検討対象となる。（1）顧客に唯一無二の満足を与えられる、（2）事業の規模を拡大できる、（3）十分な投下資本利益率（ROIC）が見込める。材料科学分野の多国籍企業コーニングでも、推進できる事業案は五年以内に五億ドル以上の収益を出せるものに限られる。IBMが求める基準は、自社戦略との一貫性と、五年以内に一〇億ドルの収益を出せる見込みがあることだ。合格ラインは企業ごとに異なり、戦略的抱負の規

模や各事業の成熟度、創造的破壊による脅威の深刻度によって決まる。

▼マニフェスト

ここまで読んで、戦略的抱負とは標語のようなものかと感じた読者もいるかもしれない。しかし、本章で取り上げてきたCEO――ロウチ、ブラントシュテッター、ファン、バンガ――が打ち立てた戦略的抱負は、どれも単なる標語ではなく、戦略の理論的根拠と関連させながら、社員の心に響く言葉だった。戦略を支える論拠は、創業時には明白だ（テスラとスペースXを創業したときのイーロン・マスクの例を思い出してほしい）。しかし、たいていは年月を経るにつれて色あせていく。パワーポイント任せの退屈な発表ばかりが幅を利かせ、事業成功に欠かせない企業の核となる理念も失われるのだ。私たちはCEOに、戦略的抱負の論拠を簡潔に述べた戦略マニフェストの作成を推奨している。戦略的抱負の内容、その戦略的抱負を選んだ理由、実現に必要な要素を文章にする。すみずみまで練り上げて三～四ページにまとめられたマニフェストは、無味乾燥なパワーポイントよりもよほど社員に響く[4]。経営陣にとってはCEOが実行したい新たな戦略規範を盛り込んだ「信念表明」となり、CEにとっても、より大きな戦略の論理と自分の事業案とを結びつける最高のお墨付きとなる。

戦略的抱負とハンティング・ゾーンの絞り込みは、CEが成功する土台だ。着想・育成・量産化の取り組みでは、常に自社の成長目標や戦略や資産や組織力との結びつきが欠かせない。新規事業の完成までは長い道のりが待っている。ＣＥは顧客の問題を解決できる破壊的な事業案を「着想」し、市場化の根拠となる仮説を検証する「育成」を経て、それを安定した収益性を持つ事業へと「量産化」しなければならない。道中には紆余曲折があるだろう。顧客の需要や事業化への仮説も、修正を迫られるときがある。

それでも、ＣＥの事業案が経営陣の戦略的抱負と強く結びついていれば、旅が途中で終わることはない。私たちは「量産化は着想から始まる」と考えているが、それはこの結びつきが生まれるのが着想段階だからだ。例えば、二人のＣＥがいたとしよう。どちらも新規事業への資金を求めている。一人目のＣＥは何の予告もなく経営陣の前に現れると、「極めて将来性がある」事業だと自分で検証したデータを示し、一〇〇万ドルの量産化資金を求めた。経営陣には何の予備知識もないうえに、自社の将来像や事業戦略と関連する事業かすらわからない。これでは、データ不足だと判断されて、有望な事業機会だと納得できるまで検証を続けなさいと言われるのが関の山だ。事業は中断するか、完全に打ち切られる。もう一人のＣＥは、自社が共有する将来の戦略的抱負につながる事業に取り組んだ。あらかじめ経営陣を巻き込んでハンティング・ゾーンの大枠を決め、検証結果もこまめに報告した。最終的に、事業を進めるために一〇〇万ドルを求められた経営陣は、どうしただろうか。もちろん、共有する戦略的抱負を実現するために資金を投じたのである。どちらの新規事業にも潜在性はあるかもしれないが、経営陣を味方につけた後者のほうがはるかに成功しやすい。

グローバルなイノベーション業界では、ハンティング・ゾーンを定めて着想の範囲を狭める方法には賛否両論がある。どんな形でもイノベーションを制限すれば、多様なアイデアが出る可能性や、予想外の画期的発明の余地が失われるというわけだ。だが、起業家に役立つ方法が常にCEにも有効とは限らない。企業では、制限を設けなければ、生まれるのは自社戦略から外れた事業案ばかりとなり、それでは誰も資金を出したがらないだろう。どんな挑戦にも教訓はあるかもしれないが、経営陣の後ろ盾が得られない事業案に固執したところで、CEの時間と労力を無駄にするだけだ。

▼本章のまとめ

本章では、CEの成功を左右するCEOや経営陣の役割を述べてきた。肝心なのは、企業の成長意欲と直結する「戦略的抱負」を定めて、探索事業にお墨付きを与えることだ。

優れた戦略的抱負は感情に訴えかけて、社員のイノベーションへの情熱をかき立てる。また、自社の事業戦略との一貫性を示す論理性を盛り込むと、探索事業が自社の成功に必須であることも伝わる。さらに成果への意欲と絡めれば、創造的破壊の脅威や機会に負けないほど壮大な戦略的抱負が生まれる。戦略的抱負は、五つの要素によってCEのやる気を駆り立て、新規事業を成功へと導く。

第一の要素は、参入市場や事業モデルや商品に関する戦略の決め方を変えること。

第二の要素は、ＣＥに「慣習を破ってもいい」という探索事業への明確なお墨付きを与え、既存事業の枠にはまらない幅広いイノベーションを起こしやすくすること。

第三の要素は、経営陣をまとめること。経営陣が団結すれば、戦略的抱負に沿ったイノベーションを繰り返し起こせる組織になる。

第四の要素は、成長目標の達成のために投資すべき分野という視点で、ハンティング・ゾーンを絞り込むこと。領域が明確であるほど、ＣＥも経営陣が後押しする事業機会を見つけやすい。

第五の要素は、マニフェストの形で明記されていること。戦略的抱負だけでなく、新しい業務手法、探索事業へのお墨付き、ハンティング・ゾーン、社内の団結をすべて文章にまとめると、全社員に伝わりやすくなる。

新規事業の多くは、量産化に至る前に頓挫する。しかし、戦略的抱負のある企業なら、自社の成長目標に沿った事業が生まれ続け、今後も成長し続けるだろう。

PART 2
イノベーションの原則

事業活動の中でも、イノベーションには飛び抜けて多彩な手法、ツール、テクニック、流行が関わってくる。では、CEの構想を事業化するのに役立つのは何だろうか。数多ある要素から闇雲に探すのは、手間も時間もかかる。そこで第Ⅱ部では、イノベーションの全体像がわかる包括的モデルを提示したい。土台となるのは、すでに紹介した「イノベーションの原則」――着想、育成、量産化――だ。原則ごとに最重要ポイントを述べたうえで、関連する手法の扱い方を説明する。デザイン思考など具体的な手法には踏み込まないため、詳しく知りたい読者は他の書籍にもあたってほしい。ここでは、事業完成までの流れにおける各手法の概要を述べるにとどめる。

次ページ以降の説明を読むと、着想、育成、量産化が直線的に進む「段階」に見えるかもしれない（図Ⅱ－1参照）。それも一面としては正しい。新規事業は、たしかに三つの段階を経て成熟していくし、リソースを増やすべきだと立証できたら次に進むという具合に、段階の境目も明確だからだ。だが、私たちはあえて「段階」ではなく「原則」と名付けた。すべてが一連の学習プロセスだからだ。着想の原則は事業完成まで共通しており、育成以降で起きた問題の解決にも、着想の原則が使える。育成の最も重要な要素である検証は着想の時点から始まるし、量産化にもつながっている。量産化も、着想の時点で始まっている。十分採算性のある事業にするための資産は、着想の段階で仮説を立てておくべきなのだ。本書では、着想から育成、量産化へと直線的に進む段階かのように描写しているが、現実はらせん状に近い。

図II－1　イノベーションの原則

PART 2

イノベーションの原則

着想	育成	量産化
・アイデアへの執着／ソリューションの罠	・事業検証	・顧客、組織能力、経営資源
・顧客調査	・仮説	・資産集め
・顧客が重視する問題	・実験	・量産化への道
・発案	・学び	・トリガー地点
	・繰り返し	
	・決定	

4 着想――新規事業のアイデアを出す

二〇一六年、アナログ・デバイセズ（ＡＤＩ）はヴィンセント・ロウチの「シリコンを超えるイノベーション」という戦略的抱負に基づいて、ＩｏＴ領域を探索しはじめた。機器とインターネットをつなぐＩｏＴを活用すれば、機器の稼働状況を分析して性能を改善するヒントが得られる。冷蔵庫でなくなりそうな食材を検知してスーパーで買うべき商品を送信するといった単純な機能から、ジェットエンジンが突然故障しないよう整備時期が来たら通知する監視機器など高度な活用方法まで考えられる。当時すでに、ＡＤＩの部品製造技術は、この種のソリューションにも多く導入されていた。そのため、シリコン半導体の枠にとどまらない事業機会として想定されたのは、クラウドコンピューティングやＡＩと組み合わせた新サービスである。

ＩｏＴ事業では、八つの**スプリントチーム**を結成して、それぞれ家庭用品や医療などのエンドマーケットを探索した。「スプリント」は、アジャイルソフトウェア開発（迅速なソフトウェア開発を目的に、チーム主導で設計・検証を繰り返す手法）の用語で、開発期間の単位を指す。各チームは三〇日を一単位（スプリント）として、予算を得られそうな事業案を策定する。オートメーション事業部長のケビン・カーリンは、産業用機械を対象とするチームの責任者に任命されるとすぐに、自チームの持つ市場開拓力に気づいた。産業用機械の大手製造会社では、ＩｏＴ機能を搭載した機械の設計を始めていた。ＡＤＩもＩｏＴ機器に部品を供給して利益を得ていたものの、カーリンは、顧客に新型機械を設置させる（グリーンフィールド）よりも今稼働している大量の機械を活用する（ブラウンフィールド）ほうが大きな事業機会になると考えた。彼の頭にあったのは、振動データだけでモーターの異常を検出して、機械が故障間近だとオペレーターに警告する装置だ。今現場で使っている機械に後付けできるため、旧式の機械もそのまま管理できる。カーリンが新市場と考えたブラウンフィールドには、あまり技術力の高くない企業がひしめいていた。既存の顧客企業はこの市場に関心を示さず、ＡＤＩほどの組織能力を持つ企業はほとんどない市場。これほどの事業機会を追わない理由はない。カーリンがＣＥとして歩み出した瞬間だった。

図４‐１を見てほしい。カーリンがまず行うのは、顧客の問題を特定して解決案を出す「着想」だ。次に、核となる仮説を検証する「育成」を経て、自社の資産を活用して事業として「量産化」する。

破壊的事業の「着想」では、戦略的抱負とハンティング・ゾーンから具体的な事業案を作り、「育成」への土台を固める必要がある。着想で明らかにすべきは、取り組むに値する問題とその解決案だ。本章では、ＣＥがこの重要課題を成し遂げる手順を説明する。まず取り上げるのは、ＣＥが直面する主な障壁だ。社内イノベーションでは、多くの注目やリソースが着想に集まる。そんなとき、ＣＥは解決すべき問題自体よりも思いついた案に固執する「アイデアへの執着」に陥りがちだ。顧客の視点を知ろうとせず、自分の考えの正しさを証明することしか考えられなくなったＣＥは、もう「ソリューションの罠」にはまっている。落とし穴を回避するには、徹底的な調査によって顧客が重視する問題を見極めなければならない。「育成」に進むソリューションを出すには、真の問題を知ることが不可欠だ。

本章では、ケビン・カーリンの事例から着想の流れを説明する。着想から五年後の二〇二一年、カーリンはＡＤＩの状態基準保全（ＣｂＭ）事業の責任者だ。ＣｂＭは量産化段階に入り、最新技術で機械の不具合を検出してすぐさまオペレーターに警告できる機器が何種類も商品化されている。カーリンの部署は、ＡＤＩの組織能力と事業モデルと市場開拓戦略に大変革をもたらした。例えば、モーターの稼働計測器は、顧客が自分で設置でき、クラウドで登録してクレジットカードでサブスクリプション決済できる商品だ。また、複数の検出器の結果をＡＩエンジンで分析することで、さらに精度の高い情報が得られる商品もある。いずれも、従来の回路基板用の高性能シリコンチップとはかけ離れた事業だ。カーリンは、ロウチの「シリコンを超えるイノベーション」を見事に実現した。

図4－1　着想、育成、量産化

着想

多くのリソースや手法を駆使して顧客の問題を見極め、解決策の候補を発案

育成

仮説の検証と改良を繰り返し、データに基づいて新規事業への投資可否を立証

量産化

必要な資産（組織能力・経営資源・顧客）を集めて目標を達成

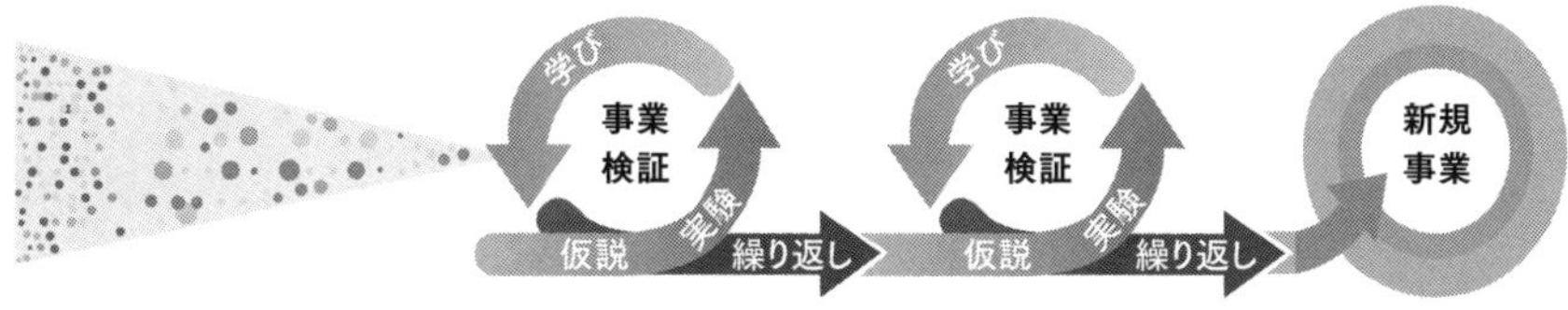

▼アイデアへの執着

カーリンの出発点はふと思いついた解決案だった。ＡＤＩの計測技術をクラウドにつなげば解決できる問題がありそうだと直感的に考えたのだ。二章でクリスティアン・クルティスなど多くのＣＥを紹介したが、パーパスを持っていてもやはり解決案から着手するＣＥがほとんどだ。これは人間固有の特徴で、目新しいものを生み出したい欲望は依存症のように抑えがたい。新しいアイデアや経験を求めると、脳から報酬物質が出る。人類学には、ホモ・サピエンスが生き延びたのは、新奇性を求める脳の働きが問題解決力や環境変化への適応力をもたらしたからという説もあるほどだ。[1]アイデアへの執着心はあまりにも強力なため、着想に時間をかけすぎる人も多いし、ハッカソン〔エンジニアなどが集まり、短期間で開発を行うイベント〕や社員の『シャーク・タンク』式プレゼンテーションなど大勢の技術者が参加するイベントでは、着想で力尽きる者も珍しくない。創造性を駆使して新たな可能性を思いつく行為には、本能的な満足感があるのだ。

しかし、この方法では顧客視点でのイノベーションは生まれない。顧客視点のイノベーションは、顧客による「成功」の定義を理解するところから始まる。顧客の欲しいものがわかれば、要望を叶える方法が見つかる可能性も大幅に上がる。カーリンに求められたのも、顧客である製造会社の問題の分析だった。今は不可能だが実現したいこと、実現できた場合の利点、顧客自身の考える問題解決策などを深く理解する。答えならわかっているという思い込みはいったん置いておき、最終顧客の視点を学ばなければならなかった。

「アイデアへの執着」は、顧客視点の着想を妨げる。思いついた案は、自分では当然魅力的に見える。市場調査しても、思い込みを正当化する情報ばかり集めて、やはり優れた案だと結論づける。認知心理学では、これを確証バイアスという。人間の普遍的な特性ではあるものの、企業の力学がバイアスをさらに悪化させる。時間をかけて調査したのに駄目な案だったとは認めたくないし、[2]投じてきた資金や時間のサンクコストや自らの評価を考えればますます後には引けない。この力学が働く組織では、ＣＥは問題ではなく解決策しか考えられなくなる。ソリューションの罠だ。世界を見回すと、落とし穴にはまった事業のなれの果てがあふれている。典型的な例が、携帯電話向けファイアーフォックスＯＳに四億ドルを投じたモジラだ。アンドロイドのクロームブックの成功を目にした同社は、自社の専門技術を駆使して携帯電話向けブラウザベースＯＳを開発した。しかし、市場はすでにアンドロイドとアップルのＯＳがほぼ独占しており、ブラウザベースでアプリも入らない携帯電話に興味を示す人などいなかった。モジラが消費者の意見を重視する「アウトサイド・イン」方式を取り入れていれば、携帯電話の利用者が求めているのはアプリだとすぐわかっただろう。[3]

アイデアへの執着力はすさまじい。ところかまわず現れて、時にはＣＥ（や起業家）の取り組みを台無しにする。カーリンは周到に着想を進めたが、その話に入る前に、教訓として

やすくなるはずだ。

「チョットクール」の事例を紹介しよう。カーリンが後述の方法で着想を進めた理由がつかみやすくなるはずだ。

▼ソリューションの罠

一〇〇年の歴史を持つインドの製造会社ゴードレージ・アンド・ボイスのゴパラン・サンドラマンは、アイデアへの執着には新規事業を破綻させる力があると痛感した経験を持つ。(4) 創造的破壊に深く傾倒していたサンドラマンは、開発途上国にも先進国の豊かさをもたらしたいと、インドの農村地域に冷蔵庫を普及させる事業を思いつく。電力を消費するうえに購入費も維持費もかかる冷蔵庫は、都市部ならではの家電製品だ。農村地域では、四〇%の家にテレビがあったにもかかわらず、冷蔵庫はほぼ皆無だった。あまりにも高額で、大量の電力を使うからだ。サンドラマンは、国内市場の常識をひっくり返すソリューションが見つかれば事業機会になると確信していた。そこで、解決策の考案のために、米国のコンサルタントから助言を受けて**顧客調査**を進めた（ちなみに私たちは関わっていないが、関わっていても結果は変わらなかったかもしれない。ビジネススクールの教授だろうが、経営コンサルタントだろうが、ソリューションの罠には誰もがはまり得るのだ！）。

サンドラマンたちは村々を訪れ、買い物や料理などから暮らしぶりを観察した。見えてきたのは、村人が当日食べる分だけを購入する習慣だ。また、家はかなり手狭で、普通の冷蔵庫は収まりそうにないことも判明する。それでも、村人たちは様々な工夫をしていた。水は土瓶に保存すれば冷たいままだし、一度沸騰させた牛乳は腐敗しづらいし、何でもすぐ使えば冷却の必要はない。サンドラマンのチームは、調査結果をもとにバッテリー式の超軽量冷蔵庫「チョットクール」を開発した。水などの必需品には十分な容量があるが、対象とする村人の家には問題なく置ける大きさの冷蔵庫だ。

これは、サンドラマンが求めていた画期的な解決策だった。単なる冷蔵庫の廉価版ではなく、冷蔵庫を持たない八五％のインド人に特化した商品だ。熱電クーラーを搭載しているため、冷却材を低温に保つコンプレッサーも必要ない。設計や製造段階で多くの問題に直面しながらも、ついに完成したチョットクールはまさに常識を覆すものだった。価格は他社商品の半額の七〇ドルで、通常の冷蔵庫にかかるコンプレッサーの維持費も一切不要だ。さらに大規模に展開すべく、非政府組織（ＮＧＯ）や小口融資機関も巻き込んだ画期的な流通網を作り、対象顧客の手に届きやすい仕組みにした。

ところが、滑り出しこそ順調だったものの、間もなく売れ行きは急速に落ち込む。結局、チョットクールは発売から二年間で一万五〇〇〇台しか売れなかった。たしかに、販売手法や流通面にも重大な失敗要因はあった。しかし、もっと手前に根本的な問題があったのは明らかだ。そもそも、消費者からの需要がない商品だったのだ。消費者である村人たちは、水を土瓶で保管したり、果物や野菜を当日買ったりといった工夫で、冷蔵庫がなくても不満なく暮らしていた。チョットクールは、冷蔵庫が求められる場所では最適な解決策になっただろうが、ここはそうではない。村人にとって、物を冷やせないことは悩みではなく、何とかしてほしい問題でもなかった。サンドラマンは、自分が市場に求める成果（ゴードレージ製品をもっと売りたい）と消費者の要望（冷蔵庫が欲しい）を混同していた。[5] チョットクール最大のライバルは、「消費者ニーズがないこと」だった。消費者は、最初から満足していたのである。

この事例からわかるのは、人がいかにたやすく自分の思いつきに惑わされるかだ。細心の注意を払って学ぶ意志がある人でも、顧客のニーズを見誤る可能性はある。思い入れが強いほど、顧客の声に耳を傾けづらくなるからだ。顧客を理解する一番の機会が「顧客調査」だ。謙虚さを忘れず、徹底的に取り組まなければならない。

▼顧客調査

チョットクールの事例で適切な顧客調査の難しさがわかったところで、話をＡＤＩに戻そう。カーリンの場合、顧客調査の難度はさらに高かった。スプリントチームの責任者とオートメーションョン事業部長を兼任していたからだ。同社はＩｏＴで創出できそうな事業機会を調査中だったが、調査のためだけに部署を新設するのは割に合わないため、どちらもカーリンが担当したのだ（この段階のＣＥは同じ状況に置かれることが多い）。

カーリンのスプリントチームは、顧客の問題の調査に没頭した。三〇社以上の顧客企業にイ

図4－2　顧客調査のポイント

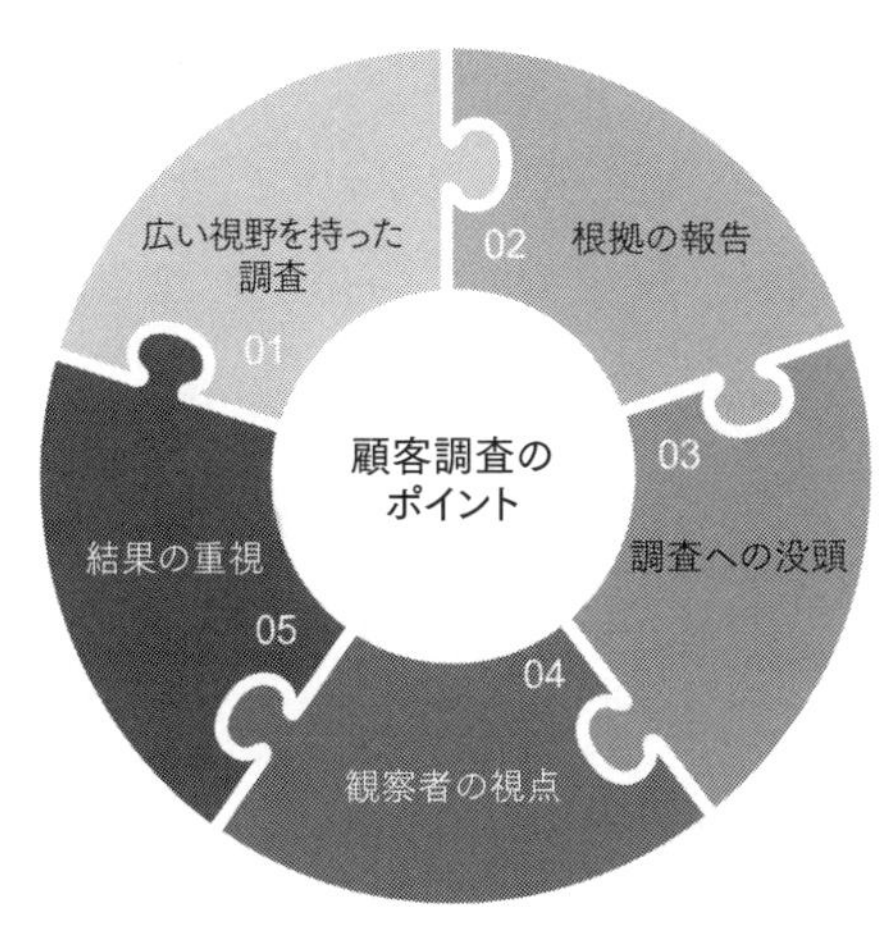

ンタビューして、機械の故障がどのように検知されているかを分析し、エコシステム内の様々な関係者について学んだ。そして、常に自問した──機械状況管理の問題に対する顧客企業の捉え方や現在の対策、顧客企業が価値を感じるソリューションの要素などについて、自分たちは今どこまでわかっているのか？

図4－2に、徹底的な顧客調査に使える五つのポイントをまとめた。これらにより、カーリンをはじめとするCEの労力を最小限に抑えつつ、ソリューションの罠にはまる可能性が大幅に下がる。

第一に、広い視野を持って調査しよう。他者の視点を学ぶ際はバイアスがかかりやすいと自覚するのだ。バイアスには様々な種類がある。(6) 一例が「**直近バイアス**」だ。研究でも証明されているが、人間はデータよりも最初か最後に耳にした意見に影響されやすい。しかも、一度視点が固まると、確証バイアスによって、次第に自分では疑いも持ちづらくなっていく。もう一つ、「**集団思考**」の名で知られるバイアスも重要だ。人は集団に入ると、周りの意見に流されやすい。周囲から意見の一致を求められている気がするし、そのほうが自分も安心できるからだ。チョットクールの失敗も、バイアスで説明がつく。同じ失敗を避けるには、バイアスの存在を認めて、自分が偏りなく判断できているという思い込みを手放すのが第一歩だ。完全に中立な人などいないのだから。

第二に、出した結論の根拠を明確に伝えることを規則とすると、バイアスを抑えやすい。カーリンは三〇日間のスプリントごとに、チームの関係者一〇〇人だけでなく、社内の支援者や社外顧問（筆者の一人も務めた）を交えた報告会を開いた。報告では、自説を正当化するデータばかり見せるのではなく、必ず顧客についてわかった新事実も盛り込んだ。アマゾンでは、同様の手法がルール化されている。創業者のジェフ・ベゾスの肝いりで、少人数のチームから構想が生まれ続ける仕組みができているのだ。提案がある人やチームは、文章の形で六ページにまとめた企画書「ＰＲ／ＦＡＱ」を用意しなければならない（パワーポイントは禁止だ）。一ページ目は完成品を発表するプレスリリース（ＰＲ）で、商品が待ち望まれている理由（顧客から聞き取った内容）を記載する。顧客の課題から逆算して考えなければならないということだ。プレスリリースの後には五ページの「よくある質問（ＦＡＱ）」が続く。顧客が商品を求める理由、活用方法、商品のコストとメリットのほか、予想される市場規模やリスクを伝える部分だ。最悪の事態を想像させたい場合は、発売後には見たくないニュース記事を模したものも盛り込まれる。付録や原寸大の試作品（モックアップ）が付くことも多い。

第三に、当初の仮説を覆すほど調査に没頭しよう。ヨーロッパの技術系企業ボッシュでは、部署単位で事業案を出し合うコンテストを定期開催している。あるコンテストで優勝したサラ・カルヴァーリョの案は、休暇中に訪れたペルーで思いついたものだ。(7) 一日中チチカカ湖周辺を歩き回って疲れ果てたカルヴァーリョは、熱いシャワーを浴びてくつろぎたかった。ところが、要望を聞いた主人の表情は曇る。宿には給湯設備がなかったのだ。彼女は、お湯なんてどこでもすぐ使えると思い込んでいたのを恥じたが、同時に事業機会の種を思いついた。テクノロジーで、お湯のない人の生活を改善しようと考えたのである。この構想を実現する機会が社内コンテストだった。カルヴァーリョの事業案は、自社製品で最も低コストの電力温水器と、携帯電話で決済できるシステムM-PESAを組み合わせたものだ。M-PESA自体はすでにアフリカ諸国に普及していた。

コンテストで優勝したカルヴァーリョは、企業主導で優秀な事業案を集中的に推進する「アクセラレーター・プログラム」に参加した。顧客の悩みを重視するアウトサイド・イン手法を使って事業案を検証する優れたプログラムだ。まず、「技術至上主義」に陥らないように徹底した顧客調査を行う。このプログラムの参加者は二〇一八年以降だけで二〇〇人以上いるが、どのCE志望者も一〇〇人の顧客から最優先事項を聞き取らなければならない。カルヴァーリョも一〇〇人への聞き取りに加え、何度もケニアを訪れて仮説を検証して、顧客の一番の要望を学んだ。ある研究によると、顧客のニーズは三〇人に調査すれば完全に把握できるし、最初の四人だけでもニーズの四分の三は判明するという。それ以上調査しても新事実は出てこないということだ。(8) ただし、企業間取引では購入する側の均質性が下がるため、声を聞くべき相手を見極めるまでの時間が長くなりやすい。商品・サービスの対象顧客を正確に把握するまで二〇社ほど要することすらある。ボッシュの調査数の基準が一〇〇なのも、顧客間のばらつきを加味したためだ。ここまで徹底して調査すれば、当初の思い込みは払拭され、ユーザーの声に素直に耳を傾けられるだろう。

カルヴァーリョも調査に没頭した結果、事業案も対象顧客も当初の想定から大きく変わった。同様の手法をさらに徹底した企業が、スタンレー・ブラック・アンド・デッカーだ。カーリンのスプリントチームと似たチームが九〇日間共同生活を送り、市場や事業機会を学ぶことのみに集中する。チーム内の思考に質的転換をもたらすのが目的だ。この会社からは米国の工場労働専用求人サイト「シュアハンド・ドットコム」など、面白い成果がいくつも生まれている。

第四に、最も深い学びが得られるのは、調査に没頭しつつも観察者の視点も失わないときだ。企業には強力な行動バイアスがある。顧客調査にも同じバイアスが働けば、個別に聞き取りしようがフォーカスグループを開こうが、お決まりの結論が出るだけだ。観察（経験ある専門家に任せる場合は「エスノグラフィー」とも言う）とは、現在の顧客の対策を知るために、相手の発言だけに頼るのではなく、行動をよく見る手法だ。日用品大手のP&Gに勤める友人から聞いた話がある。大人気の粉末洗剤「タイド」には特大サイズの外箱が開けづらい問題があることが判明したため、側面に開封用の切れ目を入れる改良を加えた。その後の市場調査で訪れた家の女性に、彼はタイドの開け方を質問した。切れ目のおかげで楽に開くようになったという言葉を期待していた友人は、女性の答えに仰天する。「ドライバーを上から差し込んでこじ開けています。ちゃんと開きますよ」。消費者の実体験や商品の使い方は、設計した側の意図とはかけ離れていることが多い。

第五に、行動ややる気ではなく、あくまで結果を重視しよう(9)。顧客が重視する問題を明確にするには、顧客が何を達成したいのかを正確に理解する必要がある。顧客の問題解決に与えるインパクトの定量化を意識することで、ソリューションの罠にもはまりにくくなる。「顧客が現在の選択肢から乗り換えたくなるには、どれほど優れたソリューションでなければならない?」と常に自問するのだ。チョットクールの場合、もしサンドラマンが「村人が土瓶や毎日買い物する生活を変える気になるには、どれほど優れた商品でなければならない?」と自問していれば、消費者はそもそも変化を望んでいないと気づけたかもしれない。

▼顧客が重視する問題

顧客調査が順調に進むと、顧客が実現したいことや直面している問題など、貴重な情報が得られる。ただし、まだ情報の意味合いはわからない。CEは、問題が顧客にとって本当に重要なのか、どの問題になら解決策を出せるのかを突き止める必要がある。顧客調査から得た情報を分析して、ＣＥだけでなく顧客もぜひ解決したいと思う問題を見定めなければならないのだ。

カーリンの事例に戻ろう。チームの顧客調査によって、当初立てた仮説――顧客はリアルタイムのＣｂＭシステムに価値を感じる――は立証された。生産ラインの停止は工場全体に影響する重大事で、各工場で年間数千～数百万ドルもの損失が出ていたのだ。一方、顧客ごとに要望が異なることも判明した。予期せぬダウンタイムを減らしたい企業もあれば、収集したデータを活かして予備部品の在庫を適切に管理したい企業や、作業員の視点でとにかく事故を防止したい企業もある。対策についても、不具合の予測技術はほぼ皆無だったものの、各社が機械の突然停止を防止する人的対策を講じていた。モーター音で機械の故障時期を予測できる「黄金の耳」を持つオペレーターが頼りだと認めた企業も、機械やモーターの監視業務を専門会社に委託する企業もあった。後者では、派遣された技術チームが計測器を手に工場内を回り、不具合の起きそうな機械を見つけていた。

どれも重要なインサイトばかりだが、チームにとってどんな意味があるのだろうか。カーリンは、その意味を理解して、肝心な「では、どうする？」という疑問に答えなければならなかった。

そこで、得た情報から作成したのが「**顧客バリューマップ**」だ。[10] 有名なカスタマージャーニーとよく似ているが、顧客がニーズを満たすために踏む手順がわかるだけでなく、**分岐点**も浮き彫りになる。分岐点とは、現状の手順でうまくいっていない箇所だ。顧客が不満を抱いていて、別の解決策を求めている。つまり、イノベーションが必要な部分だ。顧客バリューマッ

図4－3　変革前の顧客バリューマップ

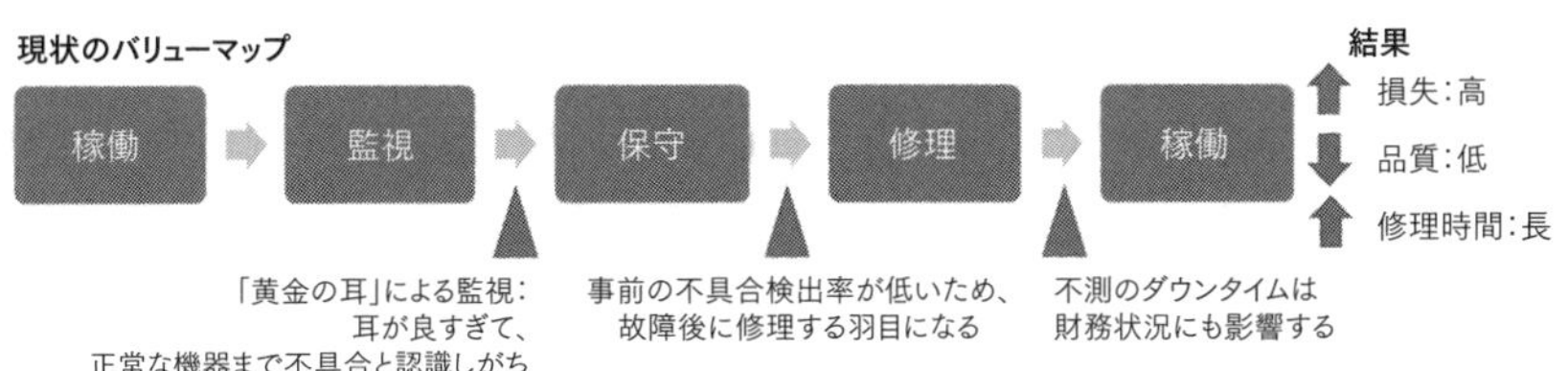

プを作る利点はそれだけではない。顧客にとって価値あるイノベーションに求められる要素（今回の場合は、完成までの時間短縮、低コスト、品質向上）が正確にわかるため、成果の定量化にも役立つ。現状の機械保守の流れをごく大まかにまとめたのが図4－3だ。

バリューマップの各段階は、顧客が行う業務だ。業務ごとに、完成までの時間や成果物の質や実施費用などの要素に影響が出る。[11] 図4－3の場合、まず、整備を要する機械を事前に予測しきれていないせいで、機械が突然停止して生産ラインが止まる。次に、人による診断は精度が低く、正常な機械を異常と判断してしまい、生産ラインを止めて不要な整備をすることになる。最後に、両方のダウンタイムでコストが上がり、顧客企業の損失へとつながる。以上の三点が分岐点だ。図示すると、現在の結果とカーリンのソリューションを採用した場合の結果を比較できる。差を数値化できれば、カーリンも確信を持って、顧客の重視する問題を解決できる事業案だと言えるだろう。

新しいソリューションを採用した場合の顧客バリュー

マップが、図4-4だ。

不具合をすぐ正確に検出するソリューションだから、検出精度は上がるだろう。そうすれば迅速な予防整備が可能になり、不測のダウンタイムによる損失も減る。ここまでは最初からわかっていた。だが、勝利宣言にはまだ早い。バリューマップを作ったカーリンは、まだ解消すべき問題が二つあると気づいた。一つ目は、CbMのどこに魅力を感じるか、顧客ごとに意見が違った点だ。ダウンタイムの削減に関心を持つ顧客もいれば、安全性を重視する人も、予備部品の管理に着目する人もいた。つまり、変革後のバリューマップは複雑化し、製造会社によって変わるということだ。二つ目の問題は、小規模ながら、人の手で状態基準保全を行う企業がすでにある点だ。問題の根本は解決できなくても、潜在的な最終顧客の代わりに機器を監視・保全するという面での影響力は十分で、顧客からの信頼も厚い会社である。カーリンたちは事業モデルを見直した。既存の保全会社と連携したほうが、幅広い顧客のニーズに対応できるのではないだろうか。

カーリンのチームは、顧客バリューマップの分析から重要な学びを得た。顧客を変えるにはソリューションにそれだけの影響力が必要なことや、市場開拓時の問題に対しては既存の保守会社との連携が欠かせないことだ。解決すべき問題や解決策への顧客の期待も、十分理解できた。ついに、発案すべきときが来たのだ。

図４－４　変革後の顧客バリューマップ

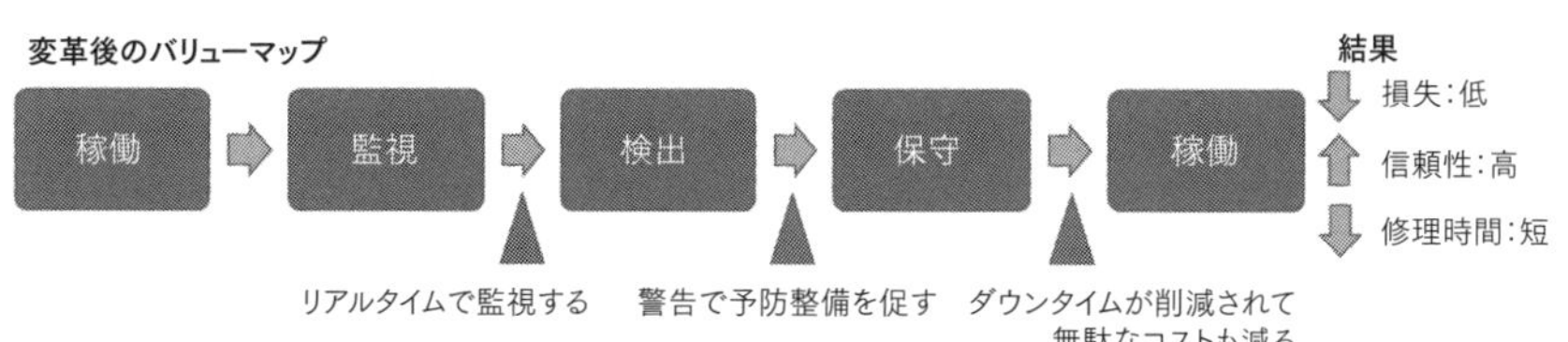

▼発案

発案には、社内から多くのリソースと注目が集まる。企業は次のヒット商品を求めて、ハッカソンや『シャーク・タンク』式プレゼンテーション大会など大勢の社員が参加するイベントを開催したり、昔ながらの研究開発部門から画期的な発案を求めたり、イノベーション・ラボやスタートアップと協業するアクセラレーター〔企業の事業拡大のために投資やノウハウ提供などの支援を行う組織〕を活用したりする。破壊的事業の着想とはこの種の活動だと思う人も多いが、実際には重要ではあるものの着想の一要素でしかない。着想で最も大切なのは、自分が解決したい、顧客が重視している問題を突き止めるまでの段階だ。具体的な解決案を出す段階になると、顧客が一番の情報源となることはほとんどない。顧客は、予防整備が必要な機械を早く知りたいという要望は語れても、要望を叶えるために必要なエッジセンサーの構造やクラウドベースの機械学習アルゴリズムを明確に語ることはできないのだ。顧客の問題を解決する破壊的手法は、たいてい研究開発ラボや多くの社員が参加するイベントや、スタートアップの協力から生まれる。ただし、真の問題に行き着かないうちに思いつきに飛びついてソリューションの罠にはまる危険だけは、ぜひ避けてほしい。何より肝心なのは、顧客が重視している問題なのだ。

日本の大手電機メーカーNECは、年間数十億ドルを投じて科学技術の可能性を広げ続けている。発案を担当するのは、世界中に張り巡らされた研究開発ラボ。専門家による典型的なインサイド・アウト方式だ。NECは、監視映像技術の分野では世界でも指折りの存在で、オープン標準の5G無線ネットワークでも他社の先駆けになるなど、幅広い分野で大成功を収めてきた。輝かしいイノベーションを重ねる中で、インサイド・アウト方式は実績を伴った揺るぎない組織カルチャーになっている。NECは「顧客に必要だが顧客自身はまだ想像していない商品」を生み出す企業として、「他社の模範」と評されてきた。[12] 顧客の想像を超えられるのは、研究開発型イノベーションの大きな利点だ。シリコンバレーを拠点とするスタートアップと連携して創業した新会社NEC Xでは、研究開発から生まれた事業案をもとに、外部の起業家やアクセラレーターの支援を受けつつ、自社技術の画期的な使い道を探っている。[13] NECの新技術で解決できる顧客の問題を見つけるのは、起業家たちの役割だ。まず研究開発主導でインサイド・アウト方式のイノベーションを発案してから、顧客中心のアウトサイド・イン方式へと移行して、顧客が受け入れやすいソリューションにする方法を考え抜く。インサイド・アウトとアウトサイド・インには正解も善し悪しもないため、どちらから始めても構わない。とはいえ、顧客の視点からかけ離れたまま研究開発を進めれば、必ずソリューションの罠が待っている。

カーリンは、まずアウトサイド・イン方式を用いて顧客が重視する問題を理解した。次は、インサイド・アウト方式で解決案を出す段階だ。ＣｂＭソリューションを導入する利点を否定する企業はほぼないものの、個々の要望は多様であり、様々な環境での運用が想定される。技術面の対策と事業モデルと市場開拓戦略が必要だった。カーリンは、ごく単純な手法を使った。チーム内で「アマゾンならどう解決する？」をテーマに自由に議論したのだ。ここから生まれたのが、セルフサービス型ソリューションだ。保守会社や最終顧客自身がオンラインで機器を購入して設置し、プラットフォーム上で登録するだけで、データの取得と分析に入れる。これは、電気技師向けに高級半導体部品の販売を五〇年以上続けてきたＡＤＩに大変革を起こした。ＡＤＩは大型機器の回路基板向け部品を作ってきたため、従来は膨大な技術仕様書や参考資料が必要だった。カーリンがやろうとしたのは、事業モデルの転換だ。顧客に送るのは、センサー、モーターの側面を磨くサンドペーパー、センサーを固定する接着剤、プラットフォームへの登録コードの入ったセットだけ。自社の高性能センサーを活かしつつも、ソフトウェア業者や保守会社の力を借りるソリューションだ。後年、ＡＤＩは組織能力を上げるために大規模な買収も実施した。

カーリンの着想は明確な事業案となり、育成に進む段階に達した。出発点は、ＡＤＩなら潜在性ある市場機会を本格的に事業化できるという仮説だった。チームが想定したのは完全ハードウェア型ソリューション（センサーと現場に適した接続性）とソフトウェア（取得したデータの分析）、そしてロータッチ層に対応できるECエンジンを駆使した事業だが、まだパワーポイントの概略にすぎず、試作品も一種類しかなかった。この構想の実現には、投入するリソースを大幅に増やさなければならない。チームは育成の提案の中で、試作品のパターンを増やして幅広い業種で検証する案を示した。ソリューションの土台となるデータモデルを獲得できるのはもちろん、新たに関係構築する相手に語れる市場経験にもなるだろう。優れた事業案だけでは、ヴィンセント・ロウチCEOと経営陣からの資金は得られない。顧客に価値をもたらす解決案を本格的な事業の形にする必要がある。規律を持って事業を検証する育成が始まったのだ。

▼本章のまとめ

着想はただ案を出すだけではない。解決すべき顧客の問題を突き止め（顧客調査）、顧客を惹きつける力のある解決策を出す（発案）という二つの段階がある。

いきなり問題への解決案から入るCEも多いが、アイデアへの執着には注意しよう。自分の思いつきにこだわりすぎると、ソリューションの罠に陥りやすくなり、顧客の要望にもたどり着けない。

落とし穴を回避するには、徹底的な顧客調査が欠かせない。バイアスを自覚したうえで調査に没頭し、学んだ結果の根拠を欠かさず報告すれば、観察者の目を持って顧客の求める成果を理解できるようになる。

調査で得た情報の意味をつかむには、顧客バリューマップの作成が有効だ。顧客が実現したいことや、求める成果、現在直面している障壁や無駄がわかるため、顧客の重視する問題を突き止める効果がある。

顧客の問題がわかったら、解決策（商品・サービス、技術、事業モデルなど）を考えよう。ここでは発案の手法が役立つ。社内の研究開発部門や社員が発案するインサイド・アウト方式と、スタートアップの世界から協力者や企業の支援を受けて行うアウトサイド・イン方式があり、どちらも効果的だ。

5 育成――検証を通して学ぶ

二〇一三年、バラジ・ボンディリは、ニューヨークのデロイト・コンサルティングに勤める医療・ライフサイエンス専門のコンサルタントだった。経験豊富で、自社への貢献度も高い[1]。だが、彼自身はコンサルティングの仕事にうんざりしていた。どのプロジェクトも代わり映えしない。今までにないものを手掛けたい思いが高じて、退職を考えるほどだった。そんなとき、社内にイノベーション部署が誕生する。CEとして、組織の内側から新規事業を作るチャンスである。ボンディリの頭にあったのは、機械学習やAIなどデジタル・テクノロジーの専門家を幅広く集めて活かす事業だ。当時、デロイトもそのクライアント企業も、デジタルネイティブやデータサイエンティストから選ばれる職場ではなかった。この分野は、当時も今も完全に売り手市場だ。最高レベルの能力がある人材なら、果敢な挑戦ができるかっこよくて若い企業にも就職できるし、プロジェクト単位で最高額を付けた相手を選んでもいい。デロイトが求める人材にとって、企業に長年勤めて昇進する契約など何の魅力もない。大規模で思い切った募集をかけても、応募者数は定員にすら達しないのが現実だった。

ボンディリが提案したのは、クラウドソース型プラットフォームを構築して、求人では集まらない高度な専門性を活用する事業だ。離れた場所にいる専門家を直接雇用せずに活用できるクラウドソース自体は、すでに存在していた。専門性のある人材を集めたクラウドに、綿密に定められた課題が公開され、解決した人が報酬を得る仕組みだ。デロイトもクラウドを活用すれば、欲しいスキルが必ずかつてない形で獲得できるとボンディリは考えた。事業名の「デロイト・ピクセル」にもボンディリの信念が表れている。大きな問題も個々の要素（ピクセル）に分解すれば、クラウド上の専門家が解決できる。そしてデロイトは、クライアントがどれほど複雑な問題を抱えていても、問題を細分化できる会社だ。多様な分野の問題解決に適した人材を活用できるサービスを作れば、社内のコンサルティング事業を補完するものになるだろう。クラウド上の数百～数千もの頭脳とつながるネットワークは、活用できる組織能力の増加にもつながるはずだ。長年の雇用契約も不要だし、プロジェクトごとの需要に合わせて募集人数を調整するため、収益性も管理しやすい。

以上の仮説のもと事業案を出したボンディリは、二番目のイノベーション原則「育成」へと進んだ。高らかにスタートの号砲が鳴り、活動するお墨付きや、構想を事業化する権限がＣＥに与えられるという意味では、育成はすばらしい段階だ。一方で、事業推進への圧力も尋常ではなくなり、社内で評価される（そして経営陣の報酬にもなる）成果も求められる。しかし、まだ金銭的な成果を出せる段階ではない。学ぶことはいくらでもある。デロイトのクライアントのうち、最もピクセルを買いそうな層は？　ピクセルは具体的な成果を出せるのか？　通常のデロイト・コンサルティングと比較して、ピクセルを使う利点は？　これらの質問への答えを出すのが、育成の取り組みだ。小さな実験を繰り返して、成功に必要な要素を見つけていく。

検証を繰り返すと、新規事業につきものの不確実性を扱えるようになる。スタートアップの場合、不確実性を下げるのは莫大な企業数だ。二章でも指摘した通り、一人の起業家が成功する陰には九人の落後者がいる。企業の新規事業でも、駄目な（実現性の低い）事業案が大量に淘汰される中で、ごくわずかの良質な（採算のとれる事業に育つ）案が見つかる。進化論のようなものだ。ただ、ここ一〇年ほどで、リーンスタートアップ（スティーブ・ブランクが提唱、のちにエリック・リースが体系化）などの登場によって、起業家精神は、謎めいた特殊な能力・技術から規律ある手法へと変わった。[2] 社内の新規事業が成功しやすくなった一因でもある。

検証手順について、今は「速く失敗せよ」という言葉が一人歩きしている。だが、目標は失敗自体ではなく迅速な学びだ。速く学べば、得た情報に基づいて早めに決断できる。とはいえ、業績にこだわる企業では、学びを重視する方法は採用されづらい。やる気もあって豊富なリソースを投じられる経営陣ほど、じっくり待つのが苦手だ。実験結果を待っているうちに、競合企業に先を越されて市場投入のタイミングを逃したくないから、ＣＥにはどんな問題にも即答してほしい。「仮説が二種類あり、現在検証中です」などと言われては困る。結局、不確実性の扱い方がわからないのだ。このような企業には、残念ながら両極端の結末しかない。片方は、成功要素の理解が不十分なのに優れた事業に育つと思い込み、学ぶ工程を飛ばして資金投入を決める結末。もう一方は、新規事業を取り囲む不確実性に足がすくみ、失敗への恐怖で先に進めない結末だ。検証を通して不確実性を扱う方法を身につけると、多額の資金を投じなくてもリスクの度合いを下げるかゼロにできる。当然ながら、簡単な取り組みではない。

▼事業検証

あらゆるCEと同じく、ボンディリもピクセルの成功を確信していた。技術面の課題は、多様なクラウドソース開発会社を活用すれば解決できるだろう。市場化にあたっては、自社のクライアントチームやクライアントと直接つながる提携先の協力が見込める。クライアントがピクセルの利点を認め、進んで購入してくれる自信もあった。しかし、いずれも仮説であり、立証済みのものは一つもなかった。

事業検証の起源は、一七世紀に始まった「科学的手法」へと遡る。それまでの科学は、世の中の仕組みを説明できる学問ではなかった。科学の先駆者たちは「自然哲学者」と呼ばれ、大半は、男女問わず富も時間も有り余っている土地所有者か、計器を製作するうちに客よりも知識をつけた職人だった。科学に変革が起きたのは、化学者のロバート・ボイルが実験を再現できるように結果を記録し始めた瞬間だ。仮説を立てて検証し、検証の手順と結果を書き残す手法から「科学」が生まれ、自然哲学者は「科学者」となる。科学的手法は、その後数世紀にわたる科学発展の推進力にもなった。事業検証でも、検証の手順だけでなく検証予定の仮説も記録しておくといい。ボイルの画期的な手法によって、科学における変動要素は激減した。事業でも、仮説の記録には検証の精度を上げる効果がある。

育成では、着想で生まれた事業案（顧客が最も重視する問題と解決策）を要素分けして、要素ごとに検証サイクルを回していく。図５－１の通り、検証サイクルは単純なパターンの繰り返しだ。

- **仮説**──事業の成功要素に関する想定を書き出す
- **実験**──できるだけ現実に近い状況で、実際の顧客に仮説を試す
- **学び**──実験結果から重要な意味を引き出す
- **繰り返し**──次の検証を行い、答えに近づいているか確認する
- **決定**──検証サイクルを繰り返してから、資金投入を継続するか事業を中止または方向転換するか（着想に戻って、同じ問題に対する別の解決策を考える、コンセプトから見直すなど）結論を出す

図５－１　検証サイクル

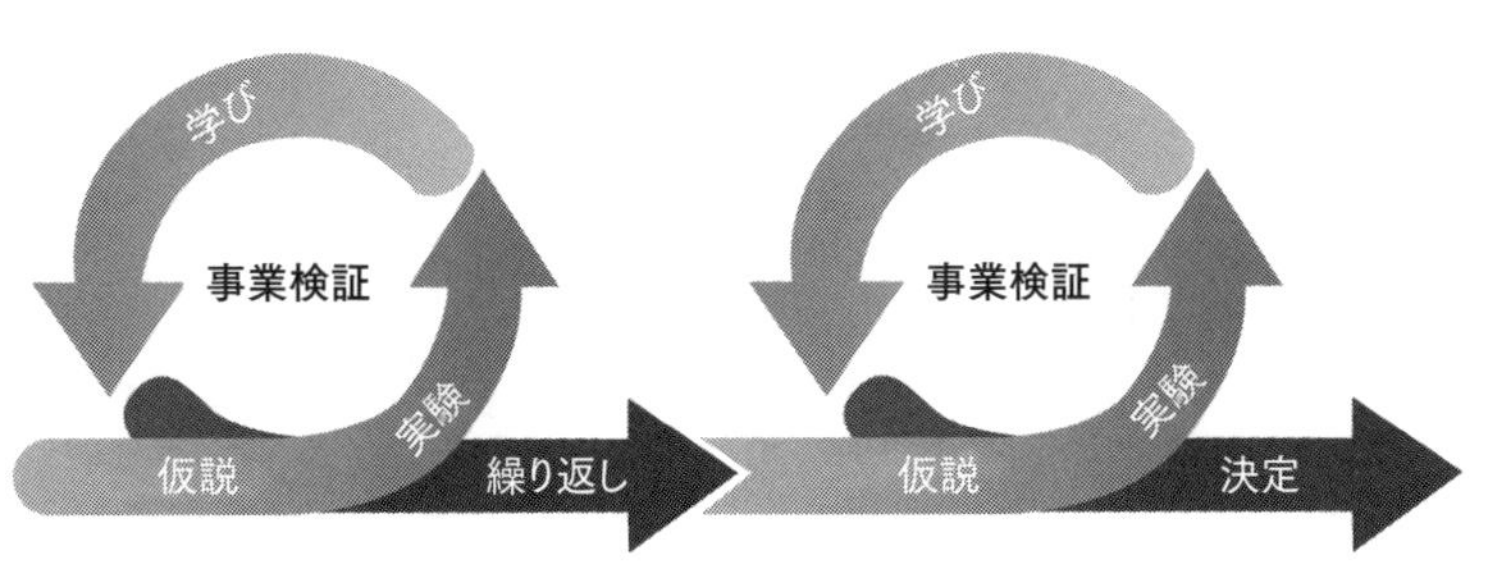

ボンディリは、この検証サイクルを厳密に守ったわけではない。そもそも、ここまで系統立った計画を立てるCEはまずいない。ボンディリが（ケビン・カーリンやクリスティアン・クルティスも）守ったのは、サイクルの原理原則だ。自分自身にもチームにも「何があればピクセルは成功するのか？」と問い続けた。この質問への答えが、事業の成功要素に関する想定（仮説）となる（なお、本書では想定［assumption］と仮説［hypothesis］はほぼ同じ意味なので、置き換えても問題ない）。

▼何があれば成功するのか？（仮説）

CEはまず、事業案の成功要素に関する**包括的**で**検証可能**な仮説の**明示**に全力を傾けなければならない。

明示とは仮説を書き出すことだ。書き出した仮説が、検証の出発点になる。当初の仮説にはバイアスがあるから、検証して仮説の正誤を確かめるのを恐れる必要はない。慣れないうちは、検証や反論の余地のある仮説を断言するのは抵抗があるものだ。「答えもわからないのに、最終宣言のような物言いはできません」などと反論するCEもいる。一見筋の通った言い分だが、要するに「間違っている可能性があるのに言い切るなんて危ない」というだけだ。企業は、リスクより安全を重視する傾向がある。曖昧で具体性もない仮説なら論破される余地もないし、口にしない限り間違えた事実は発覚しない。信用度や確実性で評価される企業では特に、間違える危険性を下げたい気持ちもわかる。しかし、そんなことをすれば学ぶ機会が減り、結局は自分の首を絞める。検証では何度も間違えるべきだが、目的は失敗自体ではなく可能性の絞り込みだ。検証は、うまくいく選択肢とそうでない選択肢を見極める機会なのである。

　CEが仮説を立てるべき対象は、新規事業の採算性を左右する重要課題だ。まずは事業の要素を書き出そう。要素分けのフレームワークには様々なものがあり、顧客の期待と解決策との適合度を重視するものや、有用性、実現可能性、持続可能性に関する質問を立てるものなどが有名だ[3]。CEのチェックリストとしても役立つ。IBMの新規事業創出プログラムでの経験に基づく、CEが「事業デザイン」に関して考えるべき六種類の質問項目がある。すべての質問に一つずつでも答えが出たなら、事業の包括的な仮説は明示できている。最初の二つの質問は、「**着想**」に関するものだ。

1　顧客の選択――ピクセルを買って使うのは誰？

2　**顧客が重視する課題**──ピクセルは顧客の一番の課題を解決する？

「育成」では、主に残りの四つの質問に取り組む。

3　**価値提案**──ピクセルの課題解決策は、顧客が納得する方法か？
4　**価値獲得**──あえてデロイトが取り組む価値のある事業か？
5　**市場導入**──顧客は容易にピクセルを導入・使用できる？
6　**戦略管理**──どの程度まで、長期的な競争優位性や差別化が可能か？

表5-1は、二〇一五年頃に作られたデロイト・ピクセルの事業デザインだ。優れた仮説には、明確で**検証可能**な視点がある。異を唱えるのも、正誤を確かめるのも可能という意味だ。表5-1で、「価値提案」の欄を見てほしい。「ピクセルは複雑な問題も解決できるため、クライアントは価値を感じる」。この仮説は検証できない。ただ一般的な利点を述べているだけで、検証可能な価値提案ではないのだ。少し改良してみよう。

・**仮説2**――ピクセルは、クライアントのデジタル変革戦略において、従来のプロジェクトよりも迅速かつ安価に成果を出す。

仮説2では、ピクセルがもたらす価値に関する視点が明確になった。迅速かつ安価という方向性が盛り込まれたため、一応計測できる。ただし、まだ目指す成果が具体的に明示されていないため、完全に計測可能とは言えない。期待する成果（迅速かつ安価）を数値化したのが、仮説3だ。

・**仮説3**――従来のプロジェクトよりも迅速（半分の期間で解決策を提示）かつ安価（報酬は三割減）に成果を出せば、複雑な問題を解決したいクライアントはピクセルにお金を出す。

これなら具体的で成果を計測できる。検証可能な仮説だ。検証が終わる頃には、ボンディリにも当初の想定と現実との差がわかり、仮説の正誤も判断できるだろう。成果には多くの種類があるが、顧客体験価値の質（信頼性向上など）、商品・サービスの量または可用性（サービスの頻度、

表5－1　事業デザイン

デロイト・ピクセルの事業デザインに関する仮説

顧客	デロイトのクライアントのうち、［対象とする業界］で［設定した規模］のデジタル変革戦略に取り組んでいる相手。
顧客が重視する課題	クライアント（とデロイト）はテクノロジーに精通した人材を十分獲得できていないため、デジタル変革戦略が進まない。
価値提案	ピクセルは複雑な問題も解決できるため、クライアントは価値を感じる。
価値獲得	ピクセルはあくまで既存サービスを補完するものであり、既存部門の報酬が減るわけではない。
市場導入	デロイトの各部署が既存プロジェクトにピクセルを取り入れる。クライアントの利用率は三年以内にX％に達する。
戦略管理	クライアントとの関係が深まるので、低価格業者が出てきても、サービスのコモディティ化が防げる。

使いやすさなど）、タイミング（成果までの時間短縮など）、コスト（価格減など）を左右する成果が選ばれやすい。

▼検証サイクルを回す（実験）

検証可能な仮説のリストを作る時点では、抜け漏れをなくすのが重要だ。とはいえ、挙げた仮説を一気に試すのは時間も費用もかかりすぎるため、まずは特に重要な仮説に絞ったほうがいい。ボンディリが最初に手掛けた検証は、「社員と同程度かそれ以上の頭脳を常時クラウドで活用できるため、ピクセルは成果が出る」だ。協力的な同僚から最近手掛けたプロジェクトを借り、改めてクラウドに公開して解決策を募った。たしかに優秀な解決策は即座に集まったが、そんなことは社外ではとっくに起きていた。クラウドソース型のソリューション自体は存在するし、購入をいとわない大企業もある。これは、検証するまでもない仮説だったのだ。他にデータのない仮説はたくさんあった。ピクセルは既存部署よりも迅速かつ安価に成果を出せるのか。自社のコンサルティング部門の収益を奪わずにピクセルも報酬を得られるのか。提携先は既存クライアント層への架け橋になってくれるのか。さあ、どの仮説から検証すべきだろうか。

学びの過程で何より肝心なのは、最重要仮説を選ぶことだ。仮説同士の論理関係をツリーで表すなど、手法も山ほどある。ウーバーの初期の事業モデルを例に説明しよう。二〇〇八年の創業時点で、ウーバーの事業デザインには車両、ドライバー、アプリ、決済方法、乗車地点など多くの要素があり、どこから検証すべきか決めなければならなかった。決済方法は、ドライバーの採用問題ほど重要だろうか。現時点で、使いやすいアプリは乗客の見つけ方より優先すべき問題だろうか。最重要仮説を決めるには、二軸マトリクス（図5－2参照）に各仮説を当てはめるのも一案だ。縦軸はイノベーションに対する仮説の重要度（問題解決への必須度、顧客にとっての目新しさ）を、横軸は不確実度（仮説への確信度合い）を表す。

十分な人数のドライバーを確保できるか、そのドライバーが乗客を目的地まで運べるかという点は間違いなく重要だ。ただし、リムジンやタクシーにはできているのだから、この仮説の不確実性は低い。同様に、乗車料金の支払いも重要事項ではあるものの、サービスの決済方法はいくらでもある。総合すると、まず検証すべきなのは、乗客が予約するのか、ドライバーが

図5－2　最重要仮説を決める二軸マトリクス

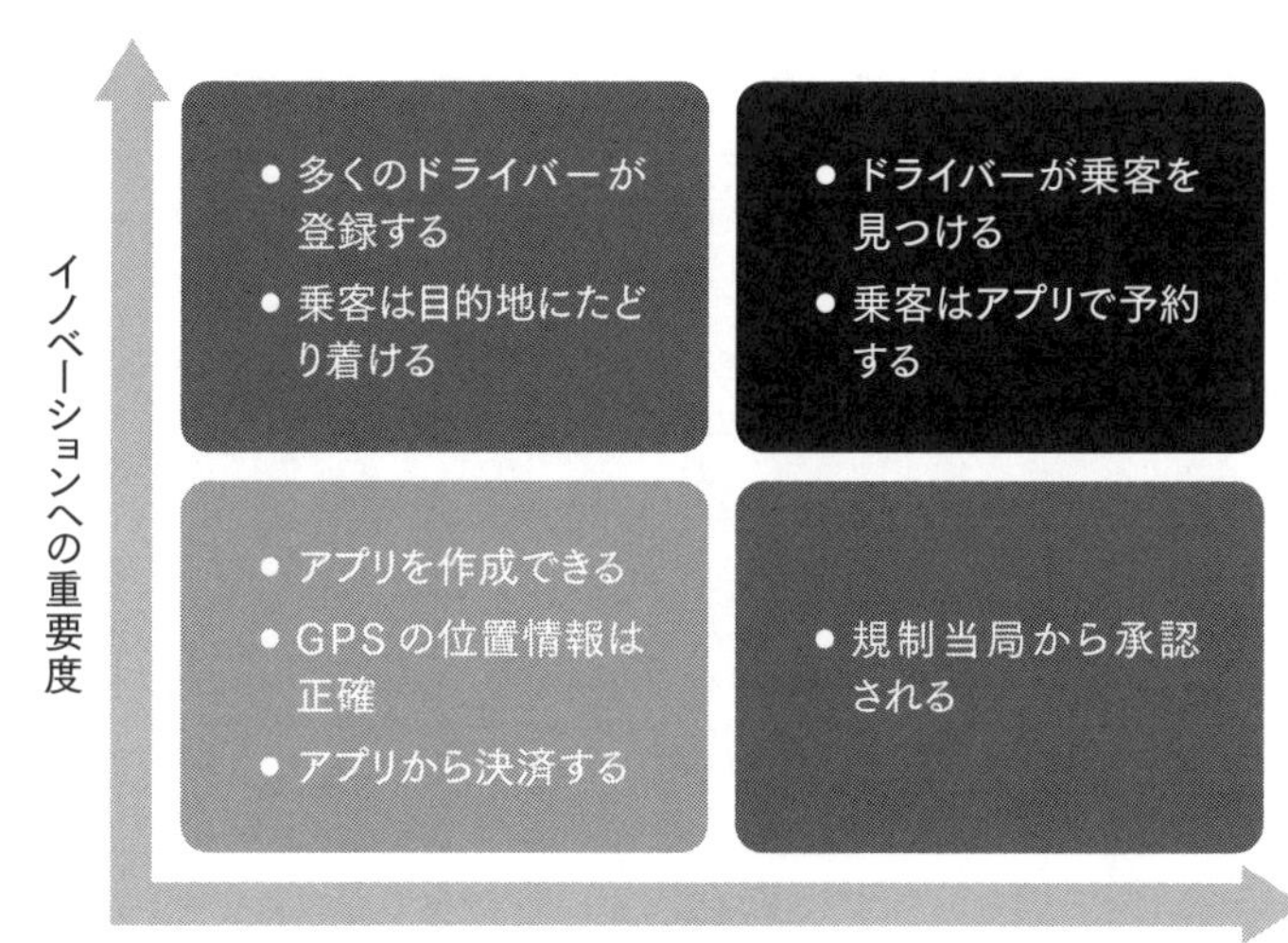

乗客のもとにたどり着けるかの二点ということだ。ウーバーは、この最重要仮説をできるだけ単純な仕組みで検証した。乗客がSMSの認証コード「ウーバーキャブ」で配車予約すると、登録したプロドライバーが迎えに来る。現段階では、ギグエコノミー（オンラインで都度注文を受ける働き方）の求人力までは検証しなくていい。支払いは、乗客が電話で自分のクレジットカードを伝える方法にした。ウーバーによる取引の根幹も、乗客にとってのウーバーの価値も、許容できる時間内にドライバーが乗客を見つけられるかにかかってくる。つまり、検証項目はこの点に絞るべきで、決済の問題は後回しで構わない。**必要最低限の提案**（MVO）または**必要最低限の製品**（MVP）の考え

方だ。ごく基本的な要素だけを盛り込んだ試作品を試すため、最低限のコストで顧客の要望や好みがすぐわかる。理解が不十分なまま大金を投じずに済む方法だ[4]。

ＣＥによっては、ＭＶＰのやり方に抵抗のある人もいる。設計図や試作品程度のものを顧客に使わせるなんて申し訳ないと思うのだ。このようなＣＥは、試作品にすべての機能を盛り込んでから試すほうが、馴染みがあって落ち着く。しかし、試作品の完成度を上げるほど当初の視点に縛られ、仮説を検証する余地が失われていく。仮説の検証では、使うリソースを最小限に抑える「ミニマリズムの原則」を常に意識すると、独創性のある案が浮かびやすい。フィリップモリスインターナショナル（ＰＭＩ）は、従来のたばこから致死性のない代替品への切り替えによって禁煙を促す戦略の一環で、画期的な新たばこ「アイコス」（IQOS）を発売していた。アイコスが自動販売機でも売れるかを検証する際に採用されたのが、ミニマリズムの原則だ。

通常のたばこは燃やすことで多くの有害物質を出すが、加熱式のアイコスはニコチンを含んだ蒸気を出すだけで、有害物質も少ない。それでも、ニコチン依存による健康被害は残るため、大半の国で、購入には年齢確認が必須となっている。ＰＭＩの南米チームは、運転免許証を読み取って年齢を確認できる自動販売機を思いつく。だが、消費者がこの方式を受け入れるか否かは、どうすればわかるだろうか。読み取り機能付きの自動販売機を開発した後で消費者が免許証を挿入したがらないと判明すれば、多額の開発費用が無駄になる。チームが採用したのは、挿入口付きの自動販売機だけ用意しておいて、実は中に隠れている人が免許証を確認するという方法だ。消費者は読み取り機能付きの自動販売機だと考えて行動するし、ＰＭＩは開発資金をかけずに消費者行動を学べるのである。

このような検証は少々荒っぽいものの、消費者が予想した行動をとるかのデータは得られる。因果関係を求める実験には、必ず原因を指す「独立変数」と結果を示す「従属変数」がある。この場合、独立変数は手段（自動販売機）、従属変数は運転免許証を挿入する消費者の割合だ。実験によって、消費者は免許証を入れるということが示された。チームは無駄な資金を使わずに仮説を立証できたのだ。

▼実験結果の意味を理解する（学び）

ボンディリの話に戻ろう。彼は、ピクセルが既存のコンサルティング部門よりも迅速かつ安価に同等の解決策を出せる点を最重要仮説に定めた。社内の関係者たちに、クラウドで解決策を募るのは机上の空論ではなく、実際に有効な方法だと立証する必要があった。この仮説の検証には、生きたプロジェクトが欠かせない。ボンディリは味方の助けを借りて、ある進行中のプロジェクトにピクセルを取り入れた。クライアントが求めていたのは、複数の地域や管轄区にまたがる規制などのコンプライアンス情報を統合する新型ダッシュボードである。まさに、ボンディリが想定した複雑な課題だ。クラウドソース型ソフトウェアの開発スキルの力を活用すれば、早期の解決が期待できた。結果は予想以上だった。ピクセルは、これまでのコンサルティングで半年かけていた課題を五週間で解決し、しかも一〇分の一の費用で済んだのである。

ところが、その後の検証でも同様の結果を出し続けたにもかかわらず、ピクセルはなかなか市場投入に至らなかった。前提として、ピクセルはデロイト・コンサルティングの既存サービスの付属品だ。市場での成功は、提携先にピクセルをプロジェクトの一部として売り込む気があるかにかかっている。ボンディリは、従来のコンサルティングより迅速かつ安価で品質も同等だと伝われば、提携先はピクセルを受け入れると想定していた。しかし、新規の大きい案件を求める提携先と関わるうちに、ピクセルの導入に乗り気ではないことがわかる。クラウドソースは人間のコンサルタントより劣ると考える者もいた。たしかにピクセルは早くて安いかもしれないが、プロとして何十年もかけて培ってきたクオリティに達しているかは、また別の話だ。

　ボンディリは、事業デザインのうち「提携先が自分たちの仕事の一部としてピクセルを売り込んでくれる」という仮説に手をつけていなかったと気づく。単に迅速で安いだけでなく、クライアントが認めるほど優れた成果を出せる点にこそピクセルの付加価値があると証明しなければならなかったのだ。つまり「アダプション・チェーン」の問題である。アダプション・チェーンとは、商品開発から販売、顧客の利用までの流れだ。主に供給業者、販売代理店、取次店、小売店などが関わるが、新商品を市場投入することに対して、全員が等しくインセンティブを持っているとは限らない。[5]

　市場導入の問題は重大であるにもかかわらず、事業検証時にあまり注目されないことも多く、

図5－3　関係者のアダプション・チェーン

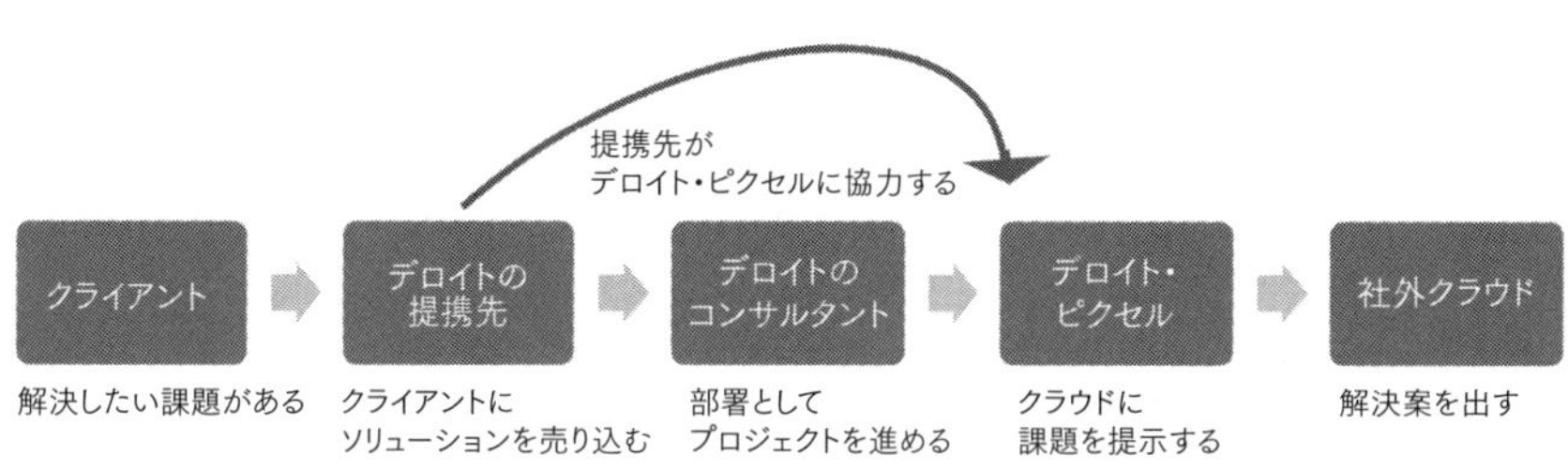

時に恐ろしい結果を招く。例えば、大手製薬会社のファイザーは三〇億ドル近い資金を投じて、吸入型インスリン製品を開発した。糖尿病患者の利便性が大幅に上がる可能性があり、年間一〇億ドルの収益が見込める事業機会だ。患者や内分泌専門医を交えて幅広く検証した結果は、極めて良好だった。アメリカ食品医薬品局からも、投与前に医師が肺機能検査を行うという条件付きで承認される。ところが、肺機能検査には専門機材が必要だった。内分泌専門医にとっては一般的なものだが、主にインスリンを処方する一般医院には置かれていなかったのだ。アダプション・チェーンの障壁に阻まれた結果、新薬は想定された層に届かなかった。売り上げは最大でも年間一二〇〇万ドルにとどまり、ついに販売中止に追い込まれた(6)。

ボンディリのアダプション・チェーンは比較的単純で、関係会社間で完結している（図5－3参照）。

アダプション・チェーンを作るには、まず、イノベーションが想定ユーザーに届くまでの関係者を書き出す。チェーンの入口に近い生産者や製造業者から、出口付近のインテグレーター〔配送元から配送先まで、ドア・ツー・ドアの輸送を行う巨大物流事業者〕や販売代理店まで漏れなく挙げよう。次は各関係者の理解だ。何をしてほしいか、希望通りに行動してもらうには何が動機づけや報酬になるか、そして自分は何をすべきなのかといった観点で、関係者ごとの役割を把握しよう。アダプション・チェーンでは、ステップが増えるほどリスクが上がり複雑性も増す。ファイザーやピクセルのアダプション・チェーンには、ボトルネックがあった。そうなりそうな個人や組織はないだろうか。ボンディリは、手遅れになる前に問題に気づけた。次に必要なのは、サービスの一部としてピクセルを売りたがらない提携先への説得材料となるような試験的プロジェクトだ。

▼次の検証サイクルを回す（繰り返し）

この時点で、ボンディリは他のＣＥと同じ状況にあった。検証から市場化の成功要素が見つかるたびに、事業デザインは発展しながら固まっていく。ＣＥは、事業デザインを繰り返し検証しなければならない。はじめに事業デザインを書き出したのは、その後の変化が見えやすいからでもある。

ボンディリが次の課題に選んだのは、あるクライアントに新型の業務用プリンターを設計するプロジェクトだ。社内部署がいくつか候補案を出していたものの、これまでの設計に手を加えた漸進型の改善ばかりで、目新しく斬新な設計を希望するクライアントは満足しなかった。そこでピクセルに出番が回ってきたのだ。違いを示せるかどうか、腕の見せどころだった。ピクセル部門は、数千人の集うクラウド上にプリンター設計の課題を公開する。課題は二段階で進められた。まず、提出された一五の案を三案まで絞る。この三案をクラウドに戻し、CADを駆使してインクの交換方法、音声支援UIの活用、プリンター自体の見栄えなどの詳細を詰めていく。クラウドから二〜三週間でアイデアを集め、最優秀案を選出した。賞金は四〇〇〇ドルで、仕入れコストは一万五〇〇〇ドル。開発期間も、以前は構想から試作まで数年かかっていたのが、半年に短縮された。何より、完成したのはまさに目新しく斬新なプリンターだった。業務用プリンター設計業界の外に課題を託したおかげで、常識では思いもよらない解決策が生まれたのだ。クライアントは唯一無二の価値に満足したし、ボンディリも心置きなくピクセルが本物だと断言できた。「ピクセルは既存コンサルティング部門よりも高い成果を出す」という仮説が証明され、提携先が最も欲しかった答えを出せた。クライアントにとっても、もちろん社内のコンサルティング部門にとっても、最高の結果だった。

▼証拠に従う（決定）

ボンディリの取り組みは、専門性の高いサービスの提供方法へのイノベーションから始まった。当初は、不確実性の高い事業だった。クラウドは他業種での実績はあったものの、コンサルティングなどの専門業にも適用できるのか、クライアントや提携先が受け入れるかなど、未知の要素が多かったのだ。数学者のクロード・シャノンに、「情報は不確実性を下げる」という名言がある。コンサルティング部門より迅速かつ安価に優れた成果を出せると立証した結果、ピクセルの不確実性は下がった。未知の要素の正体がわかったため、直感や経営陣の焦りに左右されずに長期的な投資計画を立てられた。

証拠には、完全な客観性があるわけではない。脳が事業検証から得た情報を処理して事実と認識する過程では、多くのバイアスやエラーが入り込む。意思決定にまつわる心理バイアスを抑えるには、科学的手法が有効だ。人間の脳は、現状以外の問題解決策を探したがらない。別の解決策の証拠探しを頑張るよりも、既存バイアスを追認するものを受け入れるほうが楽だからだ（冷蔵庫を持たない村人が新商品の市場になると思い込んだのも同じ話である）。ノーベル賞を受賞した心理学者ダニエル・カーネマンは、脳のこの働きを「速い思考」と「遅い思考」と名付けた。速い思考は常に高速で回転し、自分の知識と矛盾しない答えに飛びつく。私たちの生活は、速い思考がなければ立ち行かない。遅い思考はカーネマンが「怠け者」と呼ぶほど滅多に働かないが、耳慣れない根拠でも拒絶せず検討する。科学界では、速い思考に引きずられないよう何世紀もかけて手法の改善を重ねてきた。今では、科学上の発見は必ず厳格な検証と反証にかける（自分が正しいと証明するだけでなく、間違っているかもしれない理由も述べる）仕組みがある。[7]

事業検証では、自信だけでなく根拠も持って取り組まなければならない。組織カルチャーに反する場合もあるだろう。四半期ごとの業績評価で「検証したい仮説は二つありますが、この業界で勝ち抜く方法はまだわかりません」などと報告すれば、弱腰とか優柔不断だと思われるかもしれない。だから、よくある見解や前例や上司に反対されない意見を挙げて、戦略を支える証拠にしがちだ。だが、それは検証の考え方ではない。間違っているかもしれないし、正しいかもしれない。どちらの根拠も受け入れる。そんな姿勢が求められる。肝心なのは、最後まで自分を疑い続けることだ。そうすれば、仮説に反するデータが出ても検証をやめずに済む。

育成での学びによって不確実性が下がれば、量産化の時期も根拠をもとに決められる。反証と立証を十分に繰り返して、資金を投じるべきという仮説に確信を持てたときが、量産化の準備が整った瞬間だ。不確実性を下げるとは、不確実な要素をすべてなくすことではない。未知の部分を減らして、少しでもリスクを下げるのが目的だ。ボンディリの取り組みで重要なのは、データとそこから得たインサイトをもとに、事業の量産化に必要な要素を経営陣と話し合った点だ。クライアントが心から成果を求めていると立証されていくと、社内にも味方が増えた。

次は量産化だ。仮説（今回は「量産化に必要な資産［顧客と組織能力と経営資源］は？」）から始まり、根拠に基づく原則という点は変わらない。異なるのは手法だ。量産化では、検証結果から安定した事業へと一気に進むことを目指した手法が使われる。

▼本章のまとめ

本章では、検証を通して学びを深める「育成」の原則を解説した。CEは、「利益を出せる事業にするには何があればいい？」と自問して、その答え（仮説）の検証を重ねて理解を深めていく。仮説の立案と検証を繰り返す科学的手法の事業版と考えてもいい。

CEはまず、包括的で検証可能な仮説の明示に全力を傾けなければならない。明示とは、仮説を書き出して周知・理解しやすくすることだ。検証する仮説を漏れなく挙げるには、事業デザインのフレームワークが役立つ。検証可能な仮説には、明確な視点と計測できる成果が不可欠だ。

最初に検証する対象は、新規事業の軸となる最重要仮説に絞ろう。最重要仮説は、二軸マトリクスを使うと決めやすい。縦軸はイノベーションの重要性で、横軸は仮説の不確実性だ。重要な要素が明確になれば、まずは完成版とはほど遠くても基本的な機能に絞った試作品（MVOやMVP）で検証できるため、多額の資金を投じなくても仮説が正しいかどうかを判断できる。

検証では、わかることもある一方で、次に学ぶべき点も見えてくる。よく問題になるのは、イノベーションが関係者から受け入れられるか否かだ。アダプション・チェーンを図にしてみると、具体的な検証方法も思い浮かびやすい。

検証サイクルを回し終えたら、新しい仮説か、元の仮説を微調整したものを再び検証しよう。検証を繰り返すうちに情報が集まり、新規事業の不確実性が下がっていく。この情報に基づいて、ＣＥとその支援者は次の行動──資金投入を続けるか、事業を方向転換または中止するか──を判断できる。

6 量産化――新規事業のための資産を集める

アマゾンでイノベーション関連書籍の売れ筋ランキングに目を通すと、重要な点が見えてくる。ＣＥは、新規事業のアイデアをどのように生み出すかを考えることには相当時間をかけるのに、その事業を成功させる方法にはほとんど意識が向かないようなのだ。イノベーションのきっかけとなる着想に関しては、顧客インサイトやオープンイノベーションなど、創造的なひらめきを生む秀逸な手法をテーマにした本が山ほどあるし、育成についてもリーンスタートアップなどの手法を扱った本があふれている。経営学や工学の大学院のカリキュラムも、事業検証やユーザー中心設計の実習が中心だ。それに比べると、イノベーション原則の一つでありながら、立証した案から収益性のある事業を完成させる「量産化」への関心ははるかに低い。

二〇一九年には、デロイトのバラジ・ボンディリの課題は育成から量産化へと移っていた。

育成では、ピクセルが複雑な問題に対する画期的な解決策だと見事に立証した。クライアントにとっての価値を検証しながら事業開発し、既存事業と共存する道も学んだ。ピクセルは採算性が高く、クライアントが認めてお金も払う事業モデルだと判明したのだ。いよいよ、安定した収益を出す事業を完成させる量産化へと進む時期である。さあ、何をすればいいだろう。ボンディィリの段階までたどり着いたCEに適したマニュアルはあるだろうか。量産化には、育成におけるリーンスタートアップや着想のためのデザイン思考にあたる手法はないのだろうか。

常識的な答えは、買収だ。買収した企業は貸借対照表の資産に加わる。増えた資産を投入すれば、新規事業は即成長するというわけだ。手っ取り早い方法だが、問題もある。大企業の買収による統合は難易度が高く、小規模のスタートアップの買収はスタートアップ自体の成功率と大差ないのだ。ベンチャーファンドのROIを見る限り、スタートアップへの集中投資はあまり魅力ある選択肢ではない。二一世紀のベンチャーキャピタル・ファンドに関するモルガン・スタンレーの報告書でROIの項目を見ると、全体の数値は他の主要株価指数と近いものの、スタートアップへの投資のみリスクが跳ね上がっている。[1] 大規模な買収は、さらに失敗しやすい。六〇%の買収が株主価値を毀損するという研究や、[2] 当初の目的を達成できなかった買収が八三%に上るという研究もある。[3] 学術的に見ると、企業買収は平均的にはうまくいかず、概して、評価損が利益を上回るというのが定説だ。[4]

新規事業では、「成功したら世界はどう変わるのか?」という戦略的抱負の規模を明確にする必要がある。ユニカのクリスティアン・クルティィスの目標は、請求から煩雑な手続きを省くことで顧客が満足する保険会社であり、バラジ・ボンディリは、コンサルティング業を変革して、クライアントが最高の人材を柔軟に活用できる世界を目指した。ビジョンが決まったら現在地へ戻り、「目標達成のために足りないものは？」と自問する。目標は変更できる（クルティスやボンディリも何度も見直した）が、目標を念頭に置くことで、量産化に必要な意思決定についての認識を深めることができる。IBMは、新規事業創出（EBO）発の事業を量産化する際に、コア事業の商品や販路やバックオフィスといった資産を活用しながら、厳選した企業の買収や、業界の多くの企業との業務提携も併用して新規事業の資産を増やした[5]。

買収が駄目だと言っているわけではない。むしろ、CEには欠かせない手段の一つだ。ただし、先ほどのデータからもわかる通り、買収は成功を確約する道ではない。事業をどう補うかを明確にしない限り、買収は事業価値を高めるどころか損なう可能性が高い。新規事業を量産化する際は、あらかじめ資産の集め方の計画を立てておくべきだ。買収は成功への近道ではないと肝に銘じ、意図を持って実行しよう。

IBMのキャロル・コバックは、EBOのライフサイエンス事業を担当しはじめた時点で、目標の見当さえついていなかった。だがそのうち、長期目標を決める最大の利点は、いざというときに戦略変更できることだと理解する。仮にでも目的地を定めれば、「ルート案内」で道筋を描ける。状況が変わったら「ルート再計算」すればいいだけだ。投資を求める起業家は、よく「出口戦略」を尋ねられる。出口とは、他社への売却や株式公開など事業の終着点のことだ。CEにとっては「目的地」が出口に相当する。先に目的地を決めて、到達までの手順を一

図６－１　量産化に必要な資産

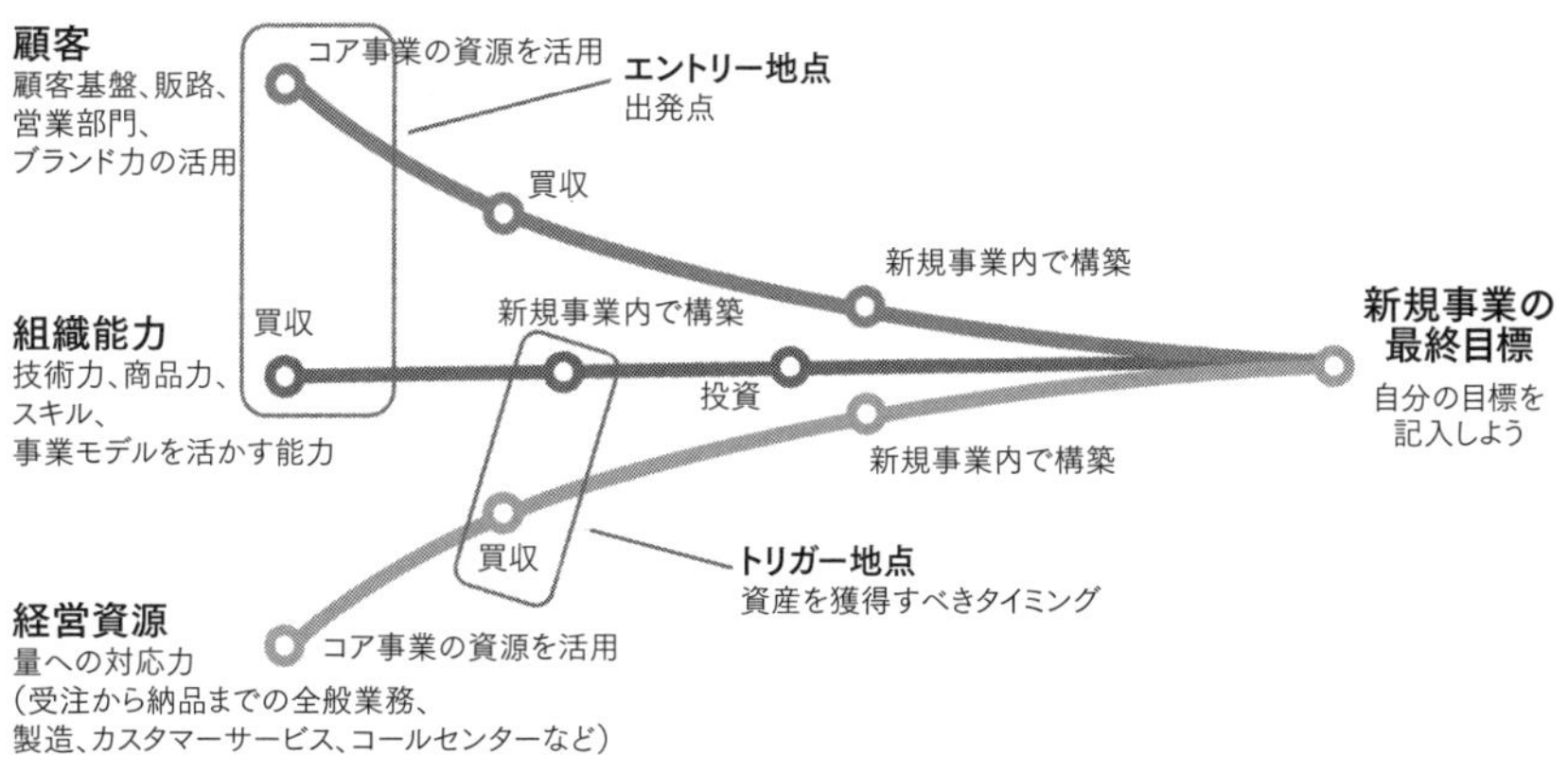

つずつ考えるのだ。本章では、目的地への到達に必要な**資産の集め方**を解説する。ＣＥが集める資産には、**顧客**（Customers）、**組織能力**（Capabilities）、**経営資源**（Capacity）がある。

また、資産集めの戦略が「量産化への道」だ。買収、社内で構築、コア事業の資産を活用、業務提携、投資、プラットフォームへの参加といった方法が考えられる。のちほど、取っ掛かりとなる「エントリー地点」とともに各方法を説明する。量産化への道は、目的地までのどこで顧客と組織能力と経営資源を集めるのかを示す地図のようなものだ。道を辿るだけで、量産化につながる資産を集める機会に気づきやすくなり、新しい資産に投資するという重要な決定を下すべきタイミング「**トリガー地点**」への感度も上がる（図６－１参照）。

本章では、最後にボンディリの事例に戻ってトリガー地点を説明するが、その前にレクシスネクシスのジム・ペックを取り上げたい。狙いを持って資産集めを進めたCEだ。

▼資産集め

二〇〇〇年代初頭、「ビッグデータ」の言葉が普及するはるか以前の話だ。法律情報会社レクシスネクシス（LN）に一〇年勤めていたジム・ペックは、ほぼ世界初となるビッグデータ分析会社となることに事業機会を見いだした。一九七〇年代に創業したLNは、ダイヤルアップ接続の時代に、米国の判例を電子化してオンラインで参照できるサービスを始める。当時、公的な訴訟案件の記録を電子化した形で閲覧できるのは画期的だった。LNが内々で米国最高裁判所の判事にプレゼンテーションしたところ、三〇分の予定が大幅に伸びて九時間続いたという噂まである。それほど判事の興味を引いた新技術だったのだ。検索や相互参照しやすい形で、個人と企業に関する訴訟案件の公開情報をまとめたこのサービスは、瞬く間に法曹界に普及した。

ペックたちは、これらの公記録がより大きな市場で価値を持つことに気づいた。当時も、多くの行政機関や民間組織が個人の特定を目的にLNの公記録を活用していた。だが、保有財産、破産歴や前科などの公記録を社会保障番号や生年月日などの非公開情報と連携すれば、情報の価値は格段に上がるはずだ。LNが収集して紐付けた莫大なデータを使うと、身辺調査にも役立つし、電話や銀行ローンの契約前に、契約者が滞納する可能性も即座に予測できる。未払いや不正のリスクを見極める力が大幅に向上するということだ。同じ名前の人物も区別できるし、新たな取引先のリスク評価にも使える。データに基づいたインサイトへの需要は大きいため、サービスを始めれば間違いなく市場は急拡大する。一介の情報会社であるＬＮが、世界でもほぼ例を見ないビッグデータ分析会社になる事業機会だった。

　この構想を実現する資産として、ＬＮにはもともとある程度のデータがあった。行政機関をはじめとする市場への影響力、強いブランド力、管理能力などの資産にも不足はない。足りなかったのは、複数の情報源からのデータを紐付ける技術力と、膨大な個人情報だ。莫大な収益が見込める保険業界に参入できなかった要因もここにある。量産化への道における障害は、明らかに技術力と情報不足だった。技術と情報の資産が増えれば、新規事業は成功するはずだ。

　二〇〇四年、ＬＮはフロリダ州ボカラトンのソフトウェア会社サイセントを買収する。同社は規模こそ小さいものの、テクノロジーに精通したハンク・アッシャーがＣＥＯを務め、米国政府の委託で最先端のデータ統合ソフトウェアを開発した経験を持つ。この会社のソフトウェアは、種類がまったく異なるデータを連携して、自由度の高いインターフェースで瞬時に検索できる。このソフトウェアが既存プラットフォームに搭載されると、公記録市場におけるＬＮの優位性は揺るぎないものになった。また、サイセントの高性能計算クラスター（ＨＰＣＣ）〔多数のサーバーを並列接続することで、低コストでスーパーコンピューター並みの大規模計算を実現するシステム〕技術でデータ分析力も向上し、どの市場でも創造的破壊を起こせるようになった。このような技術を手にしたＬＮが次に求めたのは、周辺市場の莫大なデータだ。真の意味で破壊的事業が生まれたのはこの瞬間かもしれない。ペックは、ＬＮ史上最大規模の買収を提案した。買収したのは、数十億ドル規模の会社チョイスポイント。米国内の自動車保険の全請求情報を保有するシステムC.L.U.Eを運用する企業である。

ＨＰＣＣを備えた今のプラットフォームなら、チョイスポイントから引き継いだ大量のデータベースも公記録に紐付けて利用できるだろう。このペックの読みは当たり、自動車保険の代理店では、加入申請者のリスク度を見極める力が飛躍的に上がる。保険会社が申請可否を判断する時間が短縮したことで、業界から数々のイノベーションが生まれるきっかけにもなった。今、米国の自動車保険契約の八割以上で使われているのが、ＬＮの「プレフィル」機能だ。保険会社はあらかじめ加入希望者の情報を保有しており、申請すると大半の欄が埋まった書類が差し出される。加入希望者は入力情報が正しいか確認するだけなので時間の節約になる。処理効率も大幅に上がり、申請後の却下件数も減った。

サイセントとチョイスポイントの買収によって、公記録のみを担当していた小さな部署は収益数十億ドル事業へと変貌し、レクシスネクシス（ＬＮ）リスクソリューションズとして独立した。元の法律情報会社からビッグデータ分析の草分け的存在となり、今や親会社を大きく超える収益を上げている。その後もサービスを増やしながらプラットフォームの活用先を模索し続け、多くの市場で創造的破壊を起こしてきた。二〇一八年時点で、同社は個人や企業の情報を一七〇億件以上保有し、顧客企業も一〇万社を超える。ＬＮリスクソリューションズ成長の原動力は、M&Aの一言ではとても説明しきれない。ジム・ペックは、買収した企業の資産を自社のものと組み合わせ、戦略的抱負を実現するために買収を活用したのだ。

▼顧客、組織能力、経営資源

ジム・ペックは、事業の量産化に必要な資産を集めた。肝心なのは、量産化の目標達成につながる資産を組み合わせることで、その出所は気にしなかった。ペックの段階にいるCEに必要な資産は、次の三種類だ。

- **顧客**（Customers）──収益性の上がる市場への参入に必要な資産。販路、顧客基盤、営業部門など。LNの場合、チョイスポイントの買収で獲得した個人情報が、保険会社や一般企業の身辺調査に活用され、既存顧客の満足度向上と市場拡大へとつながった。
- **組織能力**（Capabilities）──価値提案に必要な資産。技術、商品、スキル、事業モデルなど。LNでは、既存プラットフォームと公記録データにHPCCデータエンジンを搭載したことで高まった技術力が、事業の根幹となった。
- **経営資源**（Capacity）──量の増加への対応力。受注から納品までの全般業務、物流、製造、カスタマーサービス、コールセンターなど。ピクセルの場合、当初求められたのはクラウドに適した人材の専門性（組織能力）だが、事業拡大に伴って需要が増加すると、専門性を持つ人材の数（経営資源）の重要性も上がった。ＬＮでは、チョイスポイントの買収で扱えるデータが大幅に増えたことで、ＨＰＣＣ技術の価値もさらに高まった。

必要な資産を入手する方法は、自力で**構築**、コア事業の資産の**活用**、他社の**買収**、**業務提携**など多種多様だ。フランスの大手保険会社アクサは、テレメディシンなどの遠隔医療技術で医療分野に進出した際、様々な手法で資産を獲得した。アクサが目指したのは、プライマリ・ケアにおける最初の相談先だ。ある経営幹部も、「（略）現在は、医療業界への参入に必要な資産を揃えています。患者の求めるサービスを一から一〇まで提供するのが当社の最終目標です」と述べている。フランスには包括的な公的医療制度がある点を考えると、ずいぶん野心的な目標だ。まず、国内初の遠隔医療相談サービス「ボンジュール・ドクトゥール」を社内で**構築**した。契約者自身が予約してオンライン診察を受け、処方箋をダウンロードして地元の薬局で薬を受け取り、自分で既往歴を管理できるサービスだ。続いて、**経営資源**である医師数の増加を狙い、国内の法人向けオンライン診療に携わるQareと**業務提携**する。Qareの持つ一般医と専門医のネットワークが加わり、アクサの登録医師は五倍に増えた。当初はQareに**投資**し、のちに社内の新規事業部内で育成する。こうして経営資源は増加の一途を辿った。毎日二四時間、各国の要件を満たした経験豊富な医師（二〇言語以上に対応）のネットワークへのアクセスが可能になり、二〇一九年末までに八万件の診察が行われた。ボンジュール・ドクトゥールはまだ始まったばかりで、二〇一九年には四〇〇〇人だった登録医師を二〇二一年までに一万五〇〇〇人へ増やす目標もある。一方、**組織能力**の拡大を目指してＨ４Ｄとも**業務提携**した。同社の「コンサルト・ステーション（血圧測定などに必要な設備を完備したブース）」も併用することで、患者自身が体温や血圧などのバイタルサインを測定し、動画の指示に従って自己診断してから、ボンジュール・ドクトゥールで遠隔医療相談を受けられる。Ｈ４Ｄとの業務提携によって、アクサは医師不足に悩まされてきた「医療砂漠」地域への進出も果たした。

アクサは、フランスにおいて、テクノロジーを有効活用した医療サービスの牽引役としての地位を着実に固めつつある。しかも、一部の量産化のための手法に偏ってもいない。野心的な目標に向けて、自社での構築、買収、コア事業の資産の活用、業務提携、投資のすべてを駆使しているのだ。アクサが用いた量産化のための手法を表６‐１に示した。医療業界への移行戦略が功を奏して最終目標を達成できると断言するのは時期尚早だが、業績は相変わらず好調なうえ、新型コロナの拡大による遠隔医療の急速な普及も追い風になっている。

顧客と組織能力と経営資源の獲得に必要な戦略は、事業ごとに異なる。コア事業の資産の使いやすさはある程度共通するものの、新規事業には既存顧客とブランド力が活用される場合が多い。迅速に量産化するには、既存顧客に新技術を体感させる戦略が極めて有効だ。

ボストンを拠点に二〇〇年の歴史を持つイースタン・バンクは、データ分析を活用した銀行

表6－1　アクサの量産化戦略

戦略	顧客	組織能力	経営資源
自社での構築		✓	✓
コア事業の資産の活用	✓		✓
買収		✓	✓
業務提携		✓	✓
投資		✓	

業への転換策として「イースタン・ラボ」を創設し、経営破綻したフィンテック企業の創業メンバーを採用した。ラボが活用したのは、銀行の核となる資産である顧客との信頼関係だ。ローン審査がほぼ一瞬で完了する画期的なアルゴリズムを開発して、既存顧客に展開したのである。顧客関連の資産で言えば、ブランド力も活用しやすい部類に入る。次章で、瀕死のビジネス誌の多くをオンラインデータ事業に切り替えたマーク・ケルシーを取り上げる。彼は『バンカーズ・アルマナック』誌など一流雑誌のブランド力を活用して、幅広い購読者や広告主の獲得に成功した。ブランド力を使った市場参入は、他社にはなかなか真似できない方法だ。

旧来の企業がデジタル事業を量産化する場合、組織能力の獲得に苦戦しやすい。そのような事業に必須のスキル（データサイエンス、AI、データ分析、機械学習、ソフトウェアなど）を持つ人材は、この種の企業に就職も定着もしないからだ。いわばデジタル人材の需給ギャップである(6)。イースタン・バンクでは、スタートアップの創業メンバーを採用できたのが組織能力向上の鍵だった。ＬＮも、ジム・ペックの提案通りにサイセントを買収しなければ、リスク分析事業は完成しなかっただろう。クリスティアン・クルティスのユニカには、最初からコア事業に活用できる組織能力があった。もしチェリスク専用の保険業務部を作ったり、規制当局に免許申請したりする必要があったとしたら、事業はあそこまで迅速に進まなかっただろう。量産化には、製造、サプライチェーン、カスタマーサービスなどの経営資源も必要だ。経営資源の構築はたいてい莫大な資本や時間を要するため、コア事業の資産を活用する方向で考えたほうがいい。アナログ・デバイセズ（ＡＤＩ）のケビン・カーリンも、状態基準保全（ＣｂＭ）事業に不可欠な機器は自社の製造設備で開発した。

▼量産化への道

新規事業をうまく量産化するには、ここまで述べたような資産をどのように築くのかを適切に判断することも欠かせない。判断は、育成が終わってからでは遅すぎる。はるか手前の段階で、仮説だけでも立てておくべきだ。私たちもよく助言するが、「量産化は着想の時点で始まっている」。着想の段階で「量産化への道」も描いておこう。量産化への道とは、立証済みの事業案から十分収益性のある事業を完成させるまでの具体的なステップを指す。最初は、コア事業の中で使えそうな資産を見つけるところから始まる。ボンディリがピクセル開発への道を歩み出せたのは、デロイトには難題の解決策になら喜んでお金を払うクライアントがいると知っていたからだ。チェリスクに着手したクルティスも、最初からユニカの保険免許が使えそうだとわかっていた。検証計画を立てるときも量産化への道を使うと、足りない資産や、特にリスクが高く検証すべき仮説（最も学ぶべき点）がわかりやすい。量産化への道には、経営陣に心の準備をさせる効果もある。先々で大規模な投資や買収があり得る場合、早めにＣＥＯの意欲を高めておけば、いざ助けが必要になったときに支援が得やすい。

実のところ、今の説明は「結果論の誤謬」に陥っている。すばらしい結果を出した事例を見て、事前の計画が優れていたからだと後付けで判断したにすぎない。量産化への道を築いてから着手するＣＥもいる（私たちがそう助言した場合もある）ものの、そこまで計画を固めずに見切り発車する企業が大半だ。ＬＮも、段階ごとに細かい計画までは決めていなかっただろう。それでも、常に遠くの最終目標から目を離さなかった。だからこそ、チョイスポイントの買収もためらわず実行できたのだ。ペックは、ビッグデータを使って創造的破壊を起こすという最終目標から逆算して道を描き、集めるべき資産を見極めた。

ここからは、量産化への道でＣＥがとるべき「五つのステップ」を説明する。すでに挙げた事例以外に、米国で家電小売業から在宅医療サービス業への転身を図っているベスト・バイの取り組みも紹介したい。在宅医療は、二〇二五年までに三五〇〇億ドルを超える市場価値が見込まれている業界だ。[7]

図6－2　ベスト・バイ・ヘルス

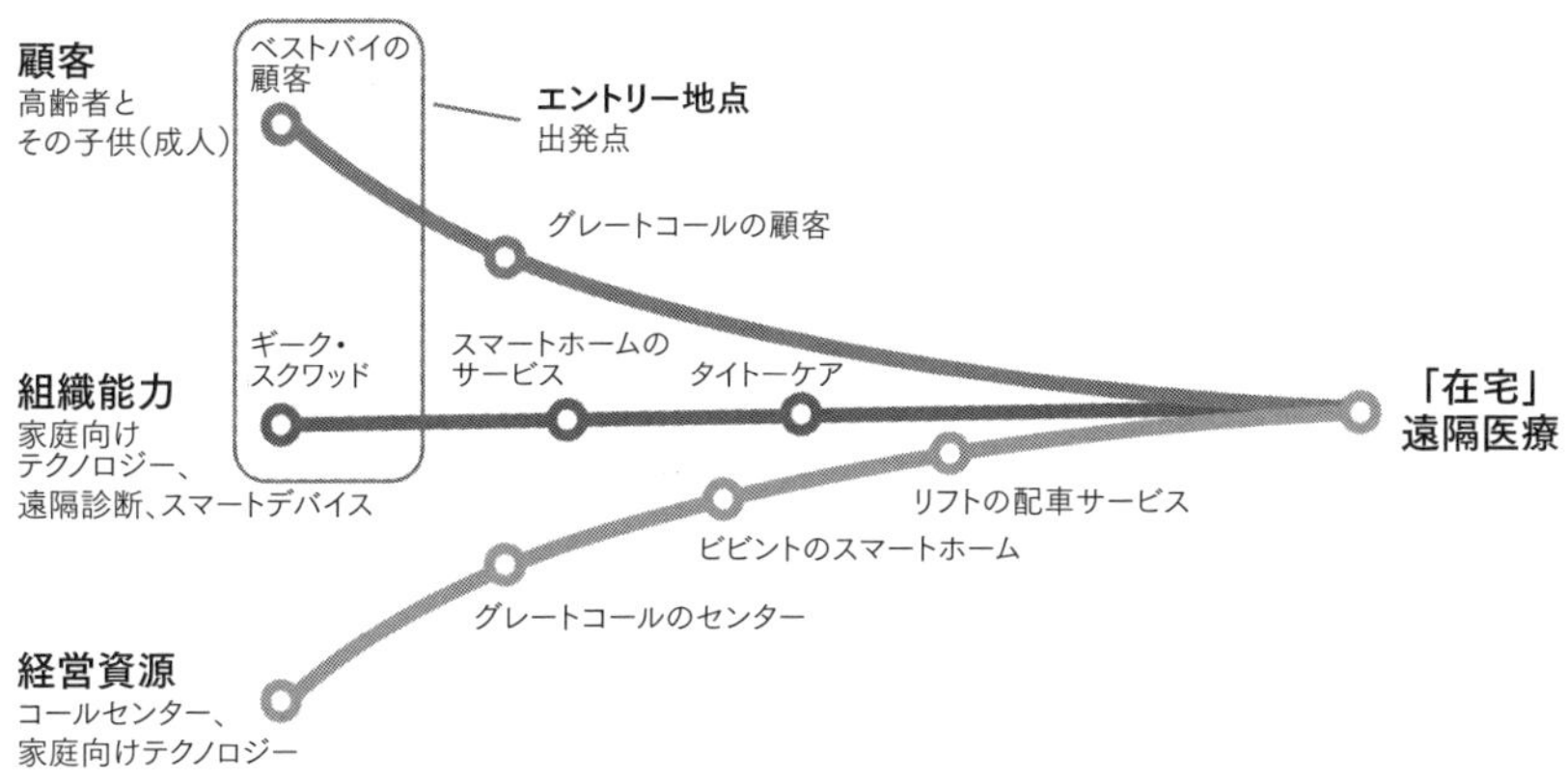

1 **量産化に必要な顧客、組織能力、経営資源を獲得する道を描く――**ベスト・バイはもともと小売一本の企業だったが、サーキット・シティーやコンプUSAなどの競合企業がアマゾンに敗れて倒産する姿を目の当たりにしたことで、医療保険市場へと転身すべく、新規事業ベスト・バイ・ヘルスを立ち上げた（図6－2参照）。手掛けるのは高齢者ケア（安全に暮らせるシステム）と遠隔医療で、どちらも採算性の高い市場だ。同社は、遠隔技術を駆使して患者を早期退院させるという戦略的抱負を掲げ、テクノロジーの発展と社会の大きな流れにのった事業機会を狙った。そのために集めようとしたのが、ベスト・バイ・ヘルス事業部長のアシーシュ・サクセナの言う「事業性のあるビジネスを始めるのに必要なレゴパーツ」[8]だ。

ベスト・バイにとって、量産化に向けての第一歩は、「スマートホーム」を販売・設置する組織能力だった。スマートホームは、専用機器の接続によって家庭内の安全と自動化を実現するサービスだ。そして、スマートホームの設置やアドバイスができるように、ベスト・バイは店内の設置チーム「ギーク・スクワッド」に特別スタッフを採用した。次に、大手スマートデバイス企業ビビントと業務提携する。インターネットに接続可能な高性能ウェアラブル端末が商品に加わったことで、病人や高齢者の需要にも対応できるようになった。さらに、高齢者向け緊急通話サービスのグレートコールの買収にも踏み切った。同社の中核事業は、ボタンにタッチするだけで起動する携帯電話やペンダントやブレスレットのようなウェアラブル端末を用いる医療支援サービスで、九〇万人の利用者がいた。買収によって、ベスト・バイは同社のサービス利用者も獲得できたのだ。さらに、タイトーケアとの業務提携で、全機能を一元化したオールインワン端末が商品化されただけでなく、要望に応じて遠隔で健康診断を行う医療プラットフォームの構築も始まる。その後も、福祉事業や医療業務の自動化、テレメディシンなどのサービスへと手を広げていき、リフトと業務提携して高齢者向けの配車サービスも開始した。

2

エントリー地点を選ぶ——量産化への道では、「どこから始めるか」を決める段階が最も難しいかもしれない。携帯電話業界では、iPhoneで創造的破壊を起こしたアップルの貢献が計り知れない。同社がiPhoneの量産化の道を歩みはじめたのは、実際に売り出す一〇年前だ。二〇〇一年には、iTunesとともにiPodを市場化した。この事業モデルをもとに、スマートフォンに合ったモデルを構築したのだ。二〇〇七年に発売されたiPhoneが一気に普及したのも、その後の市場変化に対処できているのも、iTunesの力が大きい。こうして、iPhoneは新時代への架け橋となった。エントリー地点は、企業が現在保有する資産の近くに定めたほうがいい。あまりにかけ離れた場所だと、始めるだけで大仕事ということもあるからだ。ベスト・バイは、自社の技術を使うかどうかにかかわらず、高齢者の家を診断し、安全に関わる問題を特定したうえで、必要な助言を提供するところからスタートした。それには、店舗にすでにいた専門家「ギーク・スクワッド」が活用された。ＡＤＩの場合、ＣｂＭの実現に必要な技術力はすべて揃っていたものの、カーリンにも工業用機械の製造における電動モーターの使われ方まではわからなかった。そこで買収したのが、スペインの中小企業テスト・モーターズだ。この分野で豊富な知識を持つ人材を獲得したことで、ＡＤＩは市場化までの時間を飛躍的に短縮できた。

3

特に重要な資産を選ぶ——エントリー地点が固まったら、次に決めるのは方向性だ。役に立つ質問が二つある。一つ目は、「量産化への道の中で、市場におけるある程度の支配力や防衛力を得るのに欠かせない要素は?」だ。アクサは、テレメディシン機能の社内構築をエントリー地点に定めた。それが、将来の遠隔医療サービスの軸となる要素だったのだ。二つ目の質問は、「欠かせない要素の中で、最速で市場投入できるものは?」である。アクサの答えはやはりテレメディシンだったため、社員が試したうえで、国外旅行者の保険に盛り込まれた。ボンジュール・ドクトゥールの構築でも、同じ進め方が役立った。重要な資産を次々に増やした結果、ユーザー自身が予約してオンライン診療を受け、処方箋をダウンロードして地元の薬局で薬を受け取り、既往歴を自分で管理できるサービスが完成したのだ。

4　**道を進む**――事業が育成から量産化へと進むと、CEはどの資産をどの手段（自社で**構築**、**買収**、コア事業からの**活用**）で獲得するか決めるとともに、他社と**業務提携**する時期も検討しなければならない。アクサは、ここ数年でアドバンス・メディカルとの業務提携やマエストロ・ヘルスとドクトプシーの買収などを行い、組織能力と経営資源と顧客すべての資産を増やした。今では、産婦人系の医療から高齢者の健康管理、心の健康まで幅広い分野を手掛けている。それでも、最終目標の「あらゆる顧客に優れたサービスを効率よく提供する」を見失うことはない。量産化への道では、最終目標が羅針盤の役割を果たし、どの段階も最終目標に向かうように設計されている。

5　**トリガー地点を決める**――トリガー地点とは、特に重要な資産（顧客や組織能力や経営資源）の獲得計画を実行に移す段階だ。LNの場合は、技術力向上のためにサイセントを買収したのがエントリー地点で、顧客増のためにチョイスポイントを買収する決断を下したときがトリガー地点となる（図6－3参照）。トリガー地点については、次の項で説明を加えたい。

図6－3　LNリスクソリューションズ

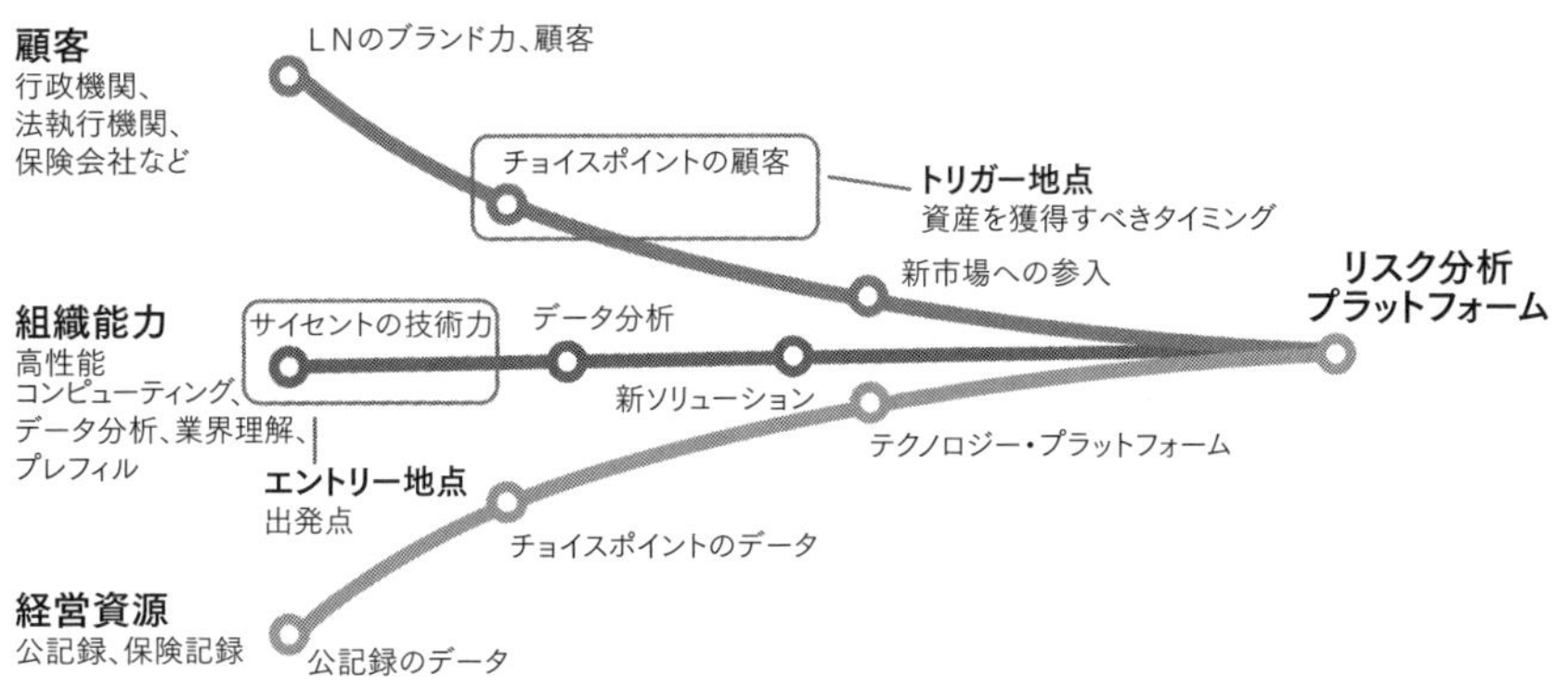

▼トリガー地点

量産化への道は、新規事業に必要な資産の仮説だとも言える。量産化は着想の時点で始まっており、それ以降も、どのような業務提携や買収が事業の加速に役立ちそうかを学び続ける必要がある。学びは決して終わらない。ＣＥは事業の推進中も、経営資源や顧客を増やすべき時期、つまりトリガー地点を模索し続ける。インドの企業であるリライアンスは、４Ｇ通信の携帯電話会社を新設し、モバイルデータアクセス市場を切り開いた。インド都市部にいる大勢の専門職とアプリ開発会社とをつなぐのが狙いだ。リライアンスは量産化への道の中で、組織能力は外部から獲得（広帯域の周波数を保有する企業の買収）し、経営資源の増強には既存資産を活用した。同社には、通信網を一から構築するのに必要な4G用の電波塔とファイバー網の建設技術はなかったが、石油精製や化学事業で培った技術力を応用したのである。携帯電話には、三カ月間、データ利用無制限・通話も無料という前代未聞の利用形態を採用した。その間にアプリの顧客層が構築されれば採算がとれると見込んだのである。ユーザーとアプリ開発会社が十分増え、利用料を払う価値が高まる――ここが、さらに投資すべきトリガー地点となった。

デロイトのバラジ・ボンディリのトリガー地点は外的要因、つまり新型コロナだ。感染拡大によって、コンサルタントはクライアント企業への常駐も、当然だった毎週の出張も不可能になった。新常識であるテレワークによって、コンサルティング部門の社外フリーランス活用を妨げてきた要因が一掃されたのだ。ボンディリには、もともと量産化に必要な組織能力（事業モデルや社外人材の登用に関する法律の知識、課題の決め方への理解）があり、クラウド関連企業との業務提携を通して経営資源も獲得していた。そこに、新型コロナの大流行が顧客――臨機応変に対応できる人材が今すぐ欲しい企業――をもたらした。量産化にあたって、ピクセルは単なるクラウド型プラットフォームから、フリーランス人材の供給源へと方向転換した。さらに、重点コンサルティング分野を「分析、M&A、監査」に絞り、重点分野に強い人材を獲得するために人材派遣業のエクスパファイと業務提携する。ボンディリの事業は、発案から数カ月で量産化を果たした。企業内から、コンサルティングの事業モデルを一変する力を持つ事業が誕生したのである。量産化は、新規事業にとって最高の瞬間だ。長く孤独な作業の末、ついに将来の大成功が証明できたのだから。また、量産化は企業にとっても、自社の戦略的抱負を実現するためにリソースを投入する重大な瞬間となる。

▼本章のまとめ

量産化では、新規事業の成長に欠かせない、①顧客（顧客基盤、販路、営業部門など）、②組織能力（技術、商品、人材、事業モデルなど）、③経営資源（製造、受注から納品までの全般業務、カスタマーサービスなど）の資産を集める。

ＣＥが資産を獲得する方法は四種類ある。

1　社内での構築──商品・サービスを社内で開発する方法。まず必要最小限の製品（ＭＶＰ）から始め、最終的には機能がすべて揃った状態まで仕上げる。

2　買収──買収した企業（スタートアップでも成熟企業でも構わない）の資産を獲得する方法。

3　コア事業の活用──新規事業を迅速に進めるためにコア事業の資産を活かす方法。多くの場合、新規事業の成功にはブランド力、既存顧客、技術力、コーポレート部門の資産が欠かせない。

4　業務提携──業界内の他社と支え合う関係を作る方法。アップストアやセールスフォースなどのマルチサイド・プラットフォーム〔同じ目的を共有する人同士で価値を生み出すプラットフォーム〕への参加も含まれる。

立証済みの事業案から十分収益性のある事業を完成させるまでの具体的な手順を量産化への道と呼ぶ。ここで肝心なのは、必要な資産と獲得方法だ。着想の時点で仮説を立てておき、学びを深めながら見直すといい。

PART 3 両利きの組織

成功した企業のコア事業には独自の運営リズムがある。成熟するにつれて、業績を維持するのに役立つ慣習や手順が定まっていくのだ。コア事業のマネジャーが学ぶのは最善の結果を出す方法で、目標は競合企業に対する勝利と利益の最大化。それゆえ、事業モデルの変え方も漸進的だ。一方、不確実な世界を生きる探索事業には別の運営リズムがある。顧客の真の悩み自体がわからない場合も多く、仮に把握できたとしても顧客が自社の解決策を購入するかまでは確信できない。コア事業と探索事業の論理は、どちらも筋は通っているが、決して相容れない。前者が身を置くのは複雑だとしても既知の環境で、後者は極めて複雑かつ不確実な環境にいるからだ。

第Ⅲ部で扱うのは、探索事業とコア事業を分離する「両利きの組織」だ（図Ⅲ－1参照）。両利きの組織でまず肝心なのは、組織構造だ。新規事業部に事業の**裁量権**を与え、組織本体から分離するのである。具体的な構成は、新規事業の成熟度（着想、育成、量産化のいずれの段階か）と、コア事業から見た革新性で決まる。

「分離する」と言っても、探索事業の独立（スピンアウト）を推奨するわけではない。コア事業の技術力、製造力、販路、バックオフィス機能などの資産こそが、既存企業がスタートアップよりも迅速に事業を推進できる利点なのだから、新規事業部もこの種の資産を**活用**すべきだ。そのため、コア事業との接点を適切に管理できる探索事業システムが欠かせない。

新規事業の成功には、ＣＥ個人へのインセンティブも重要だ。どれほど成功したところで、ＣＥが得る報酬はベンチャー企業の創業者よりは確実に見劣りする。では、スタートアップの

図Ⅲ－１　両利きの組織

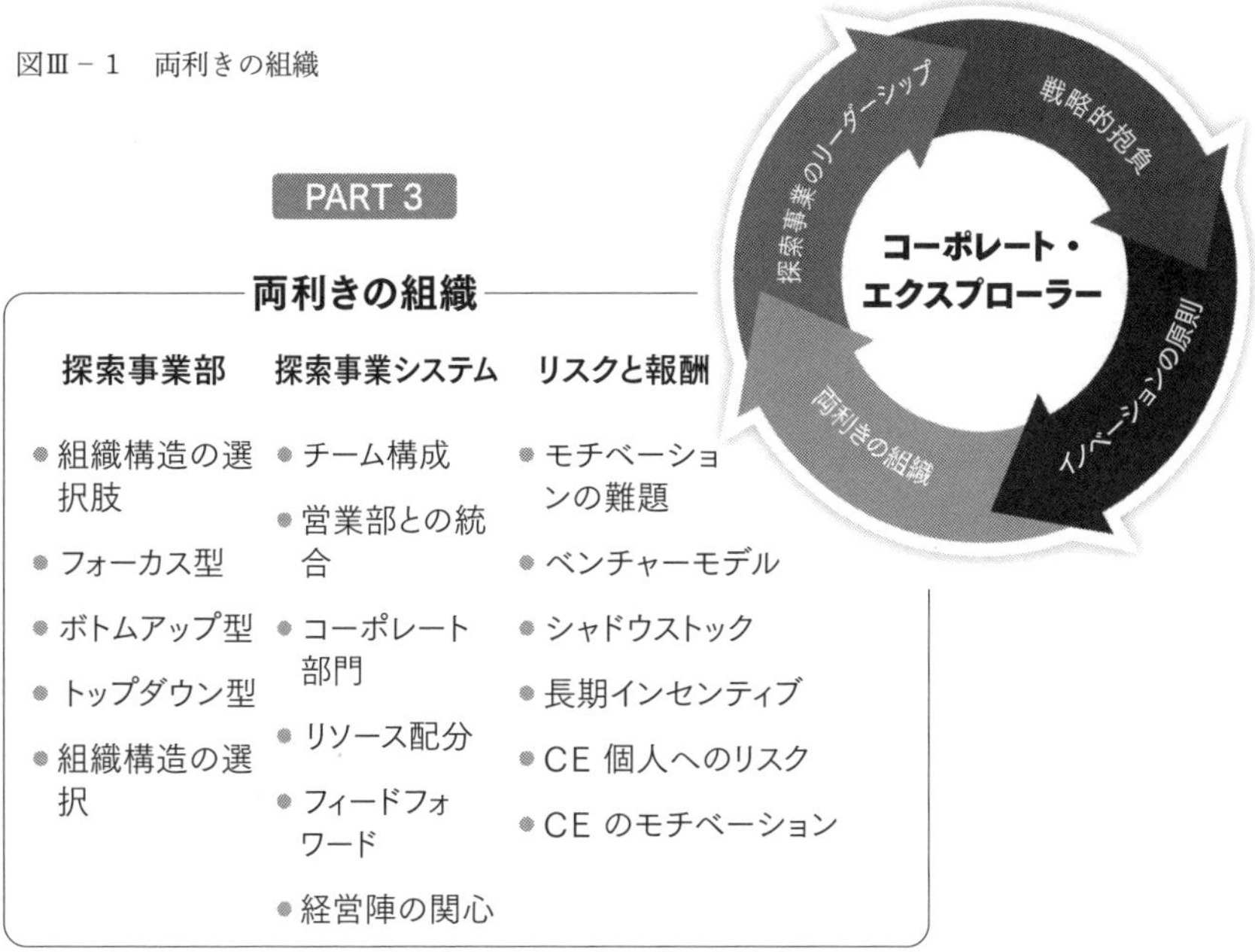

報酬体系を真似すべきなのだろうか。その方向で模索する企業が多いが、今のところ、ほとんどは残念な結果に終わっている。

7 探索事業部

ＣＥが探索事業部を立ち上げる際、画期的な事業は起業家のガレージから生まれるという「ガレージ神話」が重くのしかかる。神話の先駆けはカリフォルニア州パロアルトのアディソンストリートのガレージで、ビル・ヒューレットとデイブ・パッカードはここでヒューレット・パッカードの製品を作りはじめた。ビル・ゲイツとポール・アレンが初めてマイクロソフトのコードを書いたとされるニューメキシコ州アルバカーキのガレージは、写真を見るだけで畏敬の念が湧く。スティーブ・ジョブズとスティーブ・ウォズニアックとロナルド・ウェインが初代アップルコンピューターを組み立てたのも、カリフォルニア州にあるジョブズの実家だ。どの神話からも、起業家には熱意と勤勉さと独立心が不可欠だと実感できる。社内イノベーションも、ガレージ内で自由に行動させたほうがいかにも成功しそうだ。米国でインターネットのインフラとセキュリティ事業を営むクラウドフレアのＣＥＯマシュー・プリンスも、事業の成功に関して同じような話をしている。同社の新規事業部は、斬新なものを生み出すという明確な任務を与えられ、あえて本社以外の場所（時には別の都市）に置かれる。既存事業の干渉を気にせず取り組むための策だ。既存商品を改良するコア事業の活動も後押ししつつ、探索事業部には新商品を生む権限を与えてコア事業から分離する。これがプリンスの唱える二重戦略である。

新規事業では、部署の分離が欠かせない。数年前、幸運にもマイクロソフト幹部のチー・ルーと仕事をする機会を得た。当時はデスクトップ用オフィスからオンラインのオフィス３６５への転換期で、社内には二つの部署が並立していた。オフィス３６５の担当部署は、毎日新コードを発表し、商品開発を繰り返し、サブスクリプション型の事業モデルへと邁進する。もう一方の部署が担当したのは、今も多くの人がワードやパワーポイントなどの形でパソコンにインストールしているオフィスだ。この体制はしばらく続き、オフィス３６５が十分に成長したあとに統合した。ルーがSaaSのサブスクリプション事業に拡大してからも二重戦略を継続したのは、かつてのドル箱事業で中核モデルでもあった企業向けライセンスの資産を活用するためだ。[1] マシュー・プリンスもチー・ルーも、社内で立ち上げた事業にスタートアップのような独立性を与えた。新規事業は運営の裁量権を持ち、保守的な成熟事業に妨げられず自分のペースで成長できる一方で、抜本的なイノベーションの推進に不可欠なリソースも活用できる。

とはいえ、マイクロソフトやクラウドフレアのＣＥ部門は、起業家のガレージの単なる模倣ではない。スタートアップが目指すのは新規事業の成長のみだが、このような企業はコア事業の成長と新規事業の成長を同時に追う必要があるからだ。私たちはこの二重戦略を「両利きの組織」と名付けた。[2] 探索事業部をコア事業部門から分離しつつ（スタートアップの**裁量権**をある程度まで再現）、コア事業の資産は引き続き**活用**できる仕組みだ。定義するなら、「同じ成長目標を持つ経営陣や部署の協力のもと、裁量権とコア事業の資産活用を両立させる取り組み」となるだろう（図7－1参照）。

私たちは、データや数十年にわたる経験から、ＣＥを後押しする最善の方法は「両利きの組織」による運営だと強く確信するに至った。この手法で肝心なのは、探索事業部と探索事業システムだ。本章では、成功する探索事業部の組織構造に焦点を当てる。次章では、この構造を支える探索事業システムを取り上げる。このシステムにはコア事業と探索事業を調整する機能もある。新規事業部は、コア事業部門による目先の成果へのプレッシャーに屈せず、量産化に必要な資産を活用しなければならない。

▼組織構造の選択肢

組織構造には、両利きの組織以外にも選択肢がある。**買収**したスタートアップを育てて画期的な技術や組織能力を獲得する「**スピンイン**」は、既存事業のブランド力や製造力や販路など

図7－1　両利きの組織構造――裁量権と資産活用の両立

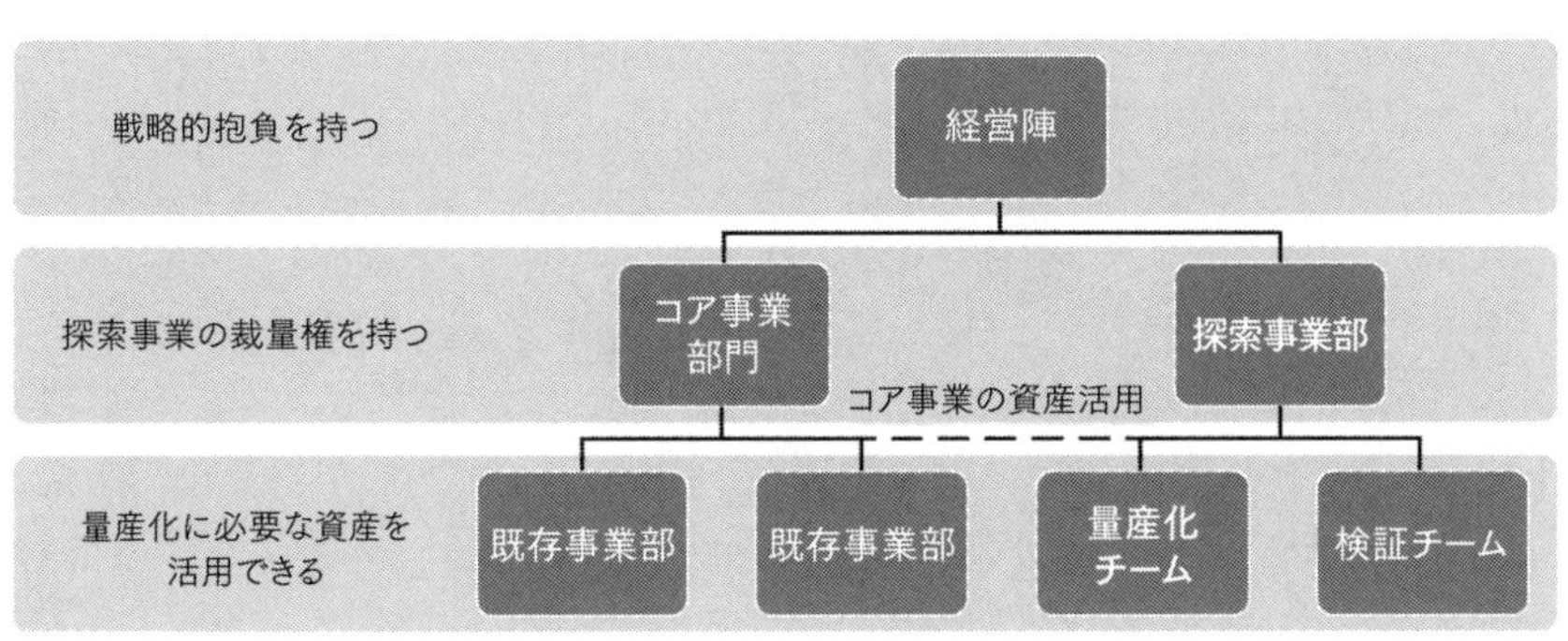

を活かして、事業に勢いをつける組織能力を手っ取り早く獲得できる方法だ。ただし、コア事業からアレルギー反応を引き起こす可能性もある。一〇章で詳しく述べるが、フランスの広告会社ハヴァス（ハバス）がビクターズ・アンド・スポイルズ（V&S）を買収したときも、社内ではアレルギー反応が起きた。ハヴァスはV&Sのイノベーションを受け入れられず、五年後、この買収は失敗に終わる。買収はたしかに事業の量産化戦略の一つだが、それだけではリスクが高すぎる。CEの事業を独立させ、別会社として成長させるやり方（スピンアウト）もあるが、この方法は本社の拘束を受けない代わりに本社の資産も活用できない。最善の方法を決めるには、次の質問が役立つだろう。

・そのイノベーションは自社の将来に欠かせない戦略的なものか？　市場の創造的破壊に打

ち勝つために、新たな組織能力は必要か？

・コア事業には、新規事業の量産化成功に活かせる資産があるか？

ネットフリックスは、アマゾンのファイヤースティックに対抗すべくインターネット接続可能なストリーミング端末「ロク」を開発したものの、次の一手を決めかねていた。そこで二つの質問について考えた結果、答えはどちらも「ノー」だった。ロクがなくてもストリーミングコンテンツの世界で戦えるということだ。結局、ロクは別会社としてスピンアウトする。仮にどちらかの答えが「イエス」だった場合、このスピンアウトはネットフリックスから将来不可欠になる組織能力を奪った可能性がある。目先のうまみを優先すると、長期的には戦略優位性を失うかもしれないのだ。また、二番目の質問に「イエス」と答えたうえで、既存事業部内でロクを量産化した場合、別の問題が起きただろう。コア事業と探索事業はそもそもの運営論理が違う。前者が目指すのは短期的な成果で、後者は不確実性の扱いを重視する。両者を同じ組織下で管理すると、既存事業は新規事業の「サイレントキラー」と化す（一〇章参照）。

両方の答えが「イエス」なら、CEの成功にとっての最善策は両利きの組織だ。私たちは過去数十年間で、うまく運営された両利きの組織が破壊的イノベーションを起こし、他の組織構造を凌駕する勢いで成長した姿を何度も目撃してきた。[3] 両利きの組織には、主に三種類ある。

1　**フォーカス型**――具体的な事業機会や戦略を推進する組織で、ほとんどはＣＥＯか事業責任者が主導する。新部署（部署は複数の場合もある）が、明確に定められた境界内で成長目標に取り組む。多くの場合、事業案自体は決まっていて、その育成や量産化が求められる。レクシスネクシス（ＬＮ）リスクソリューションズがフォーカス型の典型だ。

2　**ボトムアップ型**――現場からの発案（ボトムアップ）が円滑に育成・量産化へと流れるよう、規律を守り、定められた手順で事業を進める組織。イノベーションを再現可能なものにする試みの一環である場合も多い。ボトムアップ型の好例は、四章でボッシュのサラ・カルヴァーリョが社内コンテストで優勝して参加したアクセラレーター・プログラムだ。このプログラムは、ＣＥに新規事業の検証方法を教えることを目的としている。

3　**トップダウン型**――企業トップの主導で、新規事業のポートフォリオを作成する目的で設立されるラボや成長部門。市場化イノベーションは、研究開発部門が発案する（この場合、インサイド・アウトに偏りがち）か、社外のスタートアップとの関係から生まれることが多い。社員が推進したい案を出し合う場を設ける場合もあるものの、発案も部署編成（たいてい社外の起業家が登用される）も、主役はあくまで専任の研究部門だ。日本の素材メーカーＡＧＣでは、事業開拓部（ＢＤＤ、Business Development Division）が新規事業の育成を担う。ＩＢＭで同じ役割を果たしたのは、新規事業創出（ＥＢＯ）プログラムだ。

以下、多くの事例を挙げながら、各手法の違いと役割を説明していく。その後、状況ごとにCEが最も採用しやすい手法を提案したい。

▼フォーカス型

マーク・ケルシーがリード・ビジネス・インフォメーション（RBI）のCEOに就任した二〇一〇年、同社は誰もやりたがらない課題に直面していた。RBIは三〇〇以上のビジネス誌を扱う出版社だ。昔ながらの出版形態で、一七億ドルの収益のうち八五％が雑誌の売り上げと広告料だった。二〇〇七年に始まる世界金融危機とグーグルの広告分野での急成長が相次いで起こると、収益は一八％減となり、利益もほぼ消滅した。当時のRBIは存続の危機に瀕していたのだ。さて、話を二〇一八年まで進めよう。今やRBIは利益性の高いデジタル情報配信業者として成長中だ。広告収入は収益の一割を切り、データの定額利用料が八割以上を占めている。ケルシーはどうやって劇的な再建を果たしたのだろうか。シンプルで再現可能な方法で、CEが自由に行動できる両利きの組織を構築したのである。

当時、RBI最大の資産は主要業界の三誌——ロンドンの不動産情報誌『エステートガゼット』、人力飛行の時代から続く屈指の資産『フライト・インターナショナル』、世界中の銀行情報が盛り込まれた創刊一五〇年の『バンカーズ・アルマナック』——だった。どれも歴史とブランド力があり、愛読者も多い。ケルシーは、この三誌にデータ主導型事業モデルとしての潜在性を見いだした。『エステートガゼット』には毎週、商業用事務所の契約情報や入居者情報のほか、借用期間や価格に関する発表が何百件も届く。ケルシーは、届いた情報を集約すれば、数十億ドル規模のロンドン不動産市場全体に有益な情報をもたらすと考えた。

『フライト・インターナショナル』は、今や世界中の民間航空機情報をどこよりも網羅したデータベースだ。航空機ごとに収集した飛行距離や整備履歴といった情報の分析、航空会社の評価、航路や運航状況の情報、航空業界の動向予測まで盛り込まれている。利用者は、この分析・データサービスから得た情報をもとに、事業投資やマーケティングなどの意思決定ができる。ライト兄弟の試作機の設計図掲載から始まった同誌は、データサービスへと転換したのだ。

『バンカーズ・アルマナック』は、絶大なブランド力を誇った時代もあったものの、インターネット時代に入ると無用の長物と化していた。ケルシーはてこ入れをして、決済やコンプライアンス、リスク管理に関する情報のオンライン参照ツールに変えた。シカゴを拠点とする金融データ・ソフトウェア会社を買収し、その資産を同誌のブランド力に組み合わせたのだ。

三誌ともに、ケルシーは元の雑誌とは別の探索事業部を立ち上げ、出版部門ではなく自分の直属とした。探索事業部のCEには、社内の有望な若手だけを選んだ。信頼できたのはもちろん、まだ旧来の事業モデルに影響されていなかったからだ。事業ごとにオフィスが用意され、目的にかなう事業を進める権限も与えられた。新しい技術にも事業にも明るくない編集者や記者を説得する必要はなかった。探索事業部は、あくまで検証の場だったからだ。RBIは、多様な市場への知識と各業界の重鎮に接する機会を活かして、価値提案の理解と改良を進めた。すべての事業が成功したわけではない。例えば、『コンピューター・ウィークリー』を法人向けＩＴ取引の情報源にしようとしたものの、間もなくＩＴ市場には無料の情報や分析がいくらでもあると判明したことがある。そんなときは、即座に検証を打ち切って次の事業機会へと移った。見込みのある事業だとわかったら、次の課題はどう量産化するかだ。とはいえ、『フライト・インターナショナル』や『エステートガゼット』と同じく、元の雑誌のブランド力を活かせば問題ない場合がほとんどだった。これまでの顧客層と信頼性のおかげで、業界全体のデータ収集への協力も無理なく得られた。

ケルシーの成功要因は、シンプルさにあった。いずれデジタル事業が旧来の印刷メディアを従えて事業部門を引き継ぐだろうと考えていたので、新規事業が十分に成熟してから転換を図ったのだ。

▼ボトムアップ型

四章で取り上げたアマゾンの「プレスリリース＆質疑応答（ＰＲ／ＦＡＱ）」は、ＣＥが出した画期的な事業案を社内で極めて効率的に育てる仕組みだ。最初の承認段階を突破すると、ＣＥは専任チームを立ち上げる。迅速な事業育成と責任の明確化を目的とした少人数制であることから、「ピザ二枚チーム」（ピザ二枚で足りる六〜一〇人程度で構成されたチーム）とも呼ばれる組織だ。エンジニアが数人、プロダクトマネジャーと設計者が一人ずつなど、必要なスキルを持つ少人数の人材で構成されている。チームには運営の裁量権があり、他部署との折衝はほぼ（または一切）必要ない。目標と責任を明確にするため、事前に定められる指標はたいてい一つだけだ。チームが重視するのは「学び」であり、部署全体への展開は求められない。少人数のため迅速かつ効率的に行動でき、自分や経営陣が知っているつもりのことではなく、実際の検証結果に基づいて事業を進められる。一つもしくは少数の指標と、最も有効な手法を採用する自由が与えられ、チームはそれに沿って活動する。チーム全体が小さな事業部で、チームリーダーはミニ事業部長のようなものだ。多くの場合、提案者がチームリーダーとなるため、この種のプロジェクトには起業家精神を持った人材が集まって定着しやすい。

一方、企業主導で大掛かりなプログラムを実施してCEを選定・発掘するところもある。ドイツの技術系企業ボッシュ、日本の大手電機メーカーNEC、半導体メーカーのインテルなどだ。ボッシュはもともと発案の数は多かったものの、有望な事業案を見いだすのに苦労していた。そこで始まったのが、事業部や研究開発ラボからの発案を徹底的に検証する全社イノベーション・アクセラレーターだ。有望な案を出した者たちがチームを作り、定められた手順で顧客調査と検証を進める。プログラムでは、非常に厳しい規律と厳格な検証にさらされ、この段階で三分の二が脱落する。合格した事業案は、チームに戻されて育成と量産化へと進んでいく。ボッシュによると、このプログラムを経た新規事業は、そうでない事業と比較して、正味現在価値（NPV。投資から得られる利益を示す指標）が同じくらい向上したうえ、収益が出るまでの期間は四〇〇％短縮された。

ＮＥＣの目標も、イノベーション期間の短縮と、自社が誇る世界有数の研究開発部署が真の破壊的構想を生み出す可能性の向上だ。日本経済が急成長していた時代は、技術の市場化はそう難しくなかったし、仮に失敗したとしても、損失を埋め合わせる機会はいくらでもあった。しかし、経済成長の鈍化に伴って市場機会が減少したため、今の日本企業は研究所から生まれる起業家精神の強いリーダーや、画期的な発案のためならリスクもいとわない事業部に頼らざるを得ない。そのため、ＮＥＣはボッシュとは異なる道を選んだ。新規事業の発案から量産化まで全体を管理するビジネスイノベーションユニット（ＢＩＵ）を創設したのだ。研究所から生まれた技術を市場化する課題に特化した部門である。ＢＩＵからは、高度なＡＩ能力を農業や健康管理や創薬などの分野に応用した事業がいくつも誕生した。めざましい成功を果たし、別会社「ドットデータ」として独立した事例もある。

インテルのエマージング・グロース・アンド・インキュベーション・グループ（ＥＧＩ）も、エンジニア部門の発案を事業化するまで育てるのが狙いだ（図7－2参照）が、関わる社員の規模と事業完成までの流れは他の事例とかなり異なる。ＥＧＩの責任者サジ・ベン・モシェは、新規事業のプロセスを一から一〇まで体系化した。まず、全社員から構想を募集する。基準は「インテルに創造的破壊を起こせる」事業だ。ハンティング・ゾーンとしてはやや弱い定義だが、「漸進型ではないイノベーション」を求めていることは伝わる。最初の募集では、全社

図7－2　インテルEGIの流れ[4]

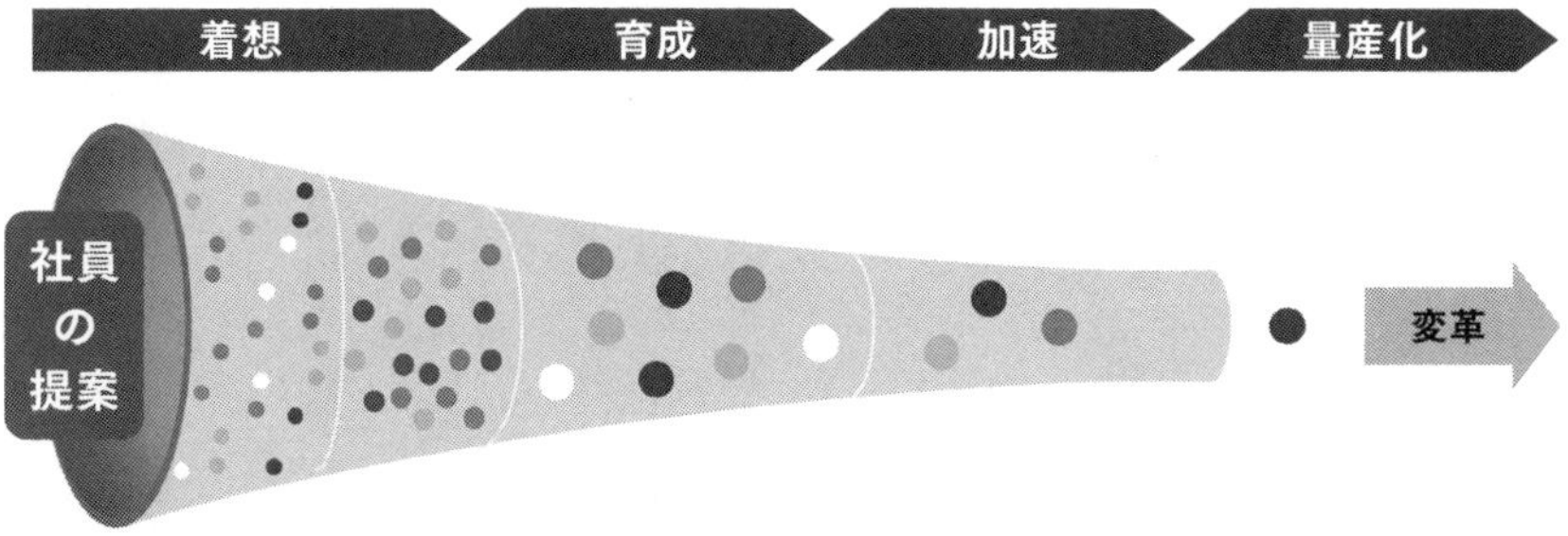

- **着想**
  - 新規事業案を全社員から募集
  - 広めの選定基準：「インテルに創造的破壊を起こせる」
- **（着想→育成）**
  - EGIが、2日間のピッチセッションへと進む事業案を選定
  - 不合格となった社員には必ず理由を説明
- **育成**
  - 以下の3点を目指した12週間のプログラム
  - 顧客の悩みを突き止める調査
  - 顧客にMVPで繰り返し検証
  - 予算要求を盛り込んだ事業計画を策定
- **加速**
  - 資金を半年〜1年間投入し、事業評価
  - 中間目標や月次報告を盛り込んだ資金申請書を作成
  - 別会社として独立（株式オプションを付与）
  - 半年後に最終決定（これ以降は、元の職務に戻れない）
- **量産化**
  - 市場検証の計画は適宜変更
  - EGIが資金を止める場合は、スピンアウトも検討
  - 終着点は、事業部の新設

から五〇〇を超える案が集まった。第一段階を突破したチームは、二日間のピッチセッションで案を披露できる。参加数を抑えるのは、全員に対して気に入った点と問題点を細かくフィードバックするためだ。ピッチセッションで合格した数チームは、一二週間の育成プログラムに参加する。社員視点に偏っていたインサイド・アウト型の構想をアウトサイド・イン方式にかけ、顧客の需要に近づける段階だ。徹底的な顧客調査を通して解決すべき問題だと立証できたら、最初の試作品作りに取り組む。ボッシュのアクセラレーター・プログラムと同じ流れだ。

インテルが採用しているのも社員主導型のモデルだが、アマゾンに比べるとより組織的であり、ＣＥの意欲を高める仕組みもある。目指すのは、着想から育成への円滑な移行だ。また、量産化する部署の選定基準を定めることで、新規事業に最大限の裁量権を与え、コア事業の干渉を極力抑える狙いもある。三番目の「トップダウン型」は、経営陣主導で着想・育成・量産化を行うアプローチだ。

▼トップダウン型

ここ数年で企業の世界にもイノベーションラボやガレージなどと呼ばれる組織が急拡大した。通常は組織の枠組みには入らず、最高技術責任者や戦略責任者に属するか、ＣＥＯ直属となる場合もある。企業全体から創造的破壊のお墨付きを得ているということだ。イノベーションラボには着想だけでなく、当該分野でスタートアップや他のプレイヤーの協力をとりつける任務もある。ＡＧＣでは、コア事業から離れた成長分野を見いだすために事業開拓部が創設され、多くの優れた事業が誕生した。大局的な市場動向分析と顧客との信頼関係を掛け合わせて事業機会を定め、研究開発部門と協力して商品開発を進めている(5)。

世界最大の小売業者ウォルマートにも、トップダウン型のラボがある。革新的な事業機会の推進と全店舗への展開を目指して二〇一七年に設立された「ストアナンバーエイト」だ(6)。このラボは、創業者サム・ウォルトンが新戦略を試したとされるアーカンソー州の店舗名に由来し、次世代の組織能力の検証・開発と迅速な市場化を担う。スタートアップのように運営しながらも世界最大の小売企業の後ろ盾がある。一方で、コア事業からは分離されているのだ。

ストアナンバーエイト責任者のロリー・フリーズに課せられたのは、革新的な事業機会を推進するチーム作りだ。ＣＥとしての課題は、デジタル世代の優れた発想力を活かして歴史あるコア事業に立ち向かうために、アウトサイド・イン方式を取り入れること。ストアナンバーエイトはイノベーションの推進役として、従来の分野を超えた事業機会へのパイプラインを築いてきた。デジタル時代の技術や事業モデルを取り入れて、グーグルやアップル、小売業界での最大の競合相手となったアマゾンなどが起こしたデジタル革命後の世界で勝ち残るのが目標だ。ＣＥのフリーズは「小売業界の将来はどうなる?」と自問した。この問いを指針に、五〜一〇年先に量産化できる技術を検証する。事業機会の将来性を検討する際は、ウォルマートの重要課題との一貫性を確認する。挑戦者の立場であることを自覚して、自社商品、参入市場、サプライチェーン、店舗運営などを抜本的に見直す。口には出さないものの、社内からはアマゾンなどのデジタル企業に勝てる策は出ないとわかっているため、シリコンバレーの起業家や学者や企業に協力を仰ぎ、目標に近づける構想や事業提携を探っている。

ストアナンバーエイトから生まれた新規事業には、まず米国内に一〇〇万人以上の利用者を持つインホーム・デリバリーがある。遠隔検知・接続技術を活用して、ウォルマートの従業員が顧客の冷蔵庫まで生鮮食品や冷凍食品を届けるサービスだ。仮想現実（VR）や拡張現実（AR）に変革を起こした新規事業もある。インテリジェント・リテール・ラボ（AIを活用して店内の在庫管理を行うシステム）は二〇一九年にストアナンバーエイトから独立。ニューヨークの富裕層を対象としたジェットブラックは、テキストメールで商品を注文できる会員制サービスだったが、二〇二〇年に終了した。[7] 育成を経た事業案は、五〇店舗で試験運用してから一〇〇〇店舗に展開する形で量産化する。ウォルマートの有形資産が活かされている。

▼組織構造の選択

フォーカス型、トップダウン型、ボトムアップ型。企業戦略における目的が異なるだけで、いずれの選択肢にも優劣はない。同時に複数の手法を取り入れる企業もあるかもしれない。トップダウンでラボを作る利点は、社外の幅広い組織から協力が得られることだ。ただし、事業の構築段階で社内資産や組織能力の重要性が過小評価される傾向があり、ラボの価値が疑問視されることも多い。ドイツの自動車会社ダイムラー（現メルセデス・ベンツ・グループ）が自動車の発明された年を冠した「ラボ1886」が一例だ。このラボはたしかに自動車産業の幅を広げたものの、大半の事業は本社で量産化に至ることはなかった。そのため、社内の事業部というよりも独立したアクセラレーターと化し、最終的には閉鎖に追い込まれた。コア事業の選択肢をつくることにより重点をおき、そのためにCEに新事業の立ち上げに注力させるアプローチもある。そうした新事業は、自律的なラボに比べて、成功するにはコア事業に戻るための接点を必要とするという欠点がある。

フォーカス型もトップダウン型もボトムアップ型もすべて優れた方法であり、本章で見てきた通り、多くの企業で成果を上げている。では、CEを後押しするにはどれを選ぶべきだろうか。始めたばかりの事業ならピザ二枚チームが最適だが、検証段階に入るとリソースを増やす必要があるし、正式な組織も求められる。とるべき手法は、事業の成熟度（着想、育成、量産化のどの段階か）と戦略次第ということだ（表7-1参照）。

フォーカス型は、育てる事業機会が一つ、または複数あっても同じ戦略を適用できる場合に適している（RBIが好例だ）。構想から収益性のある事業へと移行するスピードを優先する場合、組織能力の構築にかけられる時間は少なくなる。また、戦略の流れがあらかじめ決まっているため、着想の役割は小さく、育成でも幅広いパターンを試すのは難しい。フォーカス型は、着想と育成まで完了していて不確実性が低い事業か、マーク・ケルシーのように既存モデルを活かせる事業に使うなら問題ない。もしくは、早急な成果を迫られた場合も有効だ。ただし、徹底的な顧客調査なしで進める分、ニーズのないイノベーションを量産化する危険もある。モジラのスマートフォン向けＯＳのような惨事が起きるかもしれないのだ。

ボトムアップ型は、幅広い成長機会や画期的な事業機会を育てる戦略に適している。インテルは、自社をひっくり返すような事業案を求めた。ＮＥＣも、研究開発ラボが発案したイノベーションの市場化の可能性を高めたかった。両社とも、戦略を支えたのは大勢の技術職の発想力だ。これがなければ、目先の成果ばかり見ている経営幹部はなかなか聞く耳を持たない。ボトムアップ型の難点は、集まる事業案の幅が広すぎるため、最適な案を絞り込まなければならない点だ。リソース集約型の手法なのである。インテルのＥＧＩチームは、提案した全社員への対応を重視して、不合格の案にも理由の説明を欠かさなかった。

ラボなどを活用するトップダウン型はボトムアップ型と重なる場合もあり、マスターカードなど、研究所が社員から案を募るプログラムを持つ企業もある。[8] トップダウン型に特徴的なのは、研究所が社内リソースを活用して新規事業のポートフォリオを作り、推進する事業機会を選ぶ点だ。ユニカの場合、チェリスクは保険業界にデジタル事業モデルを構築するという一点を目指したフォーカス型であり、サナスＸは医療関連の新規事業の着想・育成・量産化のすべてを網羅するトップダウン型だ。どちらも破壊的イノベーションを推進するアプローチだが、戦略が異なるため、別の組織構造を採用している。

両利きの組織のどれを採用しても、ＣＥは裁量権を持てる。ただし、裁量権だけでは成長条

表7－1　両利きの組織――組織構造の選択肢

	フォーカス型	ボトムアップ型	トップダウン型
内容	一つの事業機会を推進する	新事業の機会を社内で開発する	新規事業のポートフォリオを作成・管理する
戦略	その事業を成長させる	成長事業の候補を挙げる	事業ポートフォリオを作る
人材	発案者が始めて、のちに専任になる	当初は元の役職と兼任し、のちに専任になる	専任
利点	新規事業を迅速に推進できる	社員の洞察から具体的な事業が生まれる	コア事業とは違う事業機会を体系的に探索できる
懸念点	着想の役割が小さく、検討に値する事業案があまり生まれない可能性がある	ハンティング・ゾーンを絞らないと、戦略が明確でないアイデアばかりの「イノベーション動物園」になり得る	新規事業部を分離しすぎると、コア事業の資産を十分活用できない
使うべき時期	量産化……新規事業の責任者に任命したCEとともに、事業機会に集中すべき時期	着想……組織力が活かせる 育成……規律を持って事業機会を検証できる	着想……当該分野の別企業と協力できる 育成……新規事業とコア事業を分離するため、不確実性を扱いやすくなる
事例	RBI チェリスク LNリスクソリューションズ ファイアーフォックス・フォン インテルのプロシェア	NECのBIU インテルのEGI ボッシュのアクセラレーター・プログラム	ウォルマートのストアナンバーエイト ユニカのサナスX NECのBIU AGCの事業開拓部 IBMのEBO

件の半分しか満たしていない。もう一つの条件は、ＣＥがコア事業の**資産**を活用できること。組織構造を決めても終わりではなく、コア事業と探索事業が協力して、戦略の成功要素を満たせるよう臨機応変に動ける体制も不可欠ということだ。このような組織カルチャーの改革も、ＣＥの後押しには欠かせない。企業のトップは、「マネジャーの成功」への考えを改める必要がある。目先にある一種類の成功だけを追い求めるのではなく、遠い未来の成功像も常に描くようにしよう。すべてのマネジャーが、いつでもＣＥの目標に手を貸せる状態でなければならない。その方法は次章で説明する。

▼本章のまとめ

ＣＥには、コア事業にとらわれず活動できる裁量権が必要な一方で、量産化への道を支えるコア事業の資産も常に活用できなければならない。そのために求められるのが、コア事業と探索事業を同等に後押しする特別な組織構造――「両利きの組織」だ。

戦略において最初に問うべきは、「そのイノベーションは自社の将来にとって重要な戦略か？」と「コア事業には、新規事業の量産化成功に活かせる資産はあるか？」の二つだ。どちらの答えも「イエス」なら、両利きの組織が一番の答えとなる。そうでなければ、スピンアウト（独立）を検討しよう。

CEの組織構造は、新規事業の性質と成熟度によって異なる。重要な事業機会を一つだけ推進するフォーカス型では、本社から分離した組織が自分たちで管理をする。事業を迅速に進めたい場合に最適だ。

ボトムアップ型は、提案したい新規事業を持つ社員の活動を首尾よく進める組織だ。CEになるまでの手順を体系化したアクセラレーター・プログラムを社内に設ける場合が多い。イノベーションの原則を教えたり、支援者の参与に協力したりして、社員の事業案を進めていく。

新規事業ポートフォリオを作るトップダウン型が目指すのは、イノベーションの方向性に関して経営陣が下した戦略的決定の現実化である。ボトムアップ型の手法を使ったり、フォーカス型を採用する企業もあるが、いずれにせよ、すべては戦略的抱負のためだ。

選ぶべき組織構造は、新規事業の内容と事業機会の性質に応じて変わる。唯一無二の方法はない。まずはボトムアップ型を採用して、量産化に移る段階でフォーカス型に変わることもあるだろう。

8　探索事業システム

二一世紀に入り、スタートアップはかつてないほどの資本を持つようになった。歴史ある企業との技術力の差も、SaaS型プラットフォームによって埋まりつつある。[1] ただし、活用できる資産の幅広さという点では、今でも起業家より社内CEのほうが有利だ。企業には顧客や資金、製造力、カスタマーサービス、技術力などがある。肝心なのは、その優位性を活かすことだ。破壊的イノベーションを目指す成熟企業にとって、CEを活用した手法が何より有効だと我々が確信する一番の理由もここにある。

前章まで、レクシスネクシスやデロイトやリード・ビジネス・インフォメーション（RBI）などの企業で、コア事業の顧客と組織能力と経営資源を活かして迅速に業績を上げたCEを紹介してきた。もちろん、成功例ばかりではない。多くのルールや制約が存在する主力部門にペースを乱されて苦戦するCEも多い。なんと言っても、相反する論理――コア事業と探索事業、短期目標と長期目標、慣れ親しんだ市場と生まれつつある未知の市場――をつなぐのは難題だ。魔法のような解決策はないものの、絶対にうまくいかないやり方ならある。コア事業のマネジャーに「善意」による適切な行動を求める方法だ。「悪い行動は悪意から生まれる」は一見もっともらしい言葉だが、実際には、イノベーションに非協力的な人にも悪意はなく、自分がいる部署の行動規範に従っているにすぎない。自部署の収益の最大化を目標に掲げ、既存事業の収益増と利益確保を全力で目指すのがコア事業だ。CEの後押しは、彼らの論理と相容れないだけだ。コア事業から善意を期待するのが無意味とまでは言わないが、せいぜい協力を多少とりつけやすくなる程度の効果しかないだろう。

相手の善意に頼るより、新規事業の行動規範で活動できる「探索事業システム」を構築したほうがいい。探索事業システムとは、CEが新規事業のマネジメントとコア事業との関係構築を両立できる組織的なソフト面の仕組みで、主に六つの要素がある。

- **チーム構成**によって部署間に接点を作る。
- **営業部との統合**は対立を生むことがあるため、慎重に検討する。
- **コーポレート部門との関係**は、新規事業が後押しを受けられる形にする。コーポレート部門から監視される関係になると、新規事業は徐々に疲弊して力を失っていく。

・**リソース配分**は、年間事業計画にCEを含まない仕組みにする。
・CEの責任は、フィードフォワード方式で担保する。
・コア事業とは業務のリズムや慣習を変えて、CEに経営陣の関心を集める。

以上が、コア事業をないがしろにせずに新規事業の成功を後押しする「探索事業システム」の要素だ。ここからは各要素を詳しく説明したい。

▼チーム構成

ある大手ＩＴ企業は、二方向からの創造的破壊の危機にさらされていた。一方はアマゾンやグーグルなどのクラウドサービスによる市場のコモディティ化だ。新しい企業が駆使するオンデマンド・コンピューティング〔複数のコンピューターから成るネットワーク上で、情報処理能力が必要なときに必要な量だけ取得できる技術〕モデルは、データ量がいくら増えても対応できそうに見えた。他方、かつて協力関係にあった経営コンサルティング会社も、クライアントにとって今後重要となるのはデータ分析だと気づき、そのテクノロジーの実装へと舵を切りつつあった。この危機に対抗すべく、この大手ＩＴ企業はサプライチェーンをＡＩエンジンで自動化する付加価値の高いサービスを開発。市場内の地位は無事に守られ、この事業モデルの有効性も証明された。現在、同社は隣接市場への拡大を目指している。元の市場とデータやアルゴリズムは同じだが、使用目的が異なる。何度も挑戦したものの、そのたびに問題が立ちはだかった。どちらもリソース面の障害だ。（a）市場に普及するような商品の開発には時間がかかりすぎる。（b）市場投入を本格化すべき時期に、既存市場の需要にも対応しなければならない製品技術部がボトルネックになる。リソース面の問題には、チーム構成が解決策になり得る。候補は、**ハイブリッドチーム**、**スプリントチーム**、**拡大チーム**だ（図8－1参照）。

一つ目の「**ハイブリッドチーム**」は、コア事業部と探索事業部の要望をともに満たすのが目的だ。両部門に属し、コア事業と探索事業の成果につながる目標やインセンティブを持つ。コア事業部と探索事業部からマネジャーを一人ずつ選ぶことで、片側のみに肩入れしない仕組みになっている。

うまくいく場合もあるとはいえ、ハイブリッドチームは危険を伴う。二役をこなせる人材などほとんどいないうえに、本当に両事業が平等に扱われているかも見えないからだ。ハイブリッドチームは、関係者の善意に頼ってもうまくいかない。あらかじめ「重要目標と結果」を決めておき、その報告や議論を関係者全員に公開しよう。強固なソーシャルキャピタル（信頼、規範、ネットワークなど、人間関係を支える仕組み）を持つ人物がチームを率いるのが理想だ。

二〇〇〇年代初頭に『USAトゥデイ』紙が目指したのは、従来の新聞業を継続しつつウェブ媒体も立ち上げるという難題だ。当初は、新旧の事業で同じ読者層と広告主とニュース記事を取り合う形だったため、部署間に相当緊迫した関係が生じた。この対立を解消した最大の要因は、新設したニュース部門にリソースを集中させ、新聞とウェブ媒体の双方がコンテンツを利用できるようにした点だ。リソースの奪い合いがなくなった『ＵＳＡトゥデイ』は、黎明期のオンラインニュースビジネスで他社の先駆けとなった。[2]

リソースを統合するには、一時的に「**スプリントチーム**」を作るのも一案だ。具体的な目標のために、コア事業のリソースをいったん新規事業へと移す。アマゾンの「ピザ二枚チーム」もスプリントチームの一種だ。チーム単体では達成できない課題に大量のリソースを投入して、新規事業に必要な組織能力を構築する。以前私たちが仕事をした企業は、自社製品を公共の４ＧＬＴＥネットワークに接続する課題を解決するためにスプリントチームを結成した。新規事業部にもソフトウェア開発スキルはあったものの、ハードウェアとの接続経験は誰にもなかったため、コア事業部からスプリントチームに人材を集めたのだ。課題は一カ月で解決し、市場化までの時間も短縮できた。

三番目のチーム構成は「**拡大チーム**」だ。一章で、ＩＢＭのライフサイエンス部門を取り上げた。キャロル・コバックが率いて、新規事業創出プログラムで最大の成功を収めた部門だ。部門自体にも営業とマーケティングとソフトウェア開発の担当者はいたものの、その他の分野の資産を活用するときは、拡大チームの交渉力が頼りだった。何らかの先端技術分野で研究部門のリソースを借りたい場合、拡大チームのジョーがコバックの代弁者として研究部門に働きかける。ライフサイエンス事業の円滑かつ迅速な運営にも、このやり方は適していた。拡大

図８－１　三種類のチーム構成

ハイブリッドチーム

コア事業部と探索事業部の両方にまたがるチーム。報告系統は一本化され、両事業の扱いも均等。

使うべき時期

技術的な資産や組織能力などのリソースを二部署分用意するのが難しいか、費用がかかりすぎる場合。

注意点

常態化しない。このチーム構成がうまくいくのは、リソース上の重大な障害を取り除きたい場合など、ごく限られた状況のみだ。

鍵となる成功要因

責任者が不明瞭な状況にも対応できて、コア事業部と探索事業部の両方から信頼される人物であること。

成果目標が明確で、全員が目標の達成度合いを把握できていること。

スプリントチーム

リソース急増を要する課題に対して一時的に結成される小規模チーム。

使うべき時期

具体的な課題があり、乗り越えるのにコア事業の資産が必要な場合。

注意点

目指す成果が曖昧なときや、成果まで時間がかかりすぎる場合は避ける。また、少人数制を保つこと（ピザ二枚ルールを思い出そう）。

鍵となる成功要因

目的の明確化とすばやい行動が肝心。

スプリントチームに必要なのは、明確な活動範囲、自由に行動できる権限、支援を受ける決定を下すタイミング。

拡大チーム

コア事業の資産をスムーズに活用するために、事業部の垣根を越えて人材を集めたチーム。

使うべき時期

イノベーション自体と企業リソースの活用がコア事業にも寄与するとき。

注意点

コア事業と競合したり、既存事業モデルが大切にしている規範に反したりする探索事業では避ける。

鍵となる成功要因

チームが希望者で構成されていること。肝心なのは、メンバーがチームの目的を信じていて、世界を変える事業機会だと確信していること。

チームのメンバーは、新規事業のビジョンに共感して「立候補」した者ばかりだ。単に上司に命じられて配属された者では、新規事業部のペースにも成果に対する考え方の違いにもついていけない。

とはいえ、他のチーム構成と同じく、拡大チームはコバックのチームの代わりにはなれない。あくまでもCEがコア事業との接点を保つ手段だ。複数の部署に属する組織が片手間に進めれば、新規事業は失敗に終わるだろう。また、拡大チームの成否は、リソースが増えて部署間で奪い合いが起きた際、仲裁を頼める人物が経営陣にいるかにもかかっている（コバックの場合は、戦略責任者のブルース・ハレルドがそうだった）。

▼営業部との統合

営業部が有効な資産なのは言うまでもない。何よりも、信頼関係のある顧客基盤を持っているのが大きい。営業部からしても、CEの新規事業は、顧客からの信頼度向上、市場拡大、売り上げ伸長に寄与するものだ。しかし、営業部との統合には注意すべきリスクもある。私たちは、営業部を活用しようとして**競合**や**営業力**や**価格破壊**の問題につまずくCEを何度も目にしてきた。競合の問題はわかりやすい。営業部の主力商品の価値を脅かす商品は避けるべきだ。デロイトのバラジ・ボンディリは、提携先にピクセルへの協力を求めたものの、反応は芳しくなかった。従来のコンサルティング・チームの価値を損なうソリューションとして反感を買ったからだ。ボンディリはこの問題を乗り越えられたが、不確かなソリューションを売り込みたがる営業担当はほとんどいない。顧客の評判が下がる恐れがあればなおさらだ。

イノベーションによって販売方法が変わり、インセンティブも変わる可能性がある場合、**営業力の問題**が生じる。営業部から見れば、元の商品ほど価値がないか、売るのが大変か、そもそも売る気が起きない。ソフトウェア会社のＳＡＰに典型的な事例がある。二〇〇七年に発売したSaaS型の新プラットフォーム「ＳＡＰビジネス・バイデザイン」は、既存の企業向け業務管理ソフトウェアのオンライン版で、対象は中小企業、月ごとのサブスクリプション契約もできるのが売りだった。新サービスの販売は営業部に任されたが、大企業との数百万ドル単位の契約で経験を積んできた営業部には中小企業に関する知識がなかったし、たかだか数千ドルのサブスクリプション契約の販売意欲などほとんど湧かなかった。結局、達成できたのは売上目標の一〇分の一にすぎず、事業は失敗に終わった[3]。

三番目の問題である**価格破壊**は、ハードウェアの製造会社がシステム全体の価値向上を目指してソフトウェア型ソリューションを開発したときに生じやすい。仮に営業部に売り込む意志があり、ソリューションを盛り込んだ契約が締結できた場合でも、その分の価格はほとんど（または一切）上乗せされないのが普通だ。ハードウェアを購入した顧客へのおまけ扱いなのである。これでは、新規事業の量産化は極めて難しい。

つまり、営業部の統合による市場開拓のリソース共有には注意が必要ということだ。営業部との統合は、顧客が同じで、営業にも顧客にもメリットのある新規事業には有効だが、営業力や販売手法や顧客が異なる事業では避けたほうがいい。さもなければ、ＳＡＰと同じ運命を辿る恐れがある。

▼コーポレート部門

コーポレート部門との関係も、ＣＥの頭を悩ませる問題だ。コーポレート部門とは、社内の財務、人事、法務、サプライチェーン、購買、ＩＴなどの部門で、二つの役割がある。まずは円滑なサービス提供を後押しする役割だ。人材の採用や育成、知的財産の保護、契約の締結、物資の購買と出荷、ＩＴの活用などの業務によって、マネジャーの負担を軽減する。他方、コーポレート部門には監視機能もある。雇用に関する法律に違反せず、リスクの高い契約を交わさず、支出が限度額を超えず、委託製造業者には必ず数量割引を提示するよう見張る役割だ。ＣＥは、コーポレート部門の担当者から山ほど質問を受けるし、企業方針から外れた活動をする場合は申請しなければならない。ここで時間がかかれば命取りだ。コーポレート部門からのお役所的な課題や質問に対応すればするほど、ＣＥは疲弊して力を失っていく。インテルでエマージング・グロース・アンド・インキュベーション・グループ（ＥＧＩ）を立ち上げたばかりの頃、責任者のサジ・ベン・モシェはメンバーと食べるピザを買うたびに発注書を申請しなければならなかった。ＥＧＩだけに規則を守らせようとか、あらゆる行動を財務部に報告させせようと画策した者がいたのではない。単に、例外なく全員が従うべき規則だったのだ。同様の規則は、必要最小限の提案（ＭＶＯ）の足かせになることもある。材料の調達先やＭＶＯの品質に厳格すぎる要件が課せられるのだ。

監視機能は、社内に軋轢を生む。新規事業は、コーポレート部門とは異なるルールで回っているからだ。デジタル時代の現在、ＩＴ部門にはかつてなく重大な役割が期待されている。まだ荒削りな試作品をすばやく検証したり、新規事業の量産化に必要な新たなクラウドサービスを迅速に開発したりといった役割だ。にもかかわらず、今も多くの企業でＩＴ関連予算は最高財務責任者（ＣＦＯ）の采配に任される管理可能原価である。これでは、ＣＥも経営資源を社外に求めざるを得ない。ごく最近まで、社内のセキュリティ方針に反するという理由で、ＩＴ部門がクラウドサービスの利用に難色を示していたため、クラウドを活用した検証を行いたいＣＥが個人アカウントを使うのも珍しくなかった。似た問題はＩＴ部門以外でも起きている。人事部は、まさに監視を目的とした部門だ。人件費を削減し、裁判沙汰になるような法律違反を防ぎ、年度末には全社員に成績に応じた評価をつける。それが人事部の役割なのだ。電子機器製造受託サービス企業フレックスは、SaaS 型サプライチェーン管理を行うエレメンタムを創設した。しかし、本社の人事部から押しつけられた採用手順は、迅速な採用がほぼ不可能なものだった。[4]

コア事業とコーポレート機能を共有する利点は、ＣＥがスケールメリットを享受できることだ。

わざわざ人事部や法務部をそれぞれ作っても意味はない。ただし、大企業はともかくスタートアップに対抗したいなら、規則にとらわれない求人・給与体系を作れる人事チームも不可欠だ。新規事業に何が必要かを学んだ人事チームなら、事業モデルの違いも、採用や給与などの規則を柔軟に変える重要性も理解できる。また、新規事業部のコスト意識を厳しく管理する力と、不確実性の高い環境に対応できる柔軟性を兼ね備えた財務担当も欠かせない。あるいは、コーポレート業務全般で新規事業の後押し（監視とサービス支援の両面で）を行う担当者を一人だけ決めるのもいい。コーポレート業務は担当者に任せれば、その分、ＣＥの負担が軽減される。新規事業のポートフォリオを作るラボやイネーブルメント（企業主導で継続的な成果を目指して人材育成する体系的な取り組み）を行う組織がある場合、コーポレート業務に求められる役割は質・量ともに増大するかもしれない。インテルのＥＧＩでは、新規事業専任の人事担当が、本社の人事部との仲介役も務めている。

ＣＥの後ろ盾となる経営陣には、社内規則が事業推進の支障となっているなら解決する責任がある。だからといって、何でも経営陣に頼れるわけではない。インテルでも、ピザの注文問題までＣＥＯにすがるのはさすがに厳しいだろう。一つひとつは些細な問題でも、積み重なれば進捗は滞り、新規事業は「真綿で首を絞められる」ように力を奪われていく。

▼リソースの配分

お金や人材などのリソースが成長目標に沿って配分されているかの確認に、企業は莫大な時間と労力をかける。大半の企業は、年間事業計画に沿って翌年度の予算を決める。ＣＥＯにいくら先見の明があっても、財務部は過去の実績から収益増加率の目標や予想利益に必要なコストの減少率などを機械的に算出し、営業利益、フリーキャッシュフロー、一株当たり利益（ＥＰＳ）といった主要財務成果の予算を決める。「物事は持続する」を前提にした決め方だ。どの市場も安定し続けると仮定すれば、自社がどれだけ効果的にビジネスを行うかのみが変動要因になる。もっともな理屈ではある。しかし、この理屈を説くのは、ほぼ例外なくＣＦＯだ。特に、顧客と接したことも営業実績も一切ないＣＦＯには、間接的な事業経験しかない。市場の動きは、事業部長や営業部長からの報告と、分析結果の形で入手できるものの、前者は何となく信じ切れないし、後者から決断するのも不安が残る。その結果、ＣＦＯに馴染みがなく前例もない実験的な事業は却下されやすい。問題は、破壊的な脅威は未知の領域から生まれ、過去の出来事からは予測できないことだ。

新規事業の開発段階では、その市場が成熟するまでにどの程度かかるかなどわからない。本書で取り上げてきた事業機会（保険のデジタル化、機械の整備時期の予測、人材のクラウドソース化など）の大半は、おそらく数十億ドル規模の市場へと成長するだろう。だがCE本人にも、それがいつになるかはわからない。不確実性が高すぎて予測自体できないし、予測したとしても、まず間違っているだろう。なのに、CFOは市場機会が投資に値する規模だと立証させようとする。これは無理難題であり、CEは「時期は未定」と但し書きを付けざるを得ない。それでも、出した数字は翌年の事業計画の目標に組み込まれる。CEはいつの間にか計画から遅れていき、今すぐ成果を出すよう迫られる。新規事業に課せられたのは、現実的でも適切でもない目標への責任なのだ。収益目標が達成できず、CEの実行力への評価が下がれば、後ろ盾である経営陣も守りきれない。結局、CFOの望み通りに事業は打ち切られる。

事業が打ち切られるのは、たいてい育成段階の後半だ。新規事業が極めて脆弱な時期とも言える。予算が増え、量産化の準備も整った。量産化へ向けて歩み続けた数年間と、そのために投じた数百万ドルが、あと少しで報われるかもしれない。ここで事業が打ち切られれば甚大なリソースが無駄になり、今後の収益見込みへの影響も計り知れない。だが、CFOからすれば、事業の中止は事業計画にのっとったもので、財務の健全化のために致し方ない決定だ。CFOの言い分もわかる。これはそもそもリーダーシップの失敗だと言える。先々の成長より目先の成果を優先するバイアスが露呈しただけなのだ。

新規事業へのリソース配分は、既存事業と異なる仕組みを採用したほうがいい。事業を立ち上げた段階で、根拠に基づいて目標を細かいプロセスに分け、予算もそれに合わせて分配しよう（詳細は次項で説明する）。個々のプロセスと検証による学びとが深く関連するため、事業が成熟して根拠が増えるに従い、予算期間も延びていく。当初は四半期単位だったものが、育成に入る頃には数年がかりの事業になるというわけだ。ＣＦＯは、コア事業収益のうち毎年一定の割合を事業機会の探索に配分する仕組みを受け入れよう。また、育成と量産化で学ぶ期間を考慮して、新規事業の予算は三年単位で組んだほうがいい。ＣＥには依然として個々の目標を達成する責任が残るものの、もう事業が潰される不安に振り回されずに済む。どうすれば成功できるかを学ぶことだけに集中して臨機応変に動けるのだ。

トップダウンで新規事業のポートフォリオを作成した企業なら、事業同士を比較するのも一案だ。ベンチャーキャピタルと同じく、一番有力な新規事業に力を入れて、進展が見られない事業は予算の増額前に打ち切ればいい。

▼フィードフォワード管理方式

大企業は、フィードバックとフィードフォワードを混同しているところが多い（図８－２参照）。フィードバックとは、何かが起きた後で情報を集め、結果に基づいて対処する方式だ。クッキーを焼く場面を想像してほしい。オーブンの温度を設定すると、センサーが内部温度を計測し、設定値を上回ったら、出力を抑えて温度が下がるよう調整する。これが「**フィードバック管理**」だ。一方、完成したクッキーを食べると、人体はクッキーに含まれるブドウ糖を感知してホルモンを出す。このホルモンがインスリンの分泌を促して、血液に吸収されるブドウ糖の量を制御する。問題が起きるまで待つのではなく、予測される結果の情報に基づいて行動するのが「**フィードフォワード管理**」だ。どちらも重要な方法だが、成熟した大企業ほど起こった誤りを直すフィードバックを繰り返しやすい。(5)

うまくいっているときほど、将来への道筋を描くより、過去の過ちをただすことに意識が向きがちだ。確立された企業も、成果の予測方法は知っている。責任感のあるマネジャーなら、目標に届かない事業があれば、原因を見つけて取り除くのが自分の役割だと考える。成果の計測に用いられるのは、販売数、市場投入までの期間（TTM）、生産性、棚卸資産回転率などの重要経営指標（KPI）。予測に対する実績の計測を目的としたフィードバック管理方式の拠り所となる数値だ。マネジャーは、KPIから把握した現状に基づき、事業の問題を即座に認識し、原因を明らかにして解決する。成果を目的とした「実績最大化ループ」とも呼ばれる方法で、事業が成熟するほど、求められる成果に適した形へと仕上がっていく。フィードバック（またはエラー）管理方式は、KPIと現状との差分を見いだし、その差を埋めるためのアクションが行いやすく、決して悪い方法ではない。単に、不確実な未来の管理には適さないだけだ。

CEの事業を評価するには、業績の先行指標であるフィードフォワード指標が欠かせない。検証が進むほど、顧客の価値観や妥当な価格に関する情報が蓄積される。目標までの進捗度を見れば、新規事業も評価できるということだ。指標は、計測できる情報なら何でもいい。初期段階なら、実験に参加する意志のある顧客数などが考えられるし、事業が進行すると、顧客の

図８－２　フィードバック指標とフィードフォワード指標

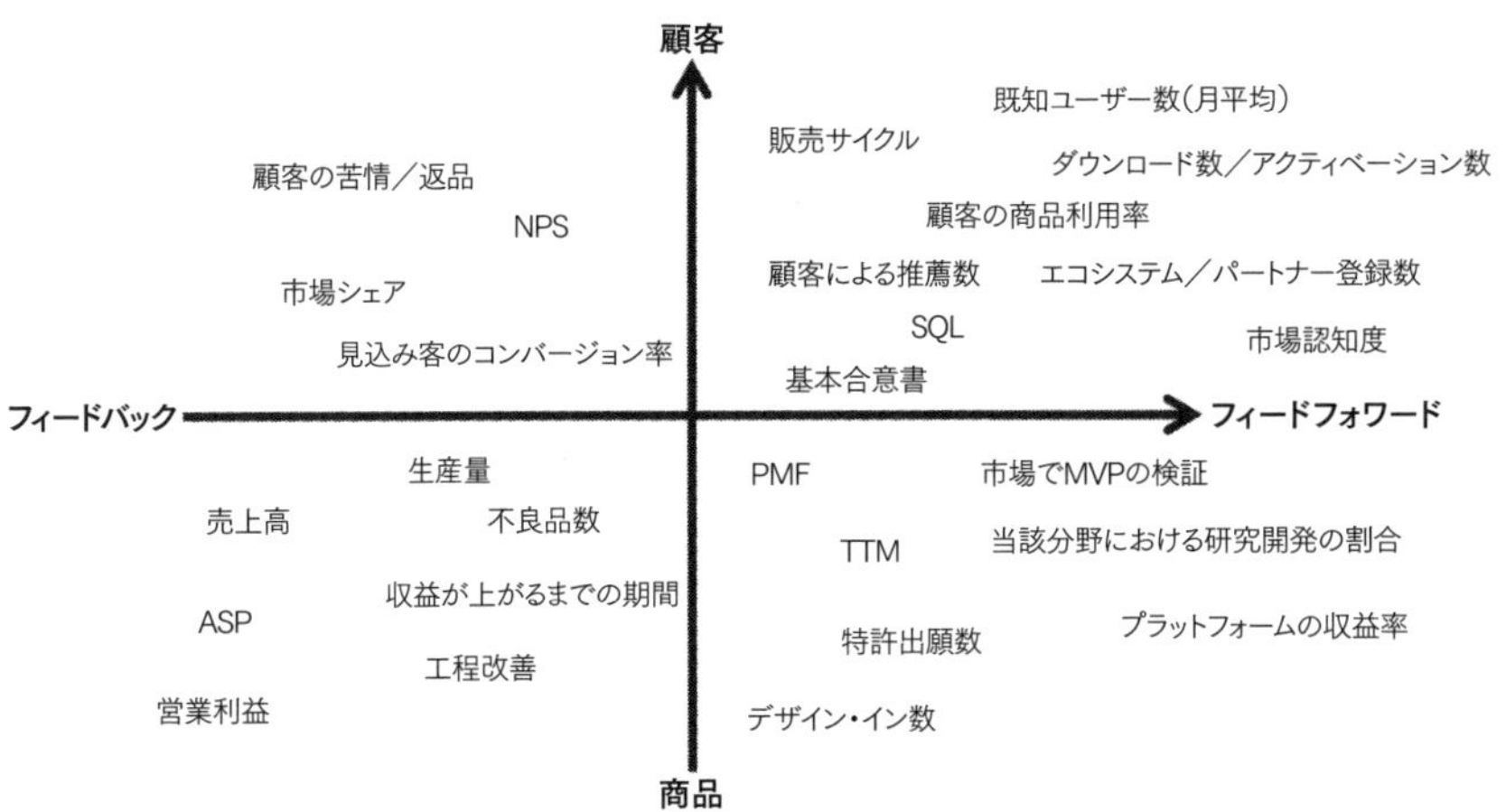

NPS：「この商品やサービスを知人にどれくらい勧めたいか？」という質問で顧客ロイヤルティを測る指標
SQL：営業がアプローチ対象とみなした見込み客数
ASP：新規顧客一人あたりの平均収益
PMF：商品やサービスと市場ニーズとの適合度
TTM：市場投入までの期間
デザイン・イン：商品の仕様が固まる前の設計段階で、顧客に行う営業活動

商品利用率、ユーザーエンゲージメント、進んで体験談を共有する顧客数なども指標にできるだろう。既存事業でのマネジャー経験が長い人ほど、従来と異なる進捗管理方法には苦戦する。フィードフォワード方式には、粗利益やユーザーあたりの平均売上額（ARPU）や年平均成長率（CAGR）のような絶対的な指標は少ない。CEは、あくまで事業の土台となる仮説をどこまで検証できたかで評価される。一番の指標は、事業デザインの各仮説の立証度合いだ。ボンディリの場合は、ピクセルが既存コンサルティング部門よりも迅速かつ低価格で、しかも高い成果を出せると立証することが、量産化の資金を得る条件だった。ボッシュのアクセラレーター・プログラムには、実現性のあるソリューションか、事業の成果を測るKPIか先行指標があるか、顧客の購買意欲が立証されているかなど、新事業モデルの成熟度を評価する基準が五〇種類ある。

量産化に進む準備が整ったか確実にわかる指標はない。ただし、決定権を持つ経営陣が常に関わっている、つまりCEの進捗を追い続け、各目標の意味まで理解している経営陣がいるのは必須条件だ。CEが最も入手しづらいリソースである「経営陣の関心」は、細心の注意を払って扱わなければならない。

▼経営陣の関心

ＣＥに最も足りないリソースは資金ではなく、経営陣の関心だ。誰よりも熱心に支援する経営幹部ですら、社内には戦略からオペレーション、投資、人事まで問題が山積しているため、新規事業のことばかり考えるわけにはいかない。投資家とは違うのだ。当初は六～八週間ごとだったＣＥとの打ち合わせは、そのうち半年ごとになる。新規事業はいつの間にか、経営会議で最高技術責任者か戦略責任者が一五分程度で発表する概略を聞くだけの存在になるのだ。一年もたつと、経営陣には現状がさっぱり見えなくなるだろう。経営会議にＣＥも参加して一時間の発表時間を与えられた場合でも、生産収率などの業務報告に挟まれれば、ＣＥが求める質の高いやり取りも経営陣の関心も得られない。

アナログ・デバイセズは、ＣＥＯのヴィンセント・ロウチの肝いりで、四～六週間ごとにＣＦＯや関連する事業部長も交えて新規事業の評価会議を開催している。さらに、ロウチがＣＥと個別に話し合う機会もある。積極的にＣＥと関わり、その進展から学び、企業システム内での事業推進を指導するのが不可欠とロウチ本人が信じているからだ。理想的な環境だが、ここまでできる企業は滅多にない。経営陣との話し合いも、検証結果と学んだ点に関する生産的なものではなく、成果と実績の比較に終始せざるを得ないＣＥが大半だ。経営陣が慣れ親しんだ業績評価方法を断ち切るために、普段とかけ離れた環境で経営会議を行うのが有効な場合もある。会議室のテーブルを囲むのではなく、仮説や検証やいい失敗を安心して語り合える場を用意するのだ。知り合いのＣＥは、四半期ごとのスプリントレビューのための特別な場所に、毎回経営陣を招待している。学んだ内容が色鮮やかな図表で展示され、メンバーは驚くほど正直に成功と失敗を明かす。経営幹部は立ったまま発表を聞き、展示された図表を見て回り、ビーズクッションに座って話し合う。そして自分がコア事業の組織カルチャーから解き放たれたのを実感するのだ。別の企業の話だが、経営陣が新規事業部に率直な意見を伝えたがらないと相談されたことがある。重大な問題点を認識しているにもかかわらず、新規事業部の士気を下げたりやる気を削いだりするのを恐れて、口をつぐんでいたのだ。私たちは、「フィッシュボウル」式のフィードバック会を開いた。部屋の中央とその周辺に二重の円を描くように椅子を並べ、経営陣は内側の椅子に、新規事業部のメンバーは周辺の椅子に腰掛ける。会が始まって数分で、広い部屋にいるのを忘れた経営陣は、率直な意見を述べはじめた。意思疎通の障害を取り除いたことで、新規事業部が今後も資金を得るために解決すべき問題を忌憚なく話し合えたのだ。また別の企業では、普段と違う場所で、見た目や雰囲気もまったく異なる空間で「三つの成長地平線」〔既存事業を守りつつ将来の事業機会の成長も目指すフレームワーク〕による「ホライズン検討会」を開催したCEもいる。経営陣の思考を利益への貢献度や収益予測の検討から、実験や市場検証の結果など学習に基づく指標へと切り替えるのに役立った。

せっかく安心できる場を作っても、事業の推進に活かせず雑談で終わっては意味がない。フィードフォワードの観点での予算配分を経営陣に促す機会にしよう。予算委員会を持つ企業では、新規事業の予算決定の根拠と手順が決まっている。P&Gにも、新規事業への予算配分を決める委員会がある。複数の部門の経営陣に、事業部長と幹部数人を加えた小規模な経営チームだ。破壊的イノベーションを一元管理して、学んだ結果の評価から新規事業部への予算を決定する。予算の分配率は、中間目標となる仮説の検証結果で決まる。仮説はそれほど具体的でなくても構わない。細かくしすぎると、コア事業のように実績にとらわれるかもしれないからだ。肝心なのは、仮説と学んだ成果が関連していることだ。商品の普及率は予想通りか、顧客の利用ごとの支払い額は予想通りか、営業方法や商品機能を変更すると、どちらの指標も予想通りの形で変化するか。インテルのＥＧＩの場合、序盤の新規事業を評価する指標は、収益力と顧客への誘引力の仮説の立証結果のみだ。事業が目指す中間目標も、ＣＥの進捗が順調か否かも、ここから見えてくる。

フィードフォワード管理方式では、日々の成果を重視するコア事業との差別化を目指して、新規事業の進捗情報を豊富に盛り込もう。経営陣にとって非日常の経験だからこそ、関心を引き続けられる。フィードフォワード管理方式に必要なのは、以下の五要素だ。

1　**先行指標**――数は少なくても、新規事業の仮説検証の進み具合がわかるフィードフォワード指標が必要だ。他の事業にもあてはまるような一般的なものではなく、その事業に適した指標を選ぶこと。

2　**報告頻度**――新規事業の報告頻度を事前に決めておき、成果を評価する時期や方法について全員の納得を得る必要がある。

3　**決定権を持つグループ**――経営幹部による少人数のチーム。財務計画や資金拠出を承認できる者や、問題解決に手を貸す権限を持つ者が欠かせない。

4 **全社的視点**——決定権を持つグループには、新規事業の取り組みを自社の長期目標（戦略的抱負）と結びつけられる者が必要だ。短期的な財務目標との軋轢を生む人物（コアの事業部長やCFO）は外したほうがいい。

5 **新たな環境**——通常の経営会議とは時間帯や場所を変えると、コア事業が慣れ親しんだ評価方法を断ち切る効果がある。

フィードフォワード方式は、CEに説明責任を持たせるのに役立つ。パフォーマンスに甘いという周囲からの評価は新規事業にとって致命的であり、CEはそれをコントロールしようとするからだ。日々の成果を迫られるコア事業のマネジャーは、当然こう考えるだろう。「夢みたいな構想に資金を割くなんて馬鹿げている。収益など出ないに決まっているのに」。だからこそ、CEはどんな結果にも責任を持たなければならない。決して甘い環境ではないのだ。ある新規事業部では、部内で厳しいフィードバック会を開き、成果やインパクトや個人間の対立に至るまであらゆる情報を全員が共有している。ついていけないと感じた者は、自分から抜けてもいい。この事業部では、「失敗」と「悪い結果」を明確に分けている。失敗は、学びにつながる限り称賛される場合もあるが、手を抜いたゆえの失敗は悪い結果とみなされる。そこから何の教訓も得られないからだ。

ＣＥが全力を尽くして高い基準の成果を出すと、報酬・報奨制度にも変化が生まれる。社内でも社外でも一から事業を始めるだけで偉業だ。新規事業の成功が自己実現でもあるのは、ＣＥも起業家も変わらない。しかし、ベンチャー企業の創業者とは異なり、ＣＥは成功しても金銭的に満たされるとは限らない。事業は、あくまで企業の所有物だからだ。起業家とは根本的に異なる状況で、企業はどうやってリスクと報酬と業績予想との釣り合いをとるべきだろうか。ここが、両利きの組織を作る最後の要素となる。

▼本章のまとめ

イノベーションの推進には両利きの組織が不可欠だが、ただ組織を分離しただけでは、問題の半分しか解決していない。探索事業は検証と挑戦と柔軟性を重視するが、コア事業で大切なのは確実性と効率性とリスク回避だ。両者はまったく異なる論理で回っている。そのため、探索事業システムでは次の五点に注意してほしい。

第一に、チーム構成を活用して、両部署の相反する需要をともに満たそう。本章では、三種類のチーム構成を紹介した。

第二に、財務部や人事部などのコーポレート部門は、新規事業の生産性を削ぐ要求（報告頻度や採用条件など）を突きつける場合がある。コーポレート業務は、コア事業システムの論理にのっとった規則をただ押しつけるのではなく、イノベーションの支援役も担わなければならない。

第三に、目先の成果への重圧で探索事業を潰さないよう、財務指標ではなく中間目標を基準に、必要なリソースを分配する仕組みを整える必要がある。

第四に、今の話に関連するが、コア事業と探索事業とでは成果の評価指標が大きく異なる。コア事業はフィードバック指標（予算との差異、売上増、利益など）で過去の成果を測るが、探索事業では最終目標までの進捗を見たいため、フィードフォワード指標（新規顧客の商品利用率、直帰率〈ウェブサイトの訪問者のうち、最初の一ページだけ見て別のサイトへ移動した人の割合〉など）が必要だ。

第五に、ＣＥが最も入手しづらいリソースである経営陣の関心を引き続ける工夫が求められる。経営陣は、予算の承認でも、コア事業との仲裁でも、新規事業の高い目標設定でも欠かせない存在だ。綿密な計画のもと、経営陣を味方につけよう。

9　CEのリスクと報酬

▼モチベーションの難題

ある難題に直面していたクライアントの話から始めたい。この企業は、これまでの市場とは異なる分野で、自社のＡＩプラットフォームを活かした新規事業を目指し、担当ＣＥへの後押しもしていた。一〇～二〇年以内に親会社に匹敵する規模の事業を生むほどの潜在的な力を持つプラットフォームだ。仮にベンチャーキャピタルの投資を求めたとしたら、豊富な資本を得て事業拡大できただろうし、報酬も相当な額になっただろう。一方、社内で事業を管理し続ければ、既存の営業予算の範囲内でやりくりするしかなく、CEもささやかなボーナスしか受け取れない。CEの立場からすれば、新規事業が社内で管理されていると、失敗しても給料がゼロになる不安はないものの、昇給幅も親会社の営業予算で賄える範囲に限定される。起業家とCEは、住む世界が違うのだ。大企業で働くCEの給料と、成功したベンチャー企業が獲得しうる報酬には、衝撃的な差がある。ユニカのクリスティアン・クルティスがチェリスクの成功で得たボーナスの額はわからないが、保険テックのスタートアップ、レモネードに匹敵するものとは思えない。レモネードの創業者が上場後に自社株を売却して手にしたのは、八七〇〇万ドルだったのだ。

これが、冒頭のクライアントが抱えていたモチベーションの難題だ。この会社以外にも、CEのリスクと報酬を再考する企業が出はじめている。スタートアップのような成果を求めつつも、スタートアップほどの報酬が出せないのでは釣り合わないというわけだ。リスクと報酬の不均衡は、大企業でイノベーションの市場化がうまくいかない理由によく挙げられる。社員には、スタートアップほど貪欲に取り組むインセンティブも差し迫った脅威もない。スタートアップでは、株式上場や他企業からの買収などの「出口」で得られる報酬が、特に飛躍的な成果を出すモチベーションとされている。ところが、創業者にあたる立場のCEには、自部署の士気を上げるためにこの種の報酬を約束する権限すらないのだから、社内イノベーションが成功するはずはないというのだ。

ただし、以上の分析には主に二つの問題点がある。まず、大半のスタートアップでは、一般の認識ほどストックオプションの価値は高くない。ある調査で、いわゆる「ユニコーン企業」（評価額が一〇億ドルを超える企業）の評価額を従業員が受け取る報酬で計算し直したところ、公正価値より平均四八％高いだけだった。[1] スタートアップなら存分に稼げるという思い込みは、現実とずいぶん差があるようだ。二番目の問題として、金銭的報酬の少なさがCEの実績を下げると証明されたデータは存在しない。本書で取り上げたCEも、成功しても大した報酬は得ていない者が大半だ。特別な報奨制度を作ったところで新規事業の成功率は大差ないし、図らずも逆効果になる恐れさえある。

本章で扱うのは、リスクと報酬に関するCEと起業家との差を埋めるための四つの戦略だ。CEのやる気を高めるために、ベンチャー・キャピタルから支援を受ける起業家が感じるモチベーションを再現しようとする企業もある。CEにとって金銭的報酬が最大のモチベーションという前提に基づく方策だ。だが、この前提は間違っている。証拠もたくさんある。時にはうまくいくものの、反面教師にすべき寓話のような顛末を迎える戦略がほとんどだ。

一つ目の「**ベンチャーモデル**」が目指すのは、CEと起業家の「いいとこ取り」だ。新規事業を別会社にして成長させ、事業の創設者はスタートアップに匹敵する金銭的報酬を手にする。二つ目の「**シャドウストック**」戦略も、狙いはベンチャーモデルと近いが、こちらは新規事業を社内で育成する。三つ目は、既存の報奨制度を**改定**して、事業に携わるCEへの見返りとなる長期インセンティブや特別ボーナスを与える戦略だ。企業のストックオプションの付与もここに入る。四つ目の戦略は、リスクと報酬のうち**リスク**のみ起業家に近づける。起業家が失敗したときの損失に倣って減給する、一度新規事業に携わった社員は元の職種に戻さないなどの方法だ。

▼ベンチャーモデル

ベンチャーモデルとは、新規事業をいったん別会社として独立（スピンアウト）させ、しばらくしてから買収の形で本社に戻す戦略だ。「スピンアロング」とも呼ばれる。社員が本社の資金援助を受けて新会社を作る代わりに、本社は新会社買収の優先権を得る。代表例はシスコだ。わずか四名の社員が立ち上げた会社を買収した。推定では、買収額はなんと合計二四億ドルとされる。(2)

この戦略の始まりは、クレシェンド・コミュニケーションズの独立・買収だ。先ほどの社員が立ち上げたクレシェンドは、利益性の高いスイッチ技術を完成させる。シスコはこの会社を買収してその技術も獲得し、ルーター市場を席巻した。この成功を皮切りに、シスコは二〇年にわたってベンチャーモデルを繰り返す。その一つが、ソフトウェア定義型スイッチ会社インシエメだ。シスコは二〇一二年に一億ドルを投じて独立させた同社を、二年後に八億六三〇〇万ドルで買収した。インシエメの創設者たちは莫大な報酬を得て戻ってきたが、シスコに在籍し続けた社員からすれば、同僚がビリオネアになった気分だった（おそらく買収価格も高すぎた)。追い打ちをかけたのが、ネットワーク構成を行うソフトウェアと自社スイッチを組み合わせるインシエメの手法が、シスコ元来のハードウェア型モデルの模倣にすぎなかったことだ。このタイミングで、最大の競合相手のヴイエムウェアが、どんなハードウェアにも使えるソフトウェアプラットフォームを開発したのも痛かった。経営陣が辞職したシスコはすぐ方針転換したものの、妬みと権力争いの末、二〇一六年には組織自体が分裂する。新CEOに就任したチャック・ロビンスは、グループ会社の再編成を宣言し、買収した企業も例外ではないと語った。翌日、インシエメの創設チームは退職したのである。ベンチャーモデルは一見有望そうな戦略だが、少なくともシスコの場合は、社内に緊張関係を生んだだけでなく、専門家主導のインサイド・アウト思考をもたらす恐れもあった。シスコがこの戦略を捨てたのは賢明な判断だと言える。

ベンチャーモデルはハイリスクでもある。二〇〇件の買収を調べた研究によると、たしかに元の企業と関係する会社を買収したほうが、そうでない場合よりわずかに業績が上がったが、その場合でさえ、獲得した資産の五二%は減損処理せざるを得なかった(3)。莫大な費用がかかり、成功率はスタートアップの買収と大差なく、しかも社員の公平感まで損なわれる。ベンチャーモデルは避けるべきだ!

▼シャドウストック

シャドウストックは、新規事業の評価額とボーナスを連動させることによってモチベーションを高めるのが目的だ。外部から価値が一〇億ドル以上と評価された新規事業を対象に、評価額のうち事前に決めた割合が事業を立ち上げた者に支払われる。インテルのエマージング・グロース・アンド・インキュベーション・グループ（ＥＧＩ）も、ＣＥが受け取れる報酬を外部評価額と連動させた。インテルがシリコンバレーの中心部に立地する点を考えると、この方法を選んだのも納得できる。他のスタートアップに匹敵するほど強力な金銭的見返りがなければ、技術力が抜きん出た人材の獲得や定着は困難だからだ。シャドウストックが有効になり得るのは、新規事業がコア事業にも利益をもたらす場合である。新規事業の外部評価額が一〇億ドルで、事前に決めた割合が一％なら、当然ＣＥは一〇〇〇万ドルの報酬を受け取れると思うだろう。だが、これが実現するのは、コア事業が新規事業を統合して、コア事業の事業部長がＣＥに一〇〇〇万ドルのボーナスを出す気があるか、さらなる事業の推進に資金を投じる戦略が企業自体にある場合だけだ。

シャドウストックは、ここで行き詰まる場合が多い。新規事業は最初から本社の貸借対照表に含まれている資産なので、ＣＥの報酬は資本取引〔企業会計において、事業の元手である資本を直接変動させる取引）にならない。新規事業を受け入れるコアの事業部が、営業費用の年間予算からボーナスを用意するしかないのだ。とはいえ、ボーナス自体は大した額ではない。ユニコーン企業の買収を思えば微々たるものだ。社外のスタートアップを評価額の一％で買収できたと思えばいい。ただし、別企業の買収なら、貸借対照表の構成要素（現金、負債、純資産）を動かす資本的支出が適用できるが、企業が保有する新規事業は買収扱いにならないため、ＣＥへの報酬では減資など資本を動かす策はとれない。ＣＥや新規事業部への報酬はすべて、年度内の営業費用を使うということだ。多くの企業で、営業費用は厳しく管理されている。金融市場の期待する一株当たり利益（ＥＰＳ）を守らなければならないからだ。新規事業に安定した収益性がありそうで、その収益が自部門の短期目標にも寄与するはずと信じられて、ようやく事業部長はコア事業の営業費用を投じる決断を下せる。だが、本当に収益が出るかどうかなどわからない。ユニコーン企業でさえ、八割が利益ゼロの状態で上場するのだ。自社の資本を動かすだけなら気にならなくても、自部門の営業費用を使うとなれば、利益への影響を考えないわけにはいかない。

　シャドウストックは検証段階の方法であり、破壊的事業を目指す企業にとってどの程度有益かも不透明だ。断言はできないものの、今のところ、一つ目の戦略と同じく推奨はできない。

▼長期インセンティブ

事業全体の成果に応じてボーナスが決まる長期インセンティブ制度を採用する企業も多い。CEを惹きつける効果が高いうえ、スタートアップほど莫大な資金も不要だ。この制度では、五〜七年後の収益目標を達成したCEにボーナスが出る。財務成果と直結した報酬なので、社内の納得を得やすくなる。金額は、コア事業部で同ランクのマネジャーの二〜三倍に設定する企業が多い。先ほどの戦略より多少見劣りするものの、それでも相当な金額となる。課題は、ボーナスを出す時期だ。収益目標の時期が早すぎると、CEが目先の収益を意識して長期的な事業成長を見失いやすい。逆に、目標の時期が遅すぎるとモチベーションの力が弱まり、インセンティブの意味がなくなる。収益目標と報酬を結びつけるこの制度が功を奏するのは、顧客増が喫緊の課題となる量産化段階だ。学習に集中する育成段階で採用しても、効果は薄い。

似た手法だが、新規事業が事前に決めた目標評価額に達したときに、本社のストックオプションをCEに付与するのも一案だ。ストックオプションを使う報奨策では、費用を誰が持つかがよく問題になる。新規事業への報酬に営業予算を使うよう求めれば、コアの事業部長の意欲低下につながりかねない。ストックオプションなら、そのような事態を避けられる。なお、中間目標に対して報酬を出す企業もある。新規事業が収益や利益に関わる中間目標を達成するたびに、本社のストックオプションやボーナスが得られる仕組みだ。報酬を払う期間が長期にわたるかもしれないが、その分、企業が重視する成果との結びつきも強まる。ただし、事前に決めた中間目標が、やってみたら意外と楽だと判明する恐れもある。ある新規事業は、中間目標を達成しても報酬が出なかった。事業部による難易度の見積もりが高すぎたことが発覚したのである。たとえCEが当面得られるボーナスが少なくても、報酬は収益など現実の成果と連動させたほうがよさそうだ。

▼CE個人へのリスク

起業家は、莫大な富を得るチャンスがあると同時に、個人としてかなり大きなリスクも負っている。無報酬で数カ月から数年働き続け、多額の借金を抱えながら、友人や家族の好意で何とか続ける者も多い。起業家の金銭的リスクは、CEとは比べものにならない。CEには給与も各種手当もあるし、起業したての会社なら自腹でやらざるを得ない業務の多くに予算がつく。最後に紹介するのは、起業家に近いリスクをCEにも課す戦略だ。例えば、新規事業への道を一方通行にして、失敗しても本社に戻れないようにする。グーグルの有名な研究開発組織「X」でも採用された。各チームは半年～一年程度の事業推進期間は予算を得られるが、その間に結果が出ない事業は問答無用で打ち切られた。インテルのEGIは、Xより若干穏当な方法を採用している。検証チームは半年間活動すると、その事業に身を投じ続けるか、元の役職に戻るかの選択を迫られる。ユニカでも、ハンガリー支社のチェリスク部門への異動を希望する社員は、異動したら二度と元の職務には戻れないと告げられる。いずれも、ＣＥのキャリアへのリスクを上げる方法だ。この方法の利点は、まず新しい環境との間に境界線を引くことで、境界線を越えた人が新しい仕事の仕方に集中できること。また、起業家の「ふり」をしたいだけで何の成果も上げられない社員もふるい落とせる。一方、金銭面でのリスクをＣＥに課す企業もある。長期インセンティブ制度やシャドウストックで報酬が得られる代わりに、基本給を一五～二〇％カットする、新規事業の株式を取得する際、新規事業部のメンバー自身がお金を出してリスクを負う、などの方法だ。

キャリアのリスクの話に戻るが、ＣＥにとって経歴に傷がつくのは大問題だ。リスク回避型組織ではわざわざ失敗を選ぶ者などいないし、どう転がるかわからない事業案さえ、着手を迷わざるを得ない。成長戦略に沿ってトップダウンで新規事業のＣＥを任命する場合も、困難が立ちはだかる可能性がある。ＩＢＭで新規事業創出プログラムの責任者に指名された経営幹部の一人は、「私のどこが悪くて、こんな目に遭わなければならないのでしょうか」とＣＥＯに詰め寄った。最終的には引き受けたものの、この幹部は収益の見込みのない事業など担当したら出世への道が断たれると考えたのだ。

ＣＥの不安をすぐ取り除ける方法はないものの、例えば、経営幹部や人事部の担当者を巻き込むのはいい方法だろう。関わった幹部や人事担当が新規事業への見方を変えれば、社内に

「いい失敗（学びにつながる失敗）」を称賛する雰囲気が生まれるかもしれない。ある企業では、失敗をテーマにした会議に注目を集めようと、あえて下品な罵倒語を入れた会議名をつけて内容を全社に公開している。アナログ・デバイセズの場合、失敗したCEはCEOのヴィンセント・ロウチから失敗の教訓をまとめるよう指示される。CEの報告内容が全社に共有されることで、どの社員も失敗を学びと捉えて恐れなくなるのだ。あるいは、失敗したCEにいわば「失敗ボーナス」を出す方法も考えられる。失敗によって駄目な事業が見つかったおかげで、最高の事業だけが量産化に進めるという考え方だ。このようなことをするのは気が進まないだろうが、検討する価値はあると思う。

キャリアへの不安は、現実には恐れていたほどの事態にはならない。IBMでしぶしぶ新規事業を引き受けた前述のCEは一年後に事業を中止したが、それでも元の事業部長の座にとどまり続け、次期CEOの選任でも次点に入った。レクシスネクシス（LN）のジム・ペックは、LNリスクソリューションズのCEOを長年続けたのち、今は他の二社を率いている。起業家と同じく、CE本人のやる気につながるなら、最高幹部にするのも有効だろう。

▼CEのモチベーション

そもそも、起業家のリスクと報酬がCEにも当てはまるという前提自体に疑問の余地がある。

研究でも、社内事業を最も効果的に育てるＣＥのモチベーションに対するアプローチは証明されていない。ＩＢＭのライフサイエンス部門のキャロル・コバックや、ＬＮリスクソリューションズのジム・ペックをはじめ、特にめざましい成功を収めたＣＥの多くは、既存の報奨制度だけで数十億ドル規模の事業を完成させた。このようなＣＥなら、さっさと退職してベンチャー企業を立ち上げる決断もできただろう。現に、ＬＮ本社に戻るまでのペックは似たような道を辿っている。それでも、心理面や金銭面などの理由はあるにせよ、彼らは起業家にはならなかった。だとすれば、ＣＥへの莫大な報酬策は的外れかもしれない。たしかにＣＥは成功したいし、そのための力も欲しいだろうが、人生を変えるほどの富など本当に求めているのだろうか。企業に属しながら新規事業を手掛けようとする人は、起業家的なことがしたいだけで、大金持ちになりたい気持ちなどないかもしれないのだ。

　長期目標に対応した報奨制度があれば、たしかにＣＥのモチベーションにはなる。テクノロジー企業がひしめき合うシリコンバレーなど人材不足が顕著な市場では、報酬を思い切って引き上げるべきという議論もあるだろう。だが、スタートアップをむやみに真似する必要はない。スタートアップほどの報酬は一見魅力的だが、実際にはそこまでＣＥの心を動かせるとは限らないし、投じた金額に見合う利益を得られるかも不透明だ。ＣＥは起業家ではないし、考え方も違う。ＣＥをビリオネアにする策をひねり出すよりも、ただＣＥを後押しして新規事業の成功という共通の目標を達成すべきだ。成功と失敗の確率がせいぜい半々でしかない起業家の報奨策を模倣するだけなら、ＣＥ向けの報奨策など作らないほうがいい。

▼本章のまとめ

起業家のモチベーションは金銭的見返りであり、成功すれば実際に莫大な報酬が得られる。では、ＣＥのモチベーションは何だろうか。そして、成果にはどう報いるべきだろうか。過去に出会ったＣＥも、当然ながら、成功した分の評価や報酬は欲しかった。だが、ＣＥのモチベーションはシリコンバレーの起業家とは違う。正当な扱いは受けたいが、それ以上の見返りまでは望んでいない。

本章では、ＣＥのリスクと報酬の釣り合いをとる戦略を四種類紹介してきたが、どれも逆効果に終わる場合がほとんどだ。

一つ目は、昔からあるベンチャーモデルを使う戦略で、自社株を持つ別会社として新規事業をスピンアウトする。うまくいけば成長した会社を買い戻す戦略だが、シスコでは甚大な結果を招いた。

二つ目の戦略は、新規事業の成功度を仮の市場価値から測るシャドウストックだ。仮の外部評価額に応じてコア事業が新規事業を統合すれば、ＣＥに十分な報酬が出せる。このスタートアップの論理を当てはめる戦略はうまくいくだろうか。結論が出るまでは時間がかかりそうだが、私たちは疑いを持っている。

三つ目の戦略は、数年後の目標や中間目標を達成したＣＥが報酬を得られる長期インセンティブ制度の活用だ。

ベンチャー企業の起業家が背負っている莫大なリスクと比較すると、ＣＥはそれほど厳しい環境下にはない。そこで、四つ目の戦略として、ＣＥのキャリアや金銭的リスクを起業家に近づける企業もある。新規事業への道を一方通行にして、失敗しても元の職務に戻れない仕組みにしたり、給与を減らしたり、新規事業への投資をＣＥ本人に求めたりする方法だ。

報酬はもちろん重要だが、経験上、ＣＥの原動力は生来の起業家とは違うのだから、報酬も同じである必要はない。ベンチャーキャピタルの手法を強引に採用するのは、賢明な策とは言えない。

PART 4
探索事業のリーダーシップ

ここまでの説明は、大半が具体論だった。ＣＥが両利きの組織でイノベーションの原則を駆使して戦略的抱負を達成するまでの手法である。しかし、成功するＣＥとそうでないＣＥがいる理由を理解するには、具体論以上に目に見えないリーダーシップの要素が肝心だ。

第Ⅳ部では、経営陣とＣＥの両面からリーダーシップの要素を考えていく（図Ⅳ－１参照）。まず、コア事業システムに潜む「サイレントキラー」から見ていこう。ＣＥが構築する新規事業をいつの間にか台無しにする存在だ。次に、イノベーションと社内変革をうまく両立する「二重らせん」の手法を紹介する。最後に、ＣＥＯと経営陣の両方が持つべき「実行する覚悟」と、経営陣からの後押しを得やすくなる方法を挙げて締めくくりたい。

図Ⅳ－1　探索事業のリーダーシップ

PART 4

探索事業のリーダーシップ

サイレントキラー

- コア事業システム
- プロとしての自負心
- リスク回避への力
- 目先の利益の重視
- 組織内の調和の維持

二重らせん

- 組織の将来像
- ストーリーを語る
- 自分から人脈を広げる
- 社内 CE か社外 CE か
- 新規事業の評判を管理する

実行する覚悟

- 相反する目標
- 目標を両立するリーダー
- 建設的な緊張関係
- 鏡を見せる
- 勇気を持つ
- 情熱を持つ

10 探索事業を妨げる「サイレントキラー」

二〇一三年、ゼネラル・エレクトリック（GE）のCEOだったジェフリー・イメルトは、他社から採用したビル・ルーを新組織「GEデジタル」の責任者に任命した。GEデジタルに課せられたのは、製造業で一〇〇年以上の歴史を持つGEをソフトウェア会社へと変革する任務だ。ルーは、前職のシスコ社の経営幹部時代に、自社を製造業からソリューションを提供する会社へと変革した人物である。GEの目標は、世界で十指に入るソフトウェア会社になることだった。イメルトはデジタル・テクノロジーに事業機会を見いだしていたし、時代を先取りする意欲も十分あった。今すぐ変革しなければ、事業機会は脅威へと転じる恐れがある。製造業として始まったGEは、当初は大型機械を発電所や航空会社や製造会社に販売していたが、次第に事業の多角化を進め、すでにサービス契約や融資のほか、新機種に交換しやすいリース契約までサービス全般を手掛けていた。今デジタル・テクノロジーを導入すると、製造業界にもＩｏＴが起きるはずだ。工場の生産性が上がるだけではない。機器の不具合を事前に予測できれば、無駄なダウンタイムも抑えられる。

この変革は、ＧＥの顧客企業にも大きなメリットが期待できた。製造業界では、迅速な稼働が求められる。故障後に修理していては、その間に莫大な損失が生じる。製造会社にとっては長年の悩みで、数年後にアナログ・デバイセズのケビン・カーリンが対峙した課題でもあった。工場の稼働状況を把握するには、専門チームが検査機器を手に主要モーターを一つひとつ回ってデータを収集するしかない。データを分析してエラー検出する企業もあったが、大半はベテラン社員の勘に頼らざるを得ず、壊れる直前にようやく異常が発覚していた。ＧＥもカーリンと同じ問題を認識していたが、描いた構想ははるかに壮大だった。目指したのは、あらゆる手順の自動化である。機械データの収集も、クラウドでのデータ取得も、解析ツールによる分析も、顧客企業への「予防整備の時期」の通知も、すべて自動化しようとしたのだ。

ルーは、ＧＥが習得すべき機械学習の機能を熟知していた。そしてわずか数年で、ＧＥデジタルを立ち上げて軌道に乗せたのである。ゼロから始まったＧＥデジタルは、五年後には一〇〇〇人以上の従業員を抱えるほど成長し、目玉サービスとして、産業用ＩｏＴプラットフォームの元祖とも言える「ＧＥプレディックス」を開発した。ＧＥならこの分野で新市場を創出する力があるし、生産性向上の方法を各社に示せば先行者利益も得られる、とルーは確信していた。競争の激しい市場では、他社より生産性が一％高いだけで、利益面では相当大きな差がつく。ルーたちの見立てでは、市場規模は二〇二二年までに二五〇〇億ドル以上になり得た。[1]

イメルトは、今回の戦略にはサービスだけでなく事業手法の刷新も欠かせないと考え、デジタル・テクノロジー関連のスタートアップが採用した「リーン・アジャイル」の導入に多額の予算を投じた。新しくソフトウェア会社に生まれ変わるために、ぜひ最先端の企業から事業手法を学びたかったのだ。一九八〇年代、イメルトの前任で伝説のCEOでもあるジャック・ウェルチは、品質と効率を両立する「シックスシグマ」〔統計学を用いて、品質のばらつきを抑えるために業務プロセスを改善する手法〕を他社に先駆けて導入することで、見事に自社再建を果たした。当時の成功体験があったため、今回もリーンスタートアップを牽引する著名人を招いて導入を試みる。迅速に検証を重ねるという軸を変えないまま、リーンスタートアップはGEの組織カルチャーに適した「ファストワークス」手法へと改良された。ファストワークスを社内に定着させるため、全社のマネジャーを対象に研修も実施した。[2]こうした事業手法の転換も、ソフトウェアを核とした事業モデルへの大変革の推進力となる。さらに、四〇億ドルを投じて、機械学習機能と最先端の分析機能も獲得した。[3]二〇一五年の決算報告を見ると、GEデジタルは六〇億ドルという驚異的な収益を上げている。二〇二〇年までに収益は一五〇億ドルまで伸びると見込まれていた。[4]

ところが、ルーの上司だったジェフリー・イメルトCEOが会社を去り、その後、二〇一八年六月にGEはダウ平均株価（DJIA）の構成銘柄から外される。ダウ平均株価が生まれた時の構成銘柄であるGEが外されたのは、一九〇七年以来の事態である。[5] CEOが替わると、GEデジタルの予算は四分の一になり、シリコンバレーのラボの職員も解雇され、その後、戦略自体が終了した。[6] ルーの事例からは、成熟と成功を重ねた企業ほど、新規事業の探索より既存の事業モデルの深掘りを優先しやすくなることがわかる。実績や利益の推進役として貢献してきたコア事業システムが、新規事業の「サイレントキラー」になるのだ。

▼コア事業システム

ビル・ルーには、成功の条件がすべて揃っていた。GEは世界屈指の大企業であり、先見の明を持つCEOの後ろ盾もあった。今後ソフトウェア事業に全力を注ぐと公言し、経営陣も支援を約束していた。ルーには、由緒あるコア事業から分離した新事業の全権まで与えられた。GEはグローバルなイノベーション業界が用いた手法への関心も高く、リーンスタートアップも喜んで導入した。全社のマネジャーが新手法を使えるように、数百万ドルをかけた研修も行われた。経営陣自らが、アジャイル精神を持つ組織への変革の必要性を説く本まで出版した。にもかかわらず、ソフトウェア事業への移行戦略は失敗し、CEOもCEも会社を去った。イメルトの退任理由がGEデジタルだけではなかったのはたしかだが、この顛末を見る限り「大企業ではイノベーションなど起こせない」という一般論にも正しい面があると言わざるを得ない。

ルーが直面したのは、CEにとって最も手強い敵――コア事業システムだった。

コア事業システムには、企業から求められる行動規範（カルチャー）のほか、オペレーションの構造や日常業務、スキル、専門性まで含まれる。企業が成長するにつれ、四半期ごとの振り返りの仕組み、重要経営指標（KPI）の発表・議論形式、製造・販路・研究開発の管理方法、部署間の力関係など、コア事業システムの様々な箇所に微調整が加えられ、それがまた次の成功を生む。マネジャーにとって、コア事業システムは命綱だ。自社を成長・発展させた要素なのだから、そう考えるのも無理はない。ところが、CEが目指す「創造的破壊」は、本質的にこのシステムを脅かすものだ。CEは、社内で抵抗が起こるのは当然だと理解して、対策を講じなければならない。ビル・ルーのようなCEには、コア事業システムから生じる四種類の抵抗（別名「サイレントキラー」）が立ちはだかる。

1　プロとしての専門性や自負心
2　リスクの回避や低減
3　目先の利益の重視
4　組織内の団結や調和の維持

本章では、ビル・ルーなどの事例を通して、サイレントキラーを一つずつ説明していく。CEは、どのサイレントキラーが生じているのかを見極めて、いつの間にか事業がダメになってしまう事態に陥らないよう対処しなくてはならない。サイレントキラーが現れると、「〈大企業〉と〈イノベーション〉なんて両立できない」という一般論を信じそうになるかもしれない。だが、次の一一章でサイレントキラーを克服する方法を紹介するので、どうか挫けないでほしい。

▼プロとしての自負心

二〇〇九年のことだ。私たちは、マディソン・アベニューの広告代理店から、デジタル時代の広告の変化にうまく適応できないと相談を受けた。受賞歴を持つクリエイティブ部門をもってしても、顧客は離れていく一方だったのだ。小規模で無名な広告代理店はユーチューブなどを駆使したデジタル広告へと移行しはじめており、同社はその拡散力に驚愕していた。それでも、ある経営幹部はこう話した。「デジタル広告も扱いたいとは思います。ですが、今でもテレビCMを作れば、一晩で数百万世帯の目にとまり、莫大な利益を上げているのです」。さらに一〇年がたった現在、この視聴者たちの目はネットフリックスを向いている。各企業がフェイスブックやグーグルなどに投じる広告料は、間もなくテレビCMの予算を超えるだろう。

ＣＭ制作会社としての自負心が、将来への展望を歪めたのだ。同様のことが、数十億ドル規模の世界的な広告会社ハヴァス・ワールドワイドでも起こった。

二〇一二年にハヴァスのデビッド・ジョーンズＣＥＯはデジタルプラットフォームで再編した制作プロセスを中核事業にする方針を掲げ、多様なデジタル関連企業を買収した。その一社が、クラウド型の人材会社ビクターズ・アンド・スポイルズ（Ｖ＆Ｓ）だ。これまでの広告代理店は、クリエイティブな人材さえ確保できれば、そこが成功の軸となり、顧客は勝手についてくる仕組みだった。そこで、事業モデルの大転換を図り、オンライン・コミュニティ（クラウド）でテレビＣＭの案を募ることにした。クラウドをうまく活用した事業モデルは、コストが桁外れに下がるだけでなく、従来と同等かそれ以上の成果が出る可能性を秘めていた。ジョーンズはこの改革を中核事業に据える。ＣＥにはＶ＆Ｓのジョン・ウィンザーＣＥＯを登用し、自社の最高イノベーション責任者（ＣＩＯ）にも任命した。

しかし、当初こそ歓迎されたものの、ほどなくＶ＆Ｓ部門は気づかされる。ハヴァスの社員には、自分と同じ仕事を一〇分の一のコストでできる事業モデルなど一切受け入れる気がなかったのだ。ある重役は、Ｖ＆Ｓの改革を猿がキーボードをでたらめに叩いて『ハムレット』の一節を入力できる確率と比較してみせた。「そんなことがうまくいくものかね？　まあ、可能性がゼロとは言わんがね」。ジョーンズは社内に拒絶反応を引き起こしてしまった。この改革は、ハヴァスの歴史ある広告会社としての自負心を傷つけるものだった。ハヴァスは自社モデルの優位を保つべく戦い、すぐに新部門を打ち負かす。買収から二年間で、ウィンザーをはじめ多くの元V&S社員だけでなく、ジョーンズも会社を離れた。二〇一七年にハヴァスはフランスのメディア企業ヴィヴェンディに吸収され、V&S部門は二〇一八年に閉鎖した。ハヴァスは、デジタル革命の脅威から旧来の広告業の専門性を守ろうとしたのだ。CEは急変する業界の最前線に立つ場合も多いため、広告だけでなくどの業界でも、しばしば同じような拒絶反応を受ける。(7)

自負心による反発は、常にハヴァスほど露骨に出るわけではない。多くの自負心は、経営環境が長年変わらないうちに、いつの間にか染みついたものだ。当初は業界を席巻していた画期的な技術を活かせなくなる企業が多いのも、ここに理由がある。ポラロイドもコダックも、何十年にもわたりフィルム写真市場で隆盛を誇ってきた。ところが、デジタルカメラが登場すると、両社はそれまでの優位性を長期的な成功に活かせなかった。ポラロイドは経営破綻し（今もブランド名は残っているが）、コダックも破産申請後、規模を大幅に縮小して再出発を果たしたものの、現在も立て直せてはいない。意外なのだが、両社ともこの分野で出遅れていたわけではなく、むしろデジタル写真技術の生みの親だった。初めてデジタルカメラを発明したのはコダックだし、ポラロイドは一九九〇年代半ばに一〇〇万画素のカメラを初めて市場化した企業だ。コダックはデジタルカメラへの移行を試みたが失敗した。同社のマネジャーには、フィルムもハロゲン化銀も不要な事業モデルなど理解できなかったし、それで何の問題もなかった。ジョージ・フィッシャーがCEOに就任した一九九三年の時点では、コダックは個人・企業向けのどちらでもフィルム写真市場を席巻していたのだ。(8)

デジタル写真も誕生はしていたものの、まだ一部の専門家向けだった。この状況で、フィッシャーはデジタルへの移行を強力に推し進める。フィルム市場と同じく、デジタル市場も掌握しようとしたのだ。フィッシャーは部下のマネジャーに、デジタル写真を市場化する事業を率いるよう命じる。だが、マネジャーたちの専門は化学工学で、高いスキルと長年の経験があるのは、あくまでフィルム写真や光学や画像化などの分野だった。彼らは、過去の専門性や経験をデジタル分野に転換できなかった。フィッシャーはのちに、「認知的慣性（認知的イナーシャ）」の力を見くびっていたと振り返る。彼によれば、化学工学の専門家に悪気はなく、変革への意欲もあった。ただ事業慣習を一新するなど頭に浮かばなかっただけだ。何十年も一つの業界に携わる中で染みついた慣習は、容易に変わるものではない。

ＧＥでも、多くの経営幹部がビル・ルーのデジタル化戦略を後押しするつもりでいたし、その重要性も頭では理解していた。ただ、コダックのマネジャーと同じで、そもそも行動の前提が違っただけだ。ＧＥの経営幹部は、誉れ高い金融部門で経験を積んだり、製造・設計部門で出世したりしてきた。一〇〇年の歴史を持つＧＥがソフトウェア会社として生まれ変われたとしても、幹部にはほとんどメリットがなかったのだ。

▼リスク回避への力

以前、米国のある投資サービス会社が探索部門を立ち上げるのに協力した際、最高財務責任者（CFO）とじかに話し合うよう頼まれた。これ自体は珍しくはない。大規模な成長戦略では、常にCFOが鍵となるからだ。ただ、議論は予想以上に紛糾した。「貴社は新規事業に資金投入するリスクを避けています」という指摘が相手の気を損ねたのだ。過去の変革事業を検証した結果、データからも評価内容からも、同社がリスク回避型企業である点に疑いの余地はなかった。いくつもの有望な事業が、次の段階に進むために追加の投資を求めた途端に立ち消えていたのだ。CFOの言い分は「〈偏りのない視点〉でリスクを検討している」である。成長戦略に投資する機会は常に歓迎しているものの、自社に損害を与える可能性とも天秤にかけるべきと主張し、イノベーションへの資金投入に及び腰だという我々の評価をはねのけた。CFOに言わせれば、資金を追加する理由の説明が十分ではないと感じられただけであり、承認するつもりはあった。自分はCFOとして職務をこなしたまでで、仕事をしなかったのはイノベーションを提案した側というわけだ。

世界中どこでも、CFOや経営陣は偏りのない視点でリスクを検討すると口を揃えるが、この主張は、五〇年にわたる認知心理学の研究結果に反している。経営陣は、いかに魅力的な見返りがあろうとも、自分からリスクに身を投じることはまずないのだ。行動経済学の研究でノーベル経済学賞を受賞したダニエル・カーネマンが発見した通り、人間なら誰でも、得られるかもしれないものの価値よりも、損失への恐怖をはるかに強く感じる。(9) 経営陣も同じだ。こうした人間の性質を見事に暴き出した実験がある。一〇〇〇人を超えるマネジャーに、一億ドルの投資先として、三年後に四億ドルのリターンがあるか、一年後に全額失うかという案件を評価する課題を与え、損失リスクが何％なら受け入れられるかを答えさせた。リターンの可能性が二五％なら、確率的にはリスクはゼロになる（期待値は一億ドル）。ところが、利益が莫大になる可能性があるにもかかわらず、大半の被験者が受け入れた損失の可能性は一八％までで、損失の可能性が四〇％になると、受け入れると回答したのはわずか九％だった。私たちの意思決定は理性だけでは決まらず、損失への恐怖に強く影響される。

リスク回避がいかに根深いものか、損失への恐怖がどれほど将来への見通しを左右するかを自覚しているマネジャーはまずいない。自覚がないからこそ、大企業ほどリスク回避傾向を改めるのが難しいのだ。リスク回避型組織のマネジャーが決断を迫られると、求められているのは無難な選択肢だと感じやすい。誰を採用するのか、誰を昇進させるのか、どんな契約を交わすか、どの業者を使うか。何を決めるにせよ、過去の慣習に従えば評価されると思い込む。リスク回避はこうして組織カルチャーになり、品質基準を守る手順も形式化されていく。社会も、企業の誤りには厳しい目を向ける。

わかりやすい事例としてインテルを挙げたい。パソコン用集積回路を製造するこの会社では、高い製造技術こそが成功要素とみなされてきた。そして、インテルは「チックタック戦略」で他社を大きく引き離した。「チック」段階では、製造プロセスを改善して小型化と高出力を実現し、次の「タック」段階で、性能面の躍進をもたらす回路設計を導入する。「チックタック戦略」はインテルの中核だった。

しかし、二〇一〇年頃からモバイルコンピューティングの登場によって苦戦を強いられると、製造部門の責任者だったブライアン・クルザニッチがＣＥＯに就任する。彼に求められたのは、モバイルとビッグデータの時代に適合する組織への変革だ。製造部門での経験を誇りにしていたクルザニッチは、厳格さや一貫性こそが有能なリーダーの象徴と考え、イノベーション部門の責任者にも製造部門時代の優秀な部下を指名した。ところが、イノベーションは、事前に成果を予測できない。早く結果を出すようせっついても、成果は下がる一方だった（インテルが方針転換するのは、ＣＥＯの交代後だ）。業務を確実にこなし、顧客の要求には期日までに応じさせる管理手法が間違っているわけではない。ただし、このやり方でマネジャーが学ぶのは「失敗しないこと」だ。失敗すれば罰せられるとわかっているのに、わざわざ危険を冒す人などいない。

皮肉にも、リスク回避を目指したせいで余計に損害が大きくなる場合もある。イノベーションを目指すも結果が出ないことに耐えきれなくなった経営陣が、後戻りできない決定を下す場合だ。リスクを避けるには、自社が前進せざるを得ないように、いち早くイノベーションに多額の投資をするのが一番だと思い込むのである。顧客の需要に応じられる事業か、今後応じられる可能性のある事業かについての証拠がなくても、経営陣は投資をしてしまう。歴史をひもとくと、こうした事例は枚挙にいとまがない。モジラは、アップルのiOSやグーグルのアンドロイドに対抗しようと、自社製携帯電話ファイアーフォックス向けのＯＳ開発に四億ドルを投じた。市場はすでにアップルとグーグルが牛耳っていたにもかかわらず、モジラは安価な携帯電話にオープンソースＯＳを搭載する道を三年間も模索し続けたのである。[10] ファイザーは、糖尿病患者向けの画期的な吸入型インスリン製品の開発に数十億ドルを投じたあとで、一般の医院には処方に必要な機器がないことが判明する。両社とも、顧客がお金を出してまでも欲しがる商品やサービスなのか検証せずに大金を投じた。技術系の業界では「まず作れば、顧客は後から生まれる」方式も珍しくないが、どの業界でも同じ失敗が起きる可能性はある。

リスク回避と後戻りできない投資は企業が抱える二大疾患で、補完関係にある。GEがGEプレディックスに投じた四〇億ドルも、後者の事例になるかもしれない。GEが牽引しようとした「製造業界のIoT」市場は、二〇二一年になってもまだ成熟する気配がないからだ。

▼目先の利益の重視

リスク回避傾向が深く根づいた企業は、崩壊が迫ったときでさえ既存の事業モデルを守る戦略に固執する。英国の有名レコード会社ＥＭＩの事例を見てみよう。二〇〇五年から二〇一〇年の間に、レコードやカセットテープやＣＤなどの「有形」音楽からデジタル音楽のダウンロードやストリーミングへの転換が進み、レコード音楽の市場規模は四分の一まで縮小する。レコード会社だけでなく、ＣＤ販売に頼ってきた多くのアーティストも打撃を受けた。一方、ライブの市場規模は一九九九年から二〇〇九年までで三倍（一五億ドルから四六億ドル）になった。これは、インフレや人口増の影響をはるかに上回る増加である。レコード会社と契約を交わしていないバンドは、十分なファンを獲得してライブ会場を埋められるかで勝負が決まる。この難題を解決したのがオーケー・ゴーだ。ファン獲得のために、ユーチューブにミュージックビデオ（トレッドミルで走りながら歌うなど）をアップするなどをいち早く始めたポップバンドである。動画は広く拡散され、オーケー・ゴーは大会場も満席になるほどの人気を博した。新しいファン獲得策から、レコード契約しなくてもライブのチケット売上だけで収益を上げられる画期的な事業モデルが生まれたのだ。

同じ頃、ＥＭＩは倒産の危機に瀕していた。同社はデジタル配信やライブから収益を上げる事業モデルを模索して、二〇〇八年にオーケー・ゴーとレコード契約を結ぶ。オーケー・ゴーの人気ぶりと、新時代のエンターテインメント界に参入するというＥＭＩの意欲がうかがえる契約だ。「音楽を定義するのは難しくなった。（中略）どんな形式かはさほど重要ではなくなり、経験としての要素が重視されつつある」と認識したＥＭＩにとって、オーケー・ゴーとの契約は「ライブ・エンターテインメント」という新市場の入口になった。オーケー・ゴーも、レコード契約や配信契約からの利益や独自のミュージックビデオを制作するための資金獲得といった恩恵はあったものの、予想外の制約も受ける。オンラインコンテンツの利用範囲が制限され、ウェブへの無料動画のアップが禁止されたのだ。自分でブログやフェイスブックなどのＳＮＳに動画を載せられない。それは、オーケー・ゴーの事業モデルの根幹を否定するものだった。結局、オーケー・ゴーは二〇一〇年にＥＭＩを離脱した。

当時のＥＭＩに創造的破壊が必要だったのは、疑う余地もない。オーケー・ゴーとの契約は今までと違う事業モデルを学ぶチャンスだったのに、ＥＭＩはチャンスをつかみ損ねた。古い工業化時代のやり方で知的財産を扱おうとし、動画の視聴を有料にすることでオーケー・ゴーの市場戦略を台無しにしたのだ。ＥＭＩにも将来を見通す力はあったが、新たな世界では収益の上げ方が違うと理解できず、進化する力も学ぶ力もなかった。もしＥＭＩがオーケー・ゴーとその事業モデルを検証対象とみなせていたら、成功要因を学び、自社で再現する道も探れていたかもしれない。だが実際には、過去の事業モデルに固執して戦略決定を下したのだ。

ＥＭＩの悲惨な結末は、あまりにも意図とかけ離れた選択によるもので、喜劇的ですらある。一方で、コア事業を守ろうとする論理がいかに強力かも感じられるだろう。ＣＥの取り組みがコア事業に潰されたからと言って、相手に悪意があったとは限らない。彼らはあくまで、自らの立場から妥当な選択をしただけだ。コア事業の展望は、中・短期的には確実性がある。過去のデータを見れば、顧客の行動も支払い額も変化の要因もわかるし、製造すべき商品や、次の販促策で喚起できそうな需要なども予測できる。コア事業が重視するのは、予測通りの成果を出すことだ。予期せぬ事態が起きれば、上場会社は金融市場からつるし上げられる。予測可能であることが、会社の成長よりはるかに優先される場合もあるのだ。だが、予測可能であるかどうかという論点は、ＣＥとは相容れない。ＣＥの役割は、事業機会を見つけてそこから学び、可能性のあるソリューションを試すことだ。大成功を収めた企業ほどコア事業の支配力が強く、マネジャーに期待される行動もコア事業が決める。目標を達成せよ、問題を解決せよ、絶対に失敗するなというわけだ。

優秀なＣＥは、確実に成果を出して期待に応える。ただし、成果を測る指標は「この四半期に上げた収益は?」ではなく「何を学んだ?」だ。資金が新規事業に投入された途端、他部門はコア事業のリソースが転用されたと思い込み、場合によっては憤り（「正しく予算が割り振られていれば、うちが活かせたはずの資金だったのに」）や疑念（「うちも試したが、うまくいくわけがない」）が生じる。そうなれば、コア事業の責任者はほぼ間違いなく新事業をコントロールしようとするか、事業を潰そうとするだろう。自分勝手だとか、悪意があるなどと決めつけるのは簡単だが、ほとんどはそうではない。大半のコア事業の責任者は、自部門の利益の最大化に全力を尽くしているだけだ。コア部門と探索部門との間に対立が生まれるのは当然でもある。コア事業が目指すのは目先の利益で、探索事業が注目するのは長い目で見た可能性だ。そもそもの行動原則が違うのである。

新規事業では何が「良い」かなどわからない。新しい市場には、確信を持って「これが勝ち残れる戦略だ」と言える根拠もない。一見うまくいきそうな戦略でも、今回の事業機会には合わないかもしれないのだ。新規事業は、失敗しないように対策するよりも、早めにたくさん失敗して学んだほうがいい。小さな実験の一つひとつから、顧客の価値観や適正価格に関する情報が得られるのだ。コア事業では必須の指標であるＫＰＩも、比較できる過去のデータがない以上、何の意味もない。新規事業が知りたいのは、画期的なビジョンや最終目標までの進捗状況なので、「**フィードフォワード管理方式**」を採用して、顧客の課題への理解度を測るといい。パイロット版を試した顧客の人数や学びを試作品に反映するまでの時間など、ＣＥが欲しい情報に関連した中間目標を立てるやり方だ。新規事業とコア事業は管理方法も異なる。新規事業で肝心なのは、学びのスピードであり、時期尚早の段階で量産化しないことだ。

一方、コア事業のマネジャーが（直接的にも間接的にも）学ぶのは、ミスの無くし方だ。フィードバック方式で品質、コスト、量の管理を指導され、教わった方法で貢献できたかによって出世が決まる。コア事業と同じやり方で新規事業を評価すれば、期待通りの成果ではなかった時点で不満が出る。そうなれば、事業は即座に潰されるか、目先の収益を迫られるだろう。GEデジタルが辿ったのも同じ道だった。多くの大企業と同じく、コア事業は新規事業が学びながら成長するまで待てなかった。コア事業は自部門の収益を上げる機会を少しでも増やそうとして、GEデジタルの資産を最速で利益につなげるよう圧力をかけた。[11]

▼組織内の調和の維持

ジェフリー・イメルトがビル・ルーに託したのは、イメルト本人が心から可能性を信じているデジタル戦略部門だった。さらに、イメルトはP&Gの元CEOであるA・G・ラフリーから学んだ「両利きの経営」への憧れを口にしたこともある。[12]七章でも述べたように、両利きの経営では探索事業部門を分離するのが肝心だ。そうすれば、CEは裁量権を持つ別組織で自由に抜本的なイノベーションを推進しながら、コア事業の重要資産も活用できる。GEデジタルでも、この原則はある程度守られていた。ルーはCEOの直属の部下であり、最高デジタル責任者（CDO）部門を通して各事業部とつながっていたため、戦略の迅速な推進に役立つリソースも活用できた。ここまではいい。ところが、ルー自身には目標達成に必要なリソースがほとんどなかった。戦略を実行するたびに、他部門にリソースを求めなければならなかったのだ。CDO部門は味方だったものの、GEデジタルは何をするにしても、顧客やリソースを管理している事業部長や経営陣も説得する必要があった。イメルトは、自社を「両極化組織」と呼んだ。コア事業の変革と、画期的なプレディックス事業の推進という二つの目標があったからだ。ビル・ルーにとっては、GEデジタルと既存の事業部門をつなぐCDO部門が頼みの綱だった。この状態は、両利きの経営の第一原則である「コア部門の裁量権」に反する。プレディックスの成功は、完全にコア事業次第になっていた。CEOが人生を賭けた変革をわざわざこんな危機に陥れるなど考えづらい。では、なぜこうなったのだろうか。

もちろんイメルトは新戦略に全力で打ち込んだが、安定した成果を出せる既存事業もないがしろにはできなかった。既存事業も、新たなテクノロジーの重要性は十分に理解していた。GEデジタルによるデータを駆使したサービスの開発も認めていたし、サービスが完成すれば存分に活用する意志もあった。優秀な事業部長は皆、新技術や消費者行動の傾向から成長機会を見いだすためのプロジェクトを進めていた。ルーの就任時、GEにはすでに機械学習機能を研究してデータや分析結果の活用方法を模索する部門もあった。新市場ではあったものの、社内では多くのプロジェクトが予算を取り合う状態だった。イメルトが両利きの組織の原則通りにしていれば、ルーはこれらの活動すべてを担う権限を持ち、独立した部門と成功に必要なリソースも手にできていたかもしれない。だがそうなれば、イメルトが頼りにしていた、成果を出し続ける既存事業部から主導権を取り上げることになる。イメルトは対立を避け、既存事業に主導権を委ねた。その結果、既存事業部門はＧＥデジタルをコア事業から分離するのは妥当でないと結論づける。プロフィットセンターとしての地位は認めたが、ＧＥデジタルの売上高は全社のソフトウェア売上の合計とされた。今後は、プレディックスのプラットフォームからの収益を単独では認めないということだ。この決定によってＧＥデジタルは独立したビジネスとしての正当性を失い、身動きがとれなくなった。イメルトの「両極化組織」は、部門間の対立を避けるための妥協策だった。戦略推進の支援と社内の調和を両立できたかに見えたものの、実際には既存事業を重視し続けたため、イメルトの抜本的改革は失敗に終わったのである。[13]

イメルトの行動は異常でも意外でもない。大半の人が、属する集団の調和を守る行動をとる。これは進化生物学の基本だ。人間は、集団の中にいるほうが安全で成功もしやすい。言い争いになりそうな話題を避けるのも、言葉を選ぶのも、感情が高ぶりそうな人をなだめるのも、すべて調和を守るための行動だ。

▼組織を変革するリーダー

本章の冒頭で、コア事業システムはCEにとって最も手強い敵だと述べた。四つのサイレントキラーは多くの大企業に蔓延しているため、事業を進めればどこかで遭遇する可能性が高い。人間心理（さらには進化生物学）に根差すサイレントキラーは、多くの企業で変えにくい組織カルチャーになっている。乗り越えられそうにない障壁に思えるが、打ち勝つ方法はあるのだろうか。組織カルチャーと化したサイレントキラーが手強いのはたしかだが、向こうからCEを潰す意図を持って迫ってくるわけではない。ほとんどの場合、相手はイノベーションや成長戦略に反対したいのではなく、今までの習慣に従い、自分の立場から見て適切に行動しているだけなのだ。言い換えれば、組織の常識自体を変えれば、CEの取り組みは成功する。プロとしての自負心を守るのが理にかなっているとか、目先の利益を求めたり調和を保ったりすることが常にマネジャーの役割だとか思い込んでいる組織に変革を起こすのもCEの役目だ。CEは単にイノベーションを起こすだけでなく、組織カルチャーも変えなければならない。事業としてのイノベーションと組織変革の両方が優れていれば、成功は後からついてくる。

イノベーションと組織変革にはいわば「二重らせん」の関係がある。二重らせんを扱う力も、起業家には不要だがCEには求められる能力だ。次章では、CEが新規事業への後ろ盾を得たり、支援者を育てたり、部署内に独自の組織カルチャーを作ったりする戦略を説明する。ビジョンや目的の伝え方、反対意見を和らげる方法、新規事業が大切にしている進捗の示し方なども紹介したい。どれも、いわゆる古典的なイノベーターではなく変革を起こすリーダーにこそ求められる能力で、着想、育成、量産化と同じくらい重要だ。

▼本章のまとめ

本章では、勇気づけられる事例もあるものの、やはり社内での新規事業は失敗しやすいという話をしてきた。最大の障壁は、探索より深掘りを優先するコア事業システムだ。GEデジタルのビル・ルーの事例から、四種類のサイレントキラーがどのようにCEの取り組みを台無しにするのか説明した。

コア事業は、プロとしての自負心とその支えとなる前提を否定されると、自負心を守ろうとするあまり、新規事業の行動を曲解したり見誤ったりする。

収益性の高いコア事業には失うものも多く、新規事業などの不確実要素はできる限り排除したい。だから、魅力的な見返りが期待できる場合も、コア事業はリスク回避を選ぶ。

目先の利益だけを求める組織は、たとえ創造的破壊が急務で、明らかに変化すべき段階になっても、日常業務にとらわれて先を見通せない。

近い未来にしか注意が向かないのは、計画とのずれを見つけて誤りを正すことばかり重視するフィードバック管理方式も一因だ。この管理方式が、予測通りの成果を目指すコア事業と、不確実性の高い環境を扱う探索事業との対立要因になる。

企業のトップは、時に対立を避けようとする。CEを後押しして社内の対立が深まる決断を下せず、あくまで調和を選ぶ傾向があるのだ。

11 二重らせん――イノベーションと組織変革を「両立する」リーダー

ビル・ルーの事例から得られたのは、社内の政治力学や慣性の力（イナーシャ）がGEデジタルですら弱体化するほど強力という教訓だ。プレディックスは計り知れないメリットを持つ事業だったにもかかわらず、サイレントキラーによって息の根を止められた。ゼネラル・エレクトリック（GE）で起きたのは稀な事象ではない。CEは、事業を進めた先で同様の力が何度も立ちはだかると覚悟して、あらかじめ対策を練っておこう。社内の新規事業は、コア事業の資金と資産がなければ成り立たない。事業の成功は、コア事業との依存関係をうまく扱えるか次第だ。CEには、イノベーターと組織変革の牽引役が求められる。私たちは二つの役割の関係を「二重らせん」と名付けた。組織変革とイノベーションは人間のDNAの二重らせん構造のように絡み合い、一方の成否は他方にかかってくる。組織変革を放置してイノベーションのみを進めれば、いずれ危機に陥る。事業機会の探索だけでなく、コア事業との関係構築についても、事前に進め方を決めておこう。本章では、組織変革の計画とイノベーションを扱う。肝心なのは、ＣＥが一人二役を成功させる方法だ。

二重らせんには主に三種類の依存関係があり、ＣＥはそれぞれの扱い方を習得しなければならない。一つ目は、新規事業への予算決定権を持つＣＥＯや最高財務責任者（ＣＦＯ）への依存である。企業とはいわば投資家だ。目標を決めて投資をし、その後の実績を評価する。ただし、起業家に投資するベンチャーキャピタリストとは異なり、ＣＥＯやＣＦＯは不確実性の高い環境で行われる事業の評価に詳しくないため、検証から得られたデータやインサイトの扱い方や、中間目標の進捗を管理する方法は、ＣＥが示そう。経営幹部の教師役になるということだ。報告では、自らが見据える事業機会と、今事業化すべき理由を明確にする必要がある。情報に新規事業の背景となる目的を盛り込み、ストーリーの形で語るといい。ストーリーは記憶に残りやすく説得力もあるため、重要な関係者を味方につけやすいからだ。また、事業を方向転換せざるを得なくなったときのために、ストーリーにはある程度幅を持たせるべきだ。大筋が一貫していれば、経営陣も前回からの変化をつかみやすい。一方、新規事業の評判もＣＥ次第だ。雑談も含めて、事業を話題にする場では常にいい面を取り上げよう。事業の評判は、噂や誤った情報であっけなく下がってしまう。ＣＥが証拠に基づいて意思決定する姿を見せるのが肝心だ。

二つ目は、コア事業への依存である。新規事業の量産化には、コア事業の資産（顧客や技術力など）が欠かせない。新規事業を取り巻く社内環境を改善すると、使える資産は劇的に増える。社内に「支援者（エンジェル）」と「味方」と「賛同者」と「交渉役」がいると、コア事業との関係構築にも社内の反発を和らげることにも役立ち、新規事業に幅広い理解が得られるようになる。なお、ＣＥは社内から選定したほうが、活用できるソーシャルキャピタルが豊富な分、成功率が上がる。社外から採用したＣＥでもうまくいく事例はあるものの、その場合は、人脈があり社内の状況を熟知したメンバーをつけるといい。

三つ目は、逆に企業からＣＥへの依存である。経営陣が、組織変革をＣＥに任せてしまう状態だ。企業が新規事業に投資する目的は、金銭的見返りだけではない。事業を通して市場や技術による創造的破壊を学び、新しい事業モデルを検証して、経営能力も開発できる。新規事業は、組織の将来像なのだ。市場化案を検証するだけではもったいない。せっかくなら、旧来の事業モデルの常識をひっくり返すほどの慣習を創造すべきだ。ＣＥは、タブー視されている部分に踏み込むことを自覚し、社内からアレルギー反応が起こる可能性を想定して、あらかじめ対策を練っておこう。では、三つ目の依存から説明したい。残りの二つもここで決まるからだ。

▼組織の将来像

スタートアップと成熟企業には多くの違いがあるが、顕著なのは組織カルチャーの違いだ。

数年前、ニューヨークのクライアントと、シリコンバレーで成功を収めたスタートアップを何社か訪問したとき、愉快な経験をした。ボックスという企業を訪れると、当時の最高執行責任者（COO）のダン・レヴィンが受付まで続く巨大な滑り台で登場し、クライアントのCEOを出迎えたのである。動きが遅くて慎重な成熟企業と勢いにあふれたスタートアップとの差が、組織カルチャーから見える経験だった。この活気を取り込むのも、CEの役目だ。従来の業務手法を切り捨て、会社全体に新しい可能性を開く。望まれなくても認められなくても、やらなければならないのだ。チェリスクは単なる個人向け保険商品ではなく、顧客サポートや請求処理のインフラを低コストで構築したものだった。IBMのライフサイエンス部門は、自社の「業界への具体的な価値提案」戦略の先陣を切り、雇用すべき人材、適切な振る舞いや服装まで、多様な事業慣習に切り込んだ。コンピューターのサーバー部門とライフサイエンス部門はともにIBMソーマーズ事業所に入っていたが、互いに相手が別世界の住人に見えていたという。デロイトのボンディリが変えるつもりだったのは自社のコンサルティングの事業モデルだが、結局は自社にとどまらず、コンサル業界全体の業態に挑んでいく。当初は既存のコンサルティングを補完するものにすぎなかったピクセルは、いつの間にか業界全体を変革していった。

組織の将来像を受け入れない企業には、甚大な結末が待ち受けている。GEデジタルは本社のGEに、製造会社向けのソリューション開発では、技術だけでなくデータも重要だと伝え続けた。だが、GEはこの教えを理解できず、うまく適応した他社に後れをとった。戦略だけ変えても行動様式が変わらなければ、すべては後手に回る。難易度も上がっていき、結局は変えようとしていた戦略さえ現状維持で終わる可能性が高い。GEは、失敗を経てようやくそこに気づいたのだ。CEをすぐ隣のオフィスに配属して、今まで通りの進め方を押しつけたところで、うまくはいかない。新規事業では、組織能力や手順や行動様式の刷新が求められる。CEは、インキュベーターとして新しい業務の進め方も導入する。いずれコア事業にも多大な影響を及ぼすかもしれない業務手法だ。

過去一〇年ほどで、新規事業を通してデジタルを活用したプロダクトマネジメント（PM）手法を使いこなす企業が増えてきた。また、顧客の行動データが普及したことに伴い、企業はデータから得たインサイトに基づいて決断を下す必要も出てきた。数年前、教科書専門の出版社から、一人ひとりの生徒のニーズに応じて内容が変わるアダプティブラーニング型オンライン商品を開発したいと依頼を受けた。このとき駆使したのが、デジタルを活用したプロジェクトマネジメントの三本柱（ユースケース、実験、データ）だ。ユースケースとは、顧客が自らの言葉で表現する課題を指す。実験は、その課題の解決策を一つずつ厳しい基準で評価する手順。オンラインで商品を使った顧客の行動がデータとなり、証拠として扱われる。予想通りの高いユーザーエンゲージメントを示すデータが集まれば、「実験によって、この解決策に効果があるという証拠が得られた」と言えるわけだ。

市場調査・商品開発・発売という一般的な手順しか知らなかった出版社からすると、このような手法はあまりにも斬新だった。だが、今では機能変更のたびに検証（ABテストなど）を行い、顧客行動への影響が想定通りか判断する手順を繰り返す開発手法が定着している。事業慣習がここまで変わった秘訣は何だろうか。新しい手法はまずアダプティブラーニング商品開発部が取り入れたが、間もなく全社へと普及した。開発部がコア事業部門に、データから顧客の好みをつかむ方法を教えたのだ。デジタル時代に特徴的な言葉の使い方や経営原則を組織全体が習得したことは、新規事業の統合だけでなく、デジタルネイティブの採用やスタートアップの買収でも役立った。新規事業を通して、コア事業も組織の将来像を学べたのだ。

デジタルを活用した業務手法が組織カルチャーを一新するのは、社員に求められる行動が変わるからだ。ユースケース・実験・データの三本柱に基づく手法では、直感や会議室で一番声の大きい人の意見よりも証拠を重視するため、意思決定がより客観的になる。好ましい手法なのは明らかだが、社内階層の硬直化や専門家委員会による決定が慣習化した企業で試みるのは簡単ではない。さきほどの出版社では、証拠がなくても進めたがる者が新規事業部にもいたが、データの重視という点は妥協すべきでないとCEが認識していた。そこで、自ら新しい行動規範の見本を示して、組織カルチャーの一新を図る。まずは、新規事業部に対して、変革内容を明確に示した。新たな運用手法（ユースケース・実験・データの三本柱など）を適用すること、行動基準を一新すること（組織階層に惑わされず、データを重視した決定）、過去にない組織能力（データ分析力）が欠かせないこと、自分のリーダーシップ（証拠を重視するという一線は譲らない）などだ。旧来の出版業で染みついた考え方を入れ替えるには、多少厳格にならざるを得なかった。

ＩＢＭの新規事業創出プログラムは、もともと社内の新規事業の進め方を学ぶ場だった。しかし、このようなプログラムを他社にも取り入れると、業務手法や組織カルチャーやリーダーシップの刷新にも活かせることがわかる。コア事業からプログラムに参加して学ぶ社員が現れ、社内の足並みが揃うという嬉しい効果もあった。しかも、新規事業のストーリーまで共有できる。説得力を持って、新規事業の存在意義を伝える場が生まれたのだ。

▼ストーリーを語る

二〇〇〇年代初頭の話だ。パソコン市場のコモディティ化が急速に進む中、ＩＢＭはノートパソコン「シンクパッド」を差別化すべく、あるストーリーを社内に広めた。販売担当者に、シンクパッドは本当にあなたたちが言うほど頑丈なのかと噛みついた顧客の話だ。当時の最新シンクパッドには、内部センサーが落下を感知すると膨らむエアバッグが入っていて、ハードディスクドライブ（ＨＤＤ）を損傷から守る仕組みだった。それ以外にも、偶発的な故障を防ぐ多くの機能が搭載されていた。ＩＢＭの販売担当者は、シンクパッドと他社のノートパソコン数台を四フィート（約一・二メートル）の高さから駐車場のコンクリートに落とす実験を提案した。面白がって賛同した顧客は、結果に驚愕する。落下後も起動したのはＩＢＭのパソコンだけで、残りは手の施しようもないほどの壊れ方をした。デルやヒューレット・パッカードの製品を買うよりも、頑丈なＩＢＭ製パソコンを買ったほうがお買い得であることが示されたのだ。このエピソードは瞬く間に会社中に広まった。自社戦略を広く伝えるきっかけになり、担当部署は自分の仕事に手応えを感じた。

このようによく練られたストーリーは、情報と証拠と価値を同時に伝えられる。パワーポイントのチャートではこうはいかない。ストーリーは、ＩＢＭノートパソコンの「価格は割高だが、安い他社製品より長持ちする。修理回数も少なくて済むので、長い目で見れば安上がり」という価値はもちろん、顧客がそう感じた背景まで際立たせる。これは、ＣＥが一見抽象的で非現実的な構想を具現化しなければならないときに、特に有効な伝え方だ。一例として、コア事業とはまったく異なる手法で糖尿病の治療機器を開発したＣＥの話をしよう。彼は、初めて成功した治験をもとに、入念にストーリーを作り上げた。糖尿病に苦しんできた患者の生活が一変するストーリーだ。具体的な臨床結果だけでなく人間味あふれる話は社員の共感を呼び、聞いた人は誇らしい気持ちで周囲にも同じ話をした。人命を救った話は、周囲を奮い立たせる効果がある。

良質なストーリーには不可欠な要素がいくつかあるが、どれも集めるのはそう難しくない。必要なのは、構成とメッセージ、言外の意図、主役、そして思わず惹きつけられるイメージや記憶に残るたとえ話だ。構成は、以下のようにシンプルにするといい（ただし、伝えたい構想自体が複雑なら、寓話などの緻密な構成も可能だ[1]）。

・**顧客の課題**――実体験は、イノベーションが解決する顧客の課題を克明に伝える。サラ・カルヴァーリョがペルーで一日歩き回ったあとでシャワーを浴びようとしたら、現地では誰もお湯が使えないとわかった話や、普通の生活を送ろうと奮闘する糖尿病患者の話など。

- **顧客の状況**——顧客の課題が重大である理由や、対象顧客の心の動きを盛り込む。電力供給が不安定でお湯を沸かせない問題や、糖尿病を抱えながら暮らす苦労など。
- **画期的なソリューション**——課題を解決するまでの流れのほか、課題が解決すると、顧客の心や事業にどんな影響があるのかも伝える。

ストーリー構成に言外の意図を込めると、あえて明示しなくても反対意見を和らげることができる。糖尿病の治療機器を開発した企業には、もともと幅広い医療分野の商品が揃っていたが、このCEは、自分の事業はまっさらなグリーンフィールド市場を開拓するものであり、コア事業とは一切競合しないという意図をストーリーに込めたのだ。重なる部分がないと伝わったことで、コア事業側の懸念が払拭されただけでなく、潜在性のある事業として周囲のやる気もかき立てられた。また、印象に残るイメージがあるストーリーは、聞き手にイノベーションのインパクトを伝えやすい。核となるメッセージを脳裏に映し出す「視覚学習力」が呼び起こされるからだ。

ユニカで、クリスティアン・クルティスがチェリスクの提案で主役に立てたのは、既存の保険業界だった。彼のストーリーの核は、保険会社の収益のうち相当な割合が、顧客に何の恩恵ももたらさないお役所仕事で消えていく現状だ。大勢が働くオフィスビルと二人しかいない部署（チェリスクで実現する世界）のイメージを並べた目的もここにある。従来型の巨大なオフィスビルは、チェリスクで使う空間をますます小さく見せた。オフィスビルのイメージを見た経営陣は、ウィーンのドナウ運河沿いにそびえ立つユニカタワーを想起せずにはいられなかった。クルティスの込めた意図は明白だった――チェリスク型の事業モデルなら、はるかに小さな労力で業務量を増やせる。アナログ・デバイセズのケビン・カーリンが新規事業を提案したときは、さらなる視覚効果を狙って短い動画を制作した。動画に映るのは、自動車生産ラインの金属プレス機で状態基準保全ソリューションを試す顧客だ。二枚の金属板の接合音を検出し、接合が良好なものか、不具合を起こして生産ラインの停止を招くものか判断できる技術がありありと伝わった(2)。

ストーリーには、聞き手が入り込める程度の具体性は必要だが、方針転換の際にストーリーまで変えずに済むように、多少幅を持たせたほうがいい。中小企業向けのサイバーセキュリティ事業を立ち上げたクライアント企業では、コンサルティングとソフトウェアと研修の統合サービスを最終目標に掲げていた。ところが、ストーリーで強調されたのは、ネットの脆弱性に悩む市場にサイバーセキュリティ研修が役立つ点のみだった。その研修サービスが失敗して資金が打ち切られると、元のストーリーが足かせとなり、もはや同じ市場で別の事業提案はできなかった。起業家のストーリーには、「ナラティブが具体的であればあるほど、間違いが判明しやすくなる」[3]という側面がある。起業家もCEも、具体的すぎる目標で自分をがんじがらめにするのではなく、幅のあるストーリーを伝えよう。目的は、価値提案への聞き手の共感を引き出すことなのだから、商品の詳しい特徴や機能まで語るべきではない。

ネットフリックスは、創業時から顧客へのオンライン配信を目指していた（社名の通りだ）が、創業者のリード・ヘイスティングスが最初に手掛けたのはDVDの郵送事業だった。[4]後年、オンライン事業への転換で苦労しなかったのは、娯楽コンテンツの利便性を上げるという理念が一貫していたからだ。[5]CEも、事業を始めたときに持っているのはビジョンであり、完成した事業案ではない。クルティスが最初の提案でチェリスクの対象顧客や商品内容や価格まで語っていたら、もう学ぶ余地などなかっただろう。ストーリーは、顧客の要望を学ぶたびに微調整できるものでなければならない。

ストーリーには、聞いた人が周囲に話したくなる力もある。伝播力があるストーリーなら、CE本人が動かなくても新規事業の目的が広まっていく。メッセージを広めるには、人脈も活用するといい。誰が誰に何を話すのか、噂話の発信源はどこか、最も影響力を持つのは誰か、正式な決定権を持つ経営幹部が耳を貸す人物は誰か、といった社内の人間関係（非公式な組織とも言える）を把握するということだ。IBMのシンクパッドのエピソードも、真偽は誰にもわからない。だが、何千回も語り継がれるうちに、いつか知るべき人のもとにメッセージが届く。優れたストーリーの価値もここにある。

表11－1　社内の協力者

社内での役割	定義	目的	協力を得る方法
味方	影響力と権限を持つ者	CEの問題を解決し、他の経営幹部にCEの代弁者として新規事業の利点を訴える	戦略目標と利益に整合性を持たせる。探索を好む経営幹部を見つける
賛同者	同僚またはマネジャー	周囲に、新規事業に関する肯定的な話をする	雑談などで、個別に関係を築く
交渉役	同僚またはマネジャー	新規事業への反対者と交渉して、問題の解決を図る	個別に関係を築く。探索を好む相手を見つける
支援者（エンジェル）	予算権限を持つ経営陣	新規事業にお墨付きを与え、CEを責任ある立場にする	自社の戦略的抱負と一貫した事業目標を立て、目標達成案を話し合う。すでに企業の成長や投資に関する委員会があれば支援が得やすいが、そのような企業は滅多にない

▼自分から人脈を広げる

事業の関係者を把握して、説得力のあるストーリーもできたら、これらを活かして社内人脈から協力者を増やそう。大企業でもスタートアップでも、事業を推進するには幅広い人脈から協力を募る必要がある。私たちは、協力者を**味方**、**賛同者**、**交渉役**、**支援者**（エンジェル）に分類した（表11－1参照）。

「味方」は、CEが困ったときに手助けする存在だ。味方になれば何より心強いのはコア事業部長だが、企業の要である技術部や営業部のマネジャーもぜひ味方につけたい相手だ。いずれも損益計算書で最大の割合を占める部門で、絶大な権限と影響力がある。探索事業側からは、将来への投資をないがしろにして目先の利益ばかり重視する悪者扱いされることも多い。新規事業がコア事業の領域とみなされていた市場に踏み込めば、間違いなく関係は緊迫するだろう。対抗意識をむき出しにした相手から、事業の存在意義すら疑われたり否定されたりする。それを不合理だとか感情的だとか、自分の縄張りや縦割り組織を守りたいだけと決めつけるのはたやすいが、まずはコア事業側の反発にも理由があることを認めよう。そうしない限り、コアの事業部長を味方につけるのは不可能だ。相手も、新規事業の理念に反対しているわけではなく、健全な利益体制の維持と将来の成長機会の模索がともに重要なのはわかっているかもしれない。ただ、コア事業には収益と利益を上げる目標もある。新規事業にも目標達成に貢献してほしいのに、ちっとも成果が出ないか、取るに足らない成果のみだとしたら、どう感じるだろう。新規事業への反対は業績の最大化のために致し方ない判断かもしれないのだ。新規事業とコア事業の両方の立場を同時に受け入れるのは難しい。顔を合わせるだけでも不快かもしれないが、コアの事業部長の協力を得るには、機会を作って新規事業のストーリーに引き込み、学びが増えるたびに情報共有するのが一番だ。

経営幹部を新規事業の一員にするという戦略もある。高級自動車メーカーのアウディは、探索事業を行う「アウディ・ビジネスイノベーション（ＡＢＩ）」をドイツのミュンヘンに置いている。ＡＢＩのＣＥであるベッティーナ・バーンハートは、革新的なモビリティサービスを次々と立ち上げてきた。米国では利便性を売りとしたレンタカー会社のシルバーカーを買収し、南ドイツではライドシェアサービス「ＢＩＴＳ」を手掛けた。この結果、アウディはウーバーなどのライドシェアサービスが登場しても社内事業で対抗できたのである。ＡＢＩは独立した別会社なので、本社の厳しい法的・雇用規則に縛られず活動できる。立地を分けただけでなく、異なる業務手法や独自性が認められたため、ＡＢＩの事業は迅速に進んだ。さらにバーンハートは、ＡＢＩの各新規事業部の責任者に本社の経営幹部を選任する。間近で進捗を確認し続けた幹部は、その事業を自分の事業であるかのように感じるようになっていた。経営幹部を新規事業に巻き込む戦略が実を結んだのである。(6)

経営陣ではなくＣＥと近い立場で、必要なときに手助けをしてくれるのが「賛同者」だ。ＩＢＭのキャロル・コバックは、賛同者からライフサイエンス部門の拡大チームを結成した。彼らはいわば戦友だ。直属の上司から新規事業への後押しを取りつける者や、事業のためなら時間外労働もいとわない者もいる。コバックのチームは、コア事業の資産を活用する細かい仕組みを立てる際も、拡大チームの力を借りた。リソースの活用計画でも、ライフサイエンス部門の業務に最適な人材の採用でも、問題が起きたときも、拡大チームは欠かせなかった。おかげでコア事業との軋轢は最小限で済んだし、実行のための計画をチームで事前につくっていたので、経営陣から依頼が来た瞬間に作業に入れたのである。

「交渉役」もＣＥに近い立場の社員で、ＣＥ自身は味方に引き込めなかったコアの事業部長に、新規事業の価値を伝える。コバックは長年ＩＢＭに勤めていたため、交渉役を任せられる同僚が大勢いた。コバックが新規事業を妨げる動きのある部署を把握したら、その部署の同僚に話すと、同僚が会議の中で新規事業の現状を伝えてくれる。交渉役は、反対者を勢いづけそうな噂話を早めに潰すのにも有用だ。交渉役に厳選した事実を託せば、安定した既存事業からは狂気に思える新規事業のやり方にもロジックがあることが伝わりやすくなる。

「エンジェル」とも呼ばれる「支援者」は、新規事業に資金投入する権限を持つ経営幹部だ。CEとしての第一歩には二種類ある。第一は、IBMのキャロル・コバックやデロイトのバラジ・ボンディリのように、社内イノベーションや成長戦略への参加を促される形。第二は、ユニカのクリスティアン・クルティスのように、自分で発案して支援を求める形だ。それぞれ出発点も異なる。前者には、新規事業を提案する場が用意されていた。後者の場合、一からエンジェルを募るのは相当手間がかかるため、先に「味方」の力を借りて地固めしたほうがいい。クルティスも、多くの「味方」の後押しがあったからこそ、本社の経営陣に提案できたのだ。どちらにしても、エンジェルの後ろ盾は確実に得られるわけではない。適切な相手を選び、要望を間違いなく伝えるのが不可欠だ。選んだ相手には数百万ドルものお金を動かす権限がない可能性もあるし、一度ならまだしも複数回の支援は無理かもしれない。「エンジェル」と呼ぶ理由もここにある。天使のように頼れる相手は、自ら掘り起こさなければならないのだ。

　肝心なのは、企業の戦略的抱負と関連づけた目標を立てることだ。自社が現在できないことを実現するには、何が最も求められるのか考えよう。少しでもトップに近い経営陣の後ろ盾を得るには、新規事業を説明する際に戦略的抱負との関連性をはっきり示し、その達成に寄与する事業だと思わせなければならない。八章で挙げた予算委員会などの制度がある企業なら、専門の担当者がいるため支援者も探しやすい。とはいえ、支援者がいることと実際の支援を同一視すると痛い目を見る。制度が用意されていたとしても、CE自身が動かない限り、支援を受け続けるのは難しい。

エンジェル投資家とも言うように、エンジェルはベンチャーキャピタリストに近い存在で、新規事業のリスク評価やアドバイス、決断の後押しなどを行う。立ち上げたばかりの事業では特に、CEに対して成果よりも学びを求めるのがエンジェルの役割だ。成長戦略を始めたばかりのCEOや経営幹部は、新規事業への支援とコア事業の管理との区別がつかないことが多いため、CEのほうから要望を適切に伝え、役割やガバナンスのあり方を決め、こまめに進捗を報告しよう。経営陣も、進捗会議で数カ月分の成果をまとめて報告されるよりも、常にストーリーの展開を追えるほうが理解しやすい。医療機器を開発した前述のCEは、エンジェルを獲得するために外部の専門家からなるアドバイザリー・ボードを作り、自社の経営幹部も参加させた。CEは専門家からアドバイスを受けられ、経営幹部にとっても新規事業にどう関わるかを学ぶ機会になった。他に、エンジェルグループを作ったCEもいる。いずれかの後ろ盾や支援者が戦略変更や転職をしても、他に頼れるエンジェルが残る方法だ。

▼社内CEか社外CEか

両利きの戦略を実行しようとするとき、探索事業部門の責任者を社外から登用する企業も多い。型破りな人物による現状の打破を求め、会社どころか業界の垣根も越えてCEを発掘する。理にかなった方法ではある。外部から人材を引き抜いてCEにする理由として多いのは、ある特定の市場とのつながりや、自社にはない経営スキルを持つリーダーを求めるというもの。自社には事業を起こせるほど起業家精神を持つ経営陣がいないからという理由もある。企業が求めているのは、高いリスクへの耐性があり、独創的な考えで現状に立ち向かえる人材だ。だが、社外の人材が持たないものもある。社内の人脈だ。

数年前、様々な企業でイノベーションや新規事業の責任者を務めた二六人にインタビューした。大半は、社外から採用されたCEだった。採用理由は、その企業が参入したい市場への知識と、起業経験があったことだという。マーケティング部門の幹部を務めながら副業でレストランチェーンを立ち上げた女性を、クレジットカード会社が採用した事例もあった。どの企業にも、事業案を推進するリソースは潤沢にあった。巻き込める社員数が多い大企業ならなおさらだ。ところが、新規事業が具体化するにつれて、社外CEたちは激しい反発に遭う。既存事業部のマネジャーはCEに自部署の資産を使わせなかったり、新規事業とあからさまに競合する商品を開発したりして、ＣＥを妨害しはじめた。インタビューした人のうち三分の二は、三年以内に退職している。[7]

クレジットカード会社に入った女性も、当初は多くの注目が集まったそうだ。一見、誰もが協力的で、新規事業に反対する者もいなかった。ところが、協力を求めはじめると状況が一変する。友好的だったはずの同僚は、誰もリソースを新規事業に差し出そうとしなかった。彼女は当時の状況を「バターナイフ一本でアマゾンの森をさまようようなもの」と表現した。彼女のチームは、「反乱同盟」として独自の道を歩むと決意したものの、それは本来不可欠な人脈を断ち切ることを意味した。結局、新規事業は失敗に終わる。事業部は閉鎖し、彼女も辞職した。最初からＣＥの辞職が「お膳立て」されている場合さえある。ドイツの大手金融機関による新規事業部の立ち上げに協力したときだ。責任者の選定方法を尋ねると、人事担当者はこう答えた。「イノベーション担当者は社外から採用することに決めています。失敗しても当社は何も失わずに済むからです」。社外ＣＥなど使い捨てということだ。このような企業は、新規事業の機会を探ってみただけで、本気で変革する気などないのである。

社内に人脈を持たない社外ＣＥが事業を進めるのは大変だ。最初のうちは何かを変えてくれる存在だと期待され、新市場へのインサイトが豊富な大物だとか、うちに足りない能力を備えた専門家だともてはやされるかもしれない。しかし、社外ＣＥが企業の慣性（イナーシャ）に逆らうのは相当難しい。実際に何かを変えようとした途端、予想外の規則やお役所的な手続きが立ちはだかる。「商品をクラウドサービスと接続したいですって？　ＩＴ部門の承認は下りていますか？」「前例のない分野の企業と提携契約を結びたいですって？　うちには当該分野向けの契約書がありません」「新事業モデルで検証したいですって？　考えられるリスクは？」といった具合だ。前例のないことを求めれば誰もが受ける反応だが、社外ＣＥが相手だと反応も激化しやすい。事業推進の点では、社外ＣＥは不利なのだ。勤続二〇年のベテラン社員なら、サポートを求めることも、社外ＣＥがその存在すら知らない資産の活用も可能だし、事業の打ち切りを検討してもおかしくないほど懐疑的な関係者も取りなすことができる。失敗しても、そこから何を学んだかを説明する機会もある。もともと高い評価を得ていて、ある程度の人望もあるからだ。社内ＣＥには味方がいるが、社外ＣＥは独りぼっちだ。事業を進めるにも孤軍奮闘するしかない。

社内ＣＥなら必ずうまくいくとは限らないが、成功率は上がる。社員をＣＥに任命すること自体が、企業の真剣さを示す証でもある。社内ＣＥは、これからが期待される社員に与えられる役割ではない。重大な決断が迫られる複雑な任務だから、社内で特別有能なリーダーでなければ務まらないのだ。我々の調査でも、優秀なＣＥは企業内のベテラン社員だった。現場から手が挙がる場合も多い。クルティスが社内で新規事業を始めたのは、自社との関係がもともと密接だったからだ。彼は支社に欠かせない存在で、仲間からもリーダーとして慕われていた。社内ＣＥは「熱心な探索者」でもあり企業の一員でもあるため、事業を進めやすいだけでなく、社外ＣＥには把握できない社員のモチベーションや組織カルチャーや人脈も活用しやすい。組織変革でも、自社の歴史や逸話やその企業ならではの言葉遣いを熟知しているので、変化への

「抗体」をうまくコントロールすることができる。

では、社外から採用したCEがうまくいく可能性はあるのだろうか。もちろんある。ここまでは障害を挙げただけで、必ず失敗すると言いたいわけではない。例えば、創業八〇年以上のエンターテインメント企業シスネロス・グループは、ヒスパニック系米国人向けのスペイン語の連続ドラマに定評がある番組制作会社だったが、社外のビクター・コングを組織変革担当に登用する。コングは、同社を米国とラテンアメリカの両方を対象としたデジタル広告のイノベーターへと見事に変革させた。[8] 社外CEの成功例は他にもある。カリフォルニア在住の英国人であるコリンは、日本の中小規模の技術系企業で新規事業を起こし、収益一億ドルの事業へと育て上げた。コリンがこの日本企業に移ったのは、買収がきっかけだった。入社から三年かけて（当初は二社の統合責任者として、以降は北米事業の戦略責任者として）人脈を構築していく。周辺市場に大規模な事業機会を多く見いだしたコリンは、各事業機会を探索してイノベーションを起こす提案を米国で練り上げた。その間もひたすら人脈作りに励み、経営陣を味方にする努力も欠かさなかった。努力が実を結んだのは、周辺市場の新規事業開発の後押しを求めたときだ。買収時に両社の統合をともに進めた同僚が、東京本社のCEOに就任していたのである。勤続年数は長くなくても、コリンには事業を進められるソーシャルキャピタルが備わっていた。

社外CEの利点と難点のバランスをとるには、社内の人材をサポート役につけるといい。社外CEは顧客や投資家との関係構築を担当し、新規事業自体は社内CEが進める。成功したスタートアップの多くで見られる共同経営者の関係――アップルのスティーブ・ジョブズとティム・クック、グーグルのセルゲイ・ブリンとラリー・ペイジ、ヤフーのジェリー・ヤンとデビッド・ファイロなど――と近いかもしれない。[9] 新規事業のリーダーが社内と社外のどちらにも偏らない点は有益だが、社外CEはサポート役となる社内人材を厳正に評価して、強力なソーシャルキャピタルがあるか見定める必要がある。

▼新規事業の評判を管理する

本書の調査のために、多数の企業のCEから話を聞いた。これからCEになる人にアドバイスを求めたところ、圧倒的多数が、新規事業の評判を慎重に管理すべきと答えた。多くのCEが、事業の第一印象を良くするよりもその印象を何年も保つほうが難しいと口を揃えた。CEOやCFOも、新規事業の検証に時間がかかるのはわかっていると言うが、現実は彼らの想定以上だ。収益が出るまでの期間はコア事業とは比べものにならないほど長いうえに、ほとんどは事前に予測できない。CEOやCFOは、因果関係での業績評価に慣れている。因果関係とは、原因となる行動「X」（市場規模の拡大、価格減など）の結果、「Y」（収益や利益への影響）が起きるという考え方だ。既存事業の業績に関する情報からは傾向が読み取れるので、ある四半期が赤字だとしても、それが長期的な問題に発展するのか一時的な下落でしかないのかはすぐわかる。一方、CEが示すデータは、仮説の検証結果だ。傾向は読み取れないし、市場もソリューションも生まれたてなので、因果関係もはるかに見えづらい。あるテクノロジー企業は、画期的な分析サービスを開発し、顧客への試験運用まで進めた。ところが、CEOは試験運用の結果が上々だったという報告を聞いただけで、収益性のある事業だから市場化に踏み切るべきと判断する。CEは、まだ技術面の仮説を一つ立証しただけで、次は確実に長く利用されるサービスの要素を学ぶ予定だと説明しなければならなかった。この段階では、試験運用と本番が同じ結果になるかなどCEにもわからないのだ。

CEは、CEOやCFOに馴染みのないデータも信用させないといけない。そのためには、CE自身が証拠に基づいて決定する姿を示すのが肝心だ。今回の検証で新規事業の何がわかり、何がまだわかっていないのか、次は何を検証すべきなのかまで率直に伝えよう。データを「操作している」などと思われれば、検証結果が信頼されなくなるかもしれない。コア事業は、数字の「見栄え」を良くして、実際よりいい成果に見せるのもお手のものだが、CEにはそんな余裕はない。新規事業にはあまりにも不確実要素が多く、間違える可能性もコア事業よりはるかに高い。新規事業にとって、評判が下がるのは命取りだ。だから、悪い情報が入ってきたら、どれほど些細なものでも慎重に扱う必要がある。悪い情報は早めに報告したほうが変な誤解を招かない。背景に関する情報も合わせてきちんと説明しよう。

新規事業の評判を守るには、短い話（ミニストーリー）も有効だ。顧客の獲得や試用版への登録といった中間目標を達成するたびにミニストーリーを語れば、顧客の悩みを解決できる事業だと伝わりやすい。顧客や自社にとっての価値が多くの支援者に伝わると、支援者も学ぶ過程を楽しめるようになる。社外のメンバーでアドバイザリー・ボードを設けて顧客の意見を新規事業に反映する場合は、前述の通り、ぜひ経営幹部も参加させよう。顧客の声を通して新規事業の影響を知れば、経営幹部も本腰を入れて取り組めるはずだ。

新規事業は優れた着想から始まり、うまくいけば収益を出せる量産化という絶頂期を迎える。着想と量産化は、どちらも楽しくて心躍る段階だ。思い切った新しい構想には魅力があり、関係者を引き寄せる。量産化して成功した事業も同様だ。ただし、両者の間には長く辛い道のりがある。新規事業の実現までには、事業案を完成させ、育成で事業モデルの開発と検証を行い、量産化に向けて資金投入しなければならない。長い道のりでは、こまめにミニストーリーを発信して事業が進展している証拠を示し、社員の脳内に事業の長期目標を鮮やかに残し続けるのが肝心だ。そうすれば、新規事業が着想から育成、量産化へと進む中でも、人脈内の支援が保たれる。

▼本章のまとめ

本章では、ＣＥがイノベーションを推進しながら、コア事業システムの抵抗に対処する方法を見てきた。

新規事業は、今後求められる組織能力や事業モデルや業務手法を示すという意味で、組織の将来像だ。支援者との関係作りでは、将来像とのつながりを念頭に置く必要がある。

推進している事業や構築中の組織能力を説得力ある形で説明するのも一案だ。記憶に残るストーリーで、聞いた人が周りに広めたくなるエピソードを伝えよう。

ストーリーには社内を奮起させて協力者を集める力もある。サイレントキラーの力を弱め、コア事業からの後押しを保つのにも有効だ。

ＣＥが事業推進に活かせる強力なソーシャルキャピタルを持つベテラン社員なら、この種の人脈を築くのは比較的簡単だ。社外ＣＥでも成功例はあるものの、社内ＣＥよりも人脈作りを強く意識する必要がある。

新規事業の評判はＣＥにとって特に重要だ。コア事業システムは、ＣＥを「向こう見ずな探索家」の型にはめる機会を常にうかがっている。肝心なのは入ってくる情報の扱いだ。悪い情報を入手したら、噂が社内に広まって新規事業の評判を傷つける前に、自分からその背景とともに報告しよう。

12 実行する覚悟——新規事業の量産化を決断するリーダー

デンバー公立学区長のトム・ボースバーグは、地区の成績不振の問題を解決するために、従来とはまったく異なる方法を取り入れようとしていた。米国の多くの都市と同様、デンバー学区でも人種・社会経済格差は長年の問題だ。様々な成績向上のための試みが行われてきたものの、結果はまちまちだった。ボースバーグは何とかして教育水準を上げたいとの思いから、両利きのアプローチを導入した。組織の一部は教育長のスサナ・コルドバが担当し、現状の教育モデルの改善を目指す。大人数が入った教室で、生徒が教師の話を聞き、質問に答え、ノートをとり、帰宅後の宿題で学習内容を定着させる、昔ながらのやり方だ。一方で組織の一部を分離し、新たな教育法を検証するチームも作った。CEはアリッサ・ホワイトヘッド＝バスト。デンバー学区の最高イノベーション責任者（CIO）で、学校教育を改革する組織「イマジナリウム」も統括していた[1]。

これは果敢な挑戦だった。現状の教育・学習手法の改善と、根本的に新しい方法（ここでは、生徒ごとに複数の学習方法を組み合わせる「個別ブレンド型学習」）の開発を同時に進めることで、教育変革の実現を目指したのである。新しい教育モデルでは、生徒一人ひとりが好きな学習方法を選べる。イマジナリウムは、あえて新しい学習モデルを選んで検証した。事前にオンラインで従来型の授業を視聴してから、学校で教師の手助けを受けて宿題に取り組む「反転授業」も試した。学校はこれまでの常識から解き放たれ、教師は「壇上の賢人」からガイド役になった。

だが、期待できる成果が出たにもかかわらず、イマジナリウムは物議を醸す。教師は、プロの指導者としての立場を失うことを恐れた。長年慣れ親しんできた唯一の指導方法が、ボースバーグとホワイトヘッド＝バストの手で覆されつつあったのだ。親も、子供が実験台にされていると不快感を示す。成績が上がるのがいいことなのはわかっていても、よくわからないイマジナリウムを使うのも不安だった。二〇二〇年までの「デンバー公立学区ビジョン」への共感は集まっていたものの、新しい教育手法を展開（量産化）すべき時期については意見がまとまらなかった。

イノベーションは重大な局面を迎えていた。ボースバーグは、イマジナリウムの教育モデルをどこまで取り入れるか決めなければならない。新しい手法の構想は完成しているし、教育委員会や市と州の担当部局から補助金も出た。今こそ量産化すべき時期だった。親や教師や学区の幹部から協力をとりつけ、デンバーの成績が劇的に向上する事業モデルである点も立証する。

果たして、そんなことは可能だろうか。決断できないまま、ボースバーグはコルドバを代理に立てて半年間の休暇をとる。休暇が終わって戻ってきたときには、イマジナリウムは事実上消滅していた。[(2)]市の補助金削減と、不満を持つ教師のストライキを受けたコルドバが、予算を減らしたからだ。結局、イマジナリウムは一年後に閉鎖する。コルドバはコア事業の論理に従い、従来の教育方法を守ろうとした。新しい教育手法は成績向上に有効というデータも出ていたのに、その検証自体が信頼されなかった。その結果、イマジナリウムの量産化を決断すべき時期が来ても、ボースバーグは後退せざるを得なかった。探索事業はコア事業に潰されたのである。

▼相反する目標

ボースバーグはイマジナリウムという新しい組織をつくったものの、厳しい状況を前にして争いを避けた。重大な決断を迫られたとき、イノベーションを選ぶ覚悟がなかったのだ。この段階でつまずくのはボースバーグだけではない。行政機関でも民間企業でもＮＰＯでも、規模の大小を問わず、組織のトップは形を変えて同様の行動を繰り返す。リーダーの多くは、テクノロジーや事業モデルにおける創造的破壊の機会が来ても無難な道を選び、リソースを投入して新規事業を量産化すべき段階で、逆に手を引く。そして、全力を投じなかった自分を棚上げして、イノベーション（とイノベーター）の失敗を嘆く。

イノベーションは、当初は困難もなく楽しいものだが、現状を犠牲にする決断を迫られる段階が来ると一気に難しくなる。着想は、トップからすればいいことしかない。社員は、斬新なアイデアを考えようと想像力を駆使するのに病みつきになる。大半は現状の延長線上にある漸進型の改善案だが、ごく稀に傑出したアイデアが生まれ、育成へと進む。育成ではリソースが求められ、労力をかけた分いい結果への期待もかかる。とはいえ、まだ必要なリソース量はそう多くないし、コア事業とも無難な距離を保てるため、甚大な結末につながる可能性は低い。リスクが急上昇するのは、量産化に入るときだ。

経営陣がイノベーションと距離を置きはじめ、どうなるかわからない新規事業や事業案に賭けて社内リソースを失いたくないなどと言い出せば、これからＣＥを目指す者の士気まで下げる。前に述べた「人は目先の利益やリスク回避や金融市場の反応を気にして怖気づく」という仮説通りの状況になるわけだ。ボースバーグは、たしかに新規事業の成功を心底目指していた。しかし、ボースバーグに限らず、トップには今あるビジネスや組織を維持するという相反する目標もある。そして、勝つのはたいてい後者の目標だ。新規事業に投じるリソースが増えるほど、目標同士の争いも激しくなる。この争いを新規事業が制するのは難しい。育成がどれほど順調に進んでも、新規事業には将来の可能性しか示せず、成功を保証するものは何もないからだ。経営陣は、未来の事業機会よりも、いずれ他社が起こす創造的破壊の餌食になる危険よりも、今この瞬間の利益を失うリスクを重視する。

新規事業を量産化する決定の難しさもここにある。私たちは、安定と変革という相反する目標を持つ(3)。業績悪化など事業転換が必要な理由もないのに新規事業に乗り出せば、社内では人間心理や組織カルチャーによる抵抗が起きる。人間は損失を避けて、できる限りリスクを抑えたいのだ。

そんな経営陣に実行する覚悟を持たせるには、どうすればいいのだろうか。思い描く問いを「安定と変革のどちらを選ぶべき？」から「どうすれば安定と変革を両立できる？」に変えるべきだ。目標の二者択一から「**リーダーとして両立できる課題**」への置き換えは、単なる言葉のごまかしではない。表面上は変革の後押しにもなると言いつつ実際には現状維持を選ぶ妥協策に走るのではなく、本当にどちらの目標も達成する道を切り開く策だ。そのためには、経営陣が目標の両立の難しさと、それがコア事業にとってどういう意味を持つのかを本音で語り合わなければならない。肝心なのは、経営陣に**建設的な緊張を持たせる**ことだ。適度な緊張関係が保たれていれば、難題にも客観的に対処できる。ＣＥは、緊張感を建設的なレベルまで引き上げるには、ＣＥＯや経営陣に「**鏡を見せる**」というテクニックを習得するといい。簡単ではないが、複数の目標に邁進するよう経営陣に働きかける強力な方法だ。

相反する目標を「両立できる課題」へと置き換えると、行動すべき瞬間がやってくる。ここで欠かせないのがトップの勇気だ。勇気だけでうまくいくとは限らないが、少なくとも決断する勇気を持つトップがいなければ、決して新規事業は成功しない。成功がトップの資質に左右されるというのは、厳格にデータに基づいて事業を進めるＣＥにとってもどかしいことだが、やはりリーダーシップは重要だ。育成段階の事業は、誰かが覚悟を持って量産化する決断をしなければならない。

▼目標を両立するリーダー

相反する目標を両立する第一歩は、緊張状態を否定しないことだ。コア事業と探索事業の間に緊張関係があると認めたとき、問題は初めて話し合いで解決できるものになる。始まったばかりの新規事業には意欲や熱意が向けられ、次の検証では何がわかるのかという期待も高い。この段階の緊張は不協和音のようなもので、耳を塞ぎたくなるのもわかる。だが、放置しておくと、緊張関係はますますこじれていく。二つの目標の間をとって緊張を緩和しようとする企業も多いものの、その結果はコア事業の勝利だ。一方、問題を「両立できる課題」と捉え直せば、別の可能性が浮かび上がる（表12－1参照）。実例を挙げて説明しよう。[4]

アンナはBtoBのテクノロジー企業の創業者兼CEOだ。[5]過去一〇年で急成長を果たし、今では一〇億ドル以上の収益を上げている。急成長の原動力の一つが、創業期からサービスを購入し続けるロイヤルカスタマーの存在だ。しかし最近、アンナは現在の成長率を維持できるか不安になっている。上場以降は特に、心配は増す一方だ。市場が成熟するにともなって、事業機会も増えてはいる。だが、テクノロジーの変化は速く、市場は新たに参入する企業に脅かされつつあった。別の事業機会を探索したくても、それは核となる市場に投じている技術力の一部を新規事業に割き、有能なソフトウェアエンジニアをロイヤルカスタマー向けの事業から外すことを意味した。売り上げに多大な貢献をしてきた顧客層への技術や営業の主要リソースを新市場開拓に移しても問題ないのだろうか。

アンナは相反する目標にどう対応したのだろうか。新市場向けのソリューションを構築する事業を立ち上げ、市場開拓は既存営業部に任せたのだ。営業部が進めれば、既存顧客に影響を与えずに市場開拓できるはずという狙いだった。だが、既存顧客も重視した結果、成長への推進力は弱まった。この種の妥協策は、どちらの事業にも悪影響を及ぼす。新規事業が成功しづらくなるだけでなく、コア事業も時間やリソースや労力を無駄にするからだ。

アンナは、新しい市場のイノベーションを推進するか既存客の需要を守るかという「二者択一」の視点で問題を捉え、コア事業の目標を優先した。問題の捉え方が間違っていたのである。二者択一の課題は「どうすれば両立できるか」の問いに置き換えることもできる。私たちはアンナとともに、新市場への参入機会をこの手法で捉え直した。以下のように五つの手順で進める。

1　問題の要素を切り分ける。
2　二者択一の問題を両立できる課題として捉え直す。
3　六～八章で取り上げた手法を使って、資産を集め直す。

表12－1　目標を両立するリーダー

	「二者択一」の捉え方	「両立」の捉え方
事業機会	既存事業を守るか成長戦略をとるか選ばなければならない。	検証して不確実性をうまく扱えるようになれば、どちらの戦略も両立できる。
技術リソース	専門性の高い人材が限られている。	ハイブリッドチームを作って専門性の高い人材を新たに育成すれば、コア事業にも探索事業にも恩恵がある。
市場開拓力	市場開拓は既存営業部が進めるべきだ。	顧客層ごとに営業部を分けてもいい。同じ経営陣が統括すれば、部門としての一体性は保てる。
顧客	新市場にリソースを回すと、既存顧客を失うかもしれない。	既存顧客も当社に競争力の維持を求めている。だから、イノベーションは既存顧客にも利点がある。

4　五章の育成で扱った各検証手法で、目標を両立する方法を学ぶ。

5　戦略的抱負に基づくより高い目標と自分自身を改めて結びつける。

まずは問題の要素を切り分けよう。アンナは、極めて不確実な新しい事業機会、限られた技術リソース、市場開拓力、顧客に分けた。それぞれに満たすべきニーズがある。

問題の捉え方を変えるだけで、他の解決策の道が開かれる。アンナの場合は、資産の集め方を変えた。例えば、ハイブリッドチーム（八章参照）を結成してソフトウェアエンジニア部の管轄範囲を広げて人材育成の担当者を増やし、コア事業の商品価値を高める秘訣を伝授して誰でも真似できるようにした。こうして、新規事業の経営資源が増えたのはもちろん、既存事業部も戦略を変えずに済み、成長を続けている。他にも、未完成な解決策であることを認めて、最善のリソース投入策を学ぶのもいい方法だ。事業検証はデータを通して学ぶ手法なので、証拠の重要性に応じて行動を変えることができる。また、後戻りできない決定なのかどうかを知るうえでも役立つ。アマゾンでは、決定を「一方通行のドア」（一度取り組みはじめたら後戻りできない）と「往復可能なドア」（やってみて、学んでから決める）の二種類に分けている。問題にも、答えがわかるもの（決断できる証拠が揃っている）と混沌としているもの（因果関係がわかる情報がない）があるということだ。[6]

アンナは、学びの期間中は往復可能なドアを開けておき、いつでも戻れるようにした。検証を通して新しい市場機会を探索するうちに、馴染みのなかった分野にも力を注げるようになった。

最後に、「顧客の競争力を高めるイノベーション」という戦略的抱負に対するより強いコミットメントを再確認した。アンナが強く望んでいた顧客のニーズと探索への投資がこうしてつながったのだ。市場優位性を守れなくなれば既存客も離れるだろうから、成長目標とイノベーションの開発目標はどちらも諦めるわけにはいかない。そう考えて、アンナは覚悟を決めたのである。

課題解決に両立の視点を取り入れる方法は、論理思考ツールとしても威力を発揮する。トップや経営陣は過去の思い込みを捨てて、新規事業の探索と既存事業の維持が両立可能だと納得するはずだ。とはいえ、本当に両立できるかは、経営陣に本音で問題に向き合う意志があり、両事業間の建設的な緊張関係を保てるかにかかっている。

▼建設的な緊張関係

どんな事業でも、最も肝心で議論すべき問題は「リソースの配分」だ。にもかかわらず、この問題が表立って話し合われることは滅多にない。業績への強い圧力を受けている事業部長は、戦略的抱負に反してでも自部署の取り分を守ろうとする。どの事業部も、自部署の成長目標達成にはできるだけ多くのリソースが必要だ。そのため、新規事業にリソースの一部が割かれる意味は極めて大きい。たとえ研究開発の投資計画全体に占める割合は小さくても、リソース投入自体が「普通」の仕組みから外れた行為なのだ。今年の業績目標達成が厳しい事業部長は、新規事業へのリソース投入に懐疑的になる。その事業部長自身が予算決定に関わっていた場合も同じだ。マニフェストに果敢な戦略的抱負を盛り込んだ時点では、何の問題もない。事業部長も、筋の通った適切な策だと考えたからこそ、新規事業への資金投入に賛同した。ところが、CEがより多くのリソースを求める時期が近づくと、当時の決定が重くのしかかる。もしかすると、薄々疑ってはいたものの、当初は良き同僚でいたい気持ちが上回っていたのかもしれない。その疑念が、実際に資金投入が始まる瞬間に顕在化する。予算決定時にとりあえず賛同した人はどっちつかずの立場に回り、当初からどっちつかずだった人は、露骨に（または密かに）敵対し始める。こうなる懸念を経営陣に話し合わせるのもＣＥの役割だ。放置すれば、後からできるのはせいぜい相反する安定と探索の目標の間に妥協点を見つけることくらいだろう。すなわち、新規事業の敗北だ。

ＣＥが経営陣の中に**建設的な緊張関係**を作ると、新規事業の量産化への資金投入という具体的な問題を本音で話し合える（図12－1参照）。緊張状態が低すぎると、礼儀正しい会議にはなるものの、重要な課題は一切議論されない。これは、感情的な反発が予想される問題への典型的な態度だ。すでに述べた通り、人は無難な行動で対立を避けることで、組織内の調和を守ろうとする。休暇に集まった親戚の行動を思い出そう。前々から解決していない問題があっても、また言い争いたくないから、誰もその話題を持ち出さない。経営陣も同じだ。言い争いたくないからといって問題を放置し続ければ、いずれ解決どころか議論すらできなくなる。関係者はきちんと会議に参加するし、差し障りのない質問もする。だが、重要な懸念事項は一切話し合われない。ここまで会議の緊張状態が低ければ、ＣＥにも危機感が必要だ。会議の外に持ち越された懸念事項は、ＣＥＯなど予算権限を持つ支援者が解決するかもしれない。だが、最終的にいい結果が出る可能性は低いだろう。逆に、経営陣の関係が過剰に張り詰めていても、怒号が飛び交い、感情を爆発させる者ばかりの会議になる。緊張関係が見えず資金投入問題が放置されるよりはましだが、ここまで関係が張り詰めていては問題解決どころではない。理性は停止し、誰もが相手を理解しようとせず、自分の言い分を通すことしか考えなくなる。緊張感が

図 12 － 1　「建設的な緊張関係」の範囲（出典：トッド・ホルツマン、https://holzman.com/）

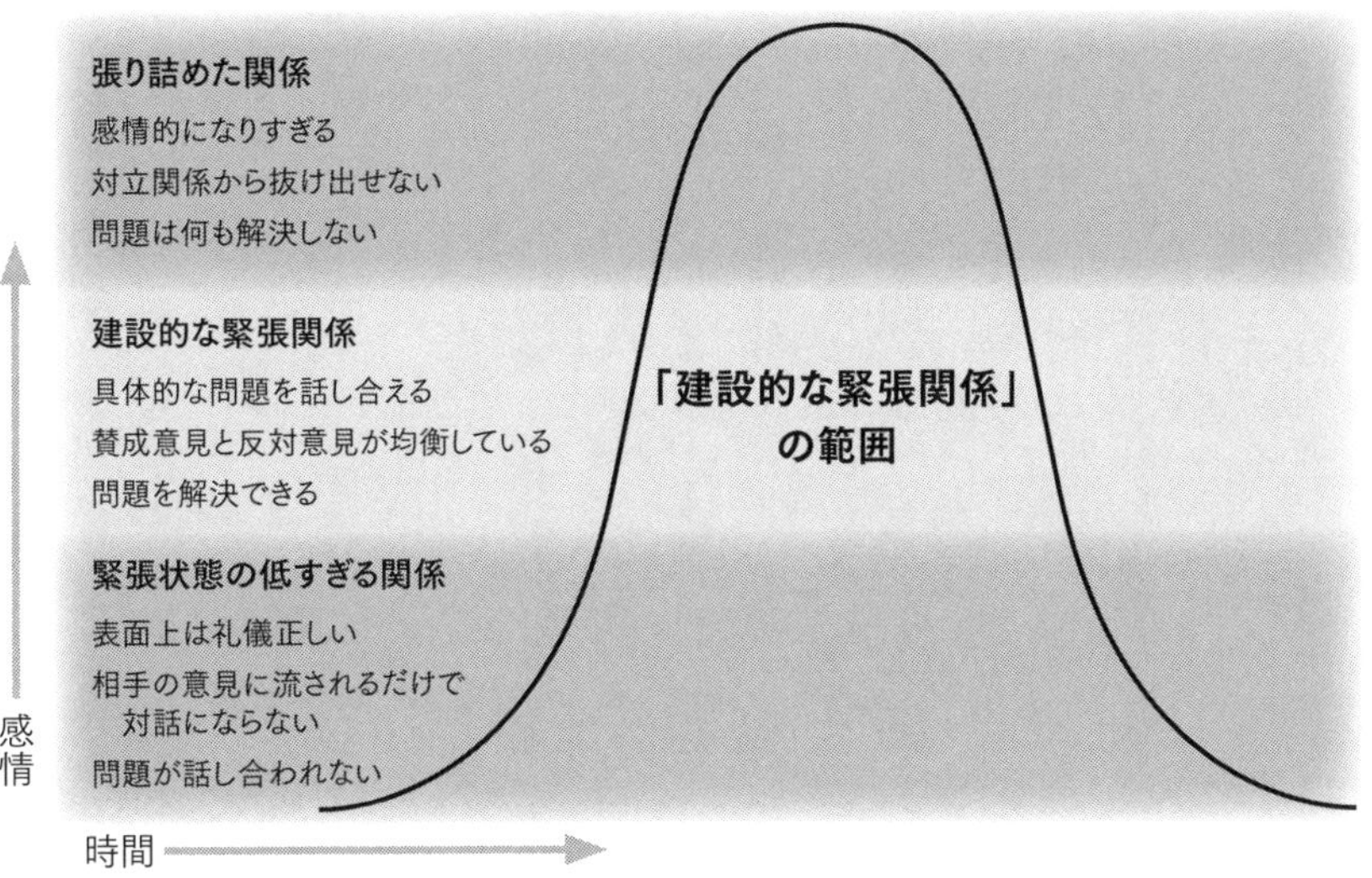

高すぎても、問題は解決しないのだ。

建設的な緊張関係とは、重要な課題を話し合うため参加者の感情は動くものの、互いの意見を聞き入れられないほど感情的ではない範囲を指す。

▼鏡を見せる

ＣＥはどうすれば経営陣の緊張を建設的な範囲内にとどめられるのだろうか。ＣＥはたいてい経営幹部ではないため、重大な問題を扱う会議の開催に直接口は出せないが、ＣＥＯの手を借りれば不可能ではない。「事業部長の懸念はわかっている、解決できるよう腹を割って話し合おう」と問題に言及してもらうのだ。ＣＥＯが問題提起をしてくれたとしても、幹部自身が現状を評価することにはやはり意味がある。経営幹部は、確固たる意見を持ち、過去の業績への評価も高く、自分が間違っている可能性はほぼないと断言できるほどの成功体験を持つ者が多い。つまり、ＣＥの意見を押しつけるより、本人がその結論に達するよう促すほうがうまくいきやすい。例えば、現状への考えを尋ねて自己分析させる。いわば「鏡を見せる」方法だ。うまくやれば、経営幹部が自ら建設的な緊張状態を生み出して、現在の問題を会議で取り上げるだろう。

経営陣に変革目標の現状の自己評価を促す「鏡を見せる」方法には四種類ある。第一は、新規事業を成長させるうえで重要となる成功要因の評価フレームワークを使う方法だ。経営陣が、新規事業を量産化する覚悟を見直すようになる。以前に仕事をしたCEの一人は、私のかつての同僚であるブルース・ハレルドが共著で書いた『ハーバード・ビジネス・レビュー』誌の記事「新規事業が頓挫する6つの理由」のフレームワークを活用した。[7] CEは、経営陣にも記事を読ませてからプレゼンテーションを行い、ハレルドの助言（および二つの基準）に基づき、現状を〇点（最悪）から一〇点（最高）で評価させた。自己評価の結果、経営幹部たちは新規事業への後押しに関する目標と現状との差を活発に話し合う。新規事業を量産化できるほどコア事業の資産を投入してこなかった点も、新規事業の進捗を評価するフィードフォワード指標への意識が低かった点も認め、CEに改善を約束した。こうして経営陣は重大な決断を下したのだ。

第二の方法では、新規事業の現状を評価する人物を社外から招き、評価の後に経営陣とともに進捗を話し合う。私たちも企業からよく依頼される役目だ。公平な立場でもあり、他社の成功事例にも詳しいため、経営陣も本音で話しやすい。ビジネススクールのケーススタディーを使う場合もある。まず他社の事例で理屈をつかんでからのほうが、自社の状況も理解しやすいからだ。イノベーションや成長戦略の知識を持つ有能なコンサルタントやファシリテーターなら、誰でも同様の役目を果たせる。さらに威厳も持ち合わせた人物なら、議論がそれたときの軌道修正にも一役買えるだろう。

いずれにしても、話し合いは厳しい。そこで第三の方法では、八章で紹介した「予算決定権を持つグループ」で話し合う。本社とは別の環境で実施すると、本音での対話につながる。

堅苦しくない環境ほど、議論が深まりやすい。互いの意見に耳を傾ける余裕が生まれ、聞きたくない情報でも検討する気になれるからだ。

第四の方法では、CEが経営陣に求める率直性を背中で見せる。CE自身が、飾らない話し方やデータの見せ方を徹底するということだ。自分の考えに固執して、何とか議論に勝とうとするこれまでの常識から抜け出して、学んだこと、立証または反証された仮説、まだ検討していない重大なリスクをすべて詳（つまび）らかにしよう。常に同じ方法で話し合うと、社内で対話に求められる基準が次第に変わっていく。もちろん、「答えを知らない」と言いづらい組織カルチャーで自分のやり方を貫くのは簡単ではない。それでも、自社に**実行する覚悟**を持たせるのも、CEに必要なリーダーシップだ。この能力と前述した手法を組み合わせれば、本音を言える雰囲気が生まれ、建設的な対話が可能になる。量産化への資金を求めるときだけでなく、事業推進のどの段階でも役立つ力だ。ただし、話し合うだけでは行動には至らない。知識と行動は別物なのだ。リーダーには、もう一つ重要な資質がある。勇気だ。

▼勇気を持つ

二〇一三年、電気通信事業者ブリティッシュ・テレコム（BT）のCEOだったギャビン・パターソンは、英国サッカーのプレミアリーグのテレビ放映権を獲得するために二〇億ドルの資金投入を決断した。衛星放送局のスカイTVに宣戦布告するという果敢な挑戦である。スカイは、一九九〇年代の英国テレビ業界に創造的破壊を起こした。有料でも構わないからどうしてもテレビでスポーツ中継が見たい層がいるのを理解していたため、豊富な資金を活用してスポーツ放映権を獲得し、有料放送の契約者を集めたのだ。その後、同社は電話やブロードバンドの市場にも進出して、BTのコア事業を脅かしつつあった。何とかする必要を感じたパターソンが注目したのが、プレミアリーグの放映権だ。この大胆な反撃で、BTはテレビ放送局としての躍進を狙ったのである。

問題は、放映権が獲得できたとしても、プレミアリーグの中継を放送するまでの猶予が一年しかなかったことだ。BTは数年がかりで綿密なテレビ業界への参入計画を立てていた。二〇〇七年に発表された「BTビジョン」は、CEO就任前のパターソンが担当したものだ。自社のブロードバンドインターネットにセットトップボックスを接続して番組を放送するという、当時の英国では前例のないビジョンである。本社系統から分離した両利きの組織BT TVを設立し、顧客について学ぶ育成を経て、エンターテインメント市場へと参入した。ただし、当初の放送内容はBBCなどの放送局からの借り物だった。真の放送局になるのは、次元の違う目標だったのだ。(8) パターソンは市場を理解していたし、スポーツ放送がどれほど視聴率を引き上げるかもわかっていた。それでも、プレミアリーグの放映権を獲得する決断には勇気が必要だった。「実は、決断した時点では、何が必要なのかさえ把握していませんでした。事業機会と社員を信じただけです。やってみたら、想像以上に難しく複雑な事業でした。こんなに大変だと事前に知っていたら、同じ決断はできなかったかもしれません」[9]。BTの新規事業がプレミアリーグ放送という偉業を果たせたのは、パターソンに決断する勇気があったからだ。同社は今、テレビの視聴率でも、通話時間やブロードバンド契約数でもスカイTVと接戦を繰り広げている。

もし、一二章もかけた本書の結論が「CEの運命は、ギャビン・パターソンのような勇気あるCEO個人の行動次第」だとしたら、読者の皆さんはさぞがっかりするだろう。もちろんそんなことはない。本書で述べてきた通り、CEには重要な任務がある。後ろ盾になる人脈を作るのも、証拠に基づく厳格な手法で新規事業の着想、育成、量産化を推進するのも、社内変革の先陣を切るのも、CEの役割だ。新規事業が裁量権を持ちつつコア事業の資産も活用できる組織へと変革する力も求められる。本章で述べた手法や規律は、CE自身の行動する覚悟にも不可欠だ。CEも問題を両立できる課題として捉え、建設的な緊張感と徹底的な率直さを持って決定し、自らの取り組みにも鏡を向けなければならない。

それでもやはり、どこかで決断する人が欠かせない。不確実性が残っていても量産化という崖から飛び降りるパターソンのような人物が必要なのだ。「情報は不確実性を下げる」が、いくら情報が増えても不確実性がゼロになることはない。本書の手法で成功率がいくぶん上がったとしても、短期的なリスクはどうしても既存市場より新興市場のほうが高くなる。そんな中でも勇気を出して行動するリーダーがいれば、CEも心強い。レクシスネクシス（LN）のジム・ペックには、CEOのアンドリュー・プロゼスがいた。デロイトのバラジ・ボンディリの拠り所はマット・デービッドだった。ユニカのクリスティアン・クルティスにはアンドレアス・ブラントシュテッターとウォルフガング・キンドルが、ＮＥＣのイノベーターたちには森田隆之がついていた。どのリーダーも、「一方通行のドア」を越えるべき時期を逃さなかった。ただし、勇気だけで成功できるわけではない。ハヴァスやゼネラル・エレクトリック（ＧＥ）やモジラなど、多くの成功しなかった企業にも勇気あるリーダーはいた。しかし、これらの企業は拙速だった。イノベーションの三原則を守らず、新規事業に裁量権もコア事業の資産を使う権限も与えず、いきなり行動を起こしたのである。勇気は成功の必要条件だが、十分条件ではないのだ。

▼情熱を持つ

ここまで、成熟企業の中から新規事業を築く方法を詳しく示してきた。意欲的なＣＥであれば実践できるものであり、適切な組織構造、リソース、インセンティブ、戦略的抱負の後押しがあれば、うまくいくはずだ。新規事業を手掛けると決めて最後までやり抜くには勇気が必要だが、勇気を支えるのは「情熱」だ。情熱とは、単に収益を上げるだけではなく、自社の成長を牽引する事業になるという将来性を信じる思いである。ユニカのクルティスやデロイトのボンディリやＬＮのペックをはじめとするＣＥが率いた新規事業は、どれもＲＯＩの数値だけでは評価しきれない。新しい事業のために築いた組織能力によって、自社の選択肢を増やした点にこそ価値があるのだ。CEは証拠を重視して客観的かつ率直に取り組むべきだが、同時に事業の将来性に情熱を持つこともできる。

以上の点を、CEOや経営陣だけでなく、組織や利害関係者のすべてが第一に考えれば、両事業の天秤は探索事業側に傾き始めるだろう。「同じ川に二度入ることはできない」という古代ギリシャの哲学者ヘラクレイトスの言葉がある。水は絶えず流れており、次に川に入ったときは別の水になっているからだ。勇気あるリーダーが未知の世界に踏み込むのは、金銭上の利益が出る確信があるためではない。行動から学べば、次の川の流れを作ることができるからだ。

本書の冒頭で、自社の資産を活用する方法がわかれば、成熟企業のほうがスタートアップより優れたイノベーションを起こせると述べた。本書に登場する多くの企業は、意欲と感情と論理に訴えかける戦略的抱負から創造的破壊を起こし、市場を席巻している。どの企業も規律を重んじて、ある種の「芸術」のようなイノベーションを、直感ではなく証拠と理解に基づく手法（科学ほど厳格ではないが）へと変えた。また、クリスティアン・クルティス、サラ・カルヴァーリョ、キャロル・コバック、ジム・ペック、バラジ・ボンディリ、ケビン・カーリンなど多数のCEによって、不確実性の高い新規事業の推進には探索事業システムが役立つことも証明された。彼らはコア事業のサイレントキラーに打ち勝ち、イノベーターだけでなく組織変革のリーダーの才覚も示したのである。

社内での出世という点では、CEになる選択肢は楽でも手堅くもない。CEを引き受けるということは、周囲から浮く存在になり、従来の社内慣習を守らず、出世街道にも背を向けることになるからだ。しかし、昇進構造自体が崩れつつある不確実な現代では、どのみち確実に出世できるかはわからない。今後は、不確実性を扱いながら組織をまとめるＣＥの力が求められる可能性もある。逆説的だが、ヘラクレイトスの川に入るのが企業やＣＥの未来を確かなものとする最良の道かもしれない。

▼本章のまとめ

本章で扱ったのは、社内の新規事業を成功させる最後の要素「リーダーとして実行する覚悟」だ。前章まで挙げてきたＣＥ、イノベーションの三原則、両利きの組織などの要素はすべて、成功への地固めだった。ここにリーダーの覚悟が加われば、事業の量産化を妨げるものはなくなる。組織として、資金を投入して戦略を推進できるようになるのだ。

ＣＥＯには相反する目標がある。目先の業績を守り、かつ新規事業も育てなければならない。ＣＥＯが相反する目標を「二者択一」と捉えている限り、イノベーションを後押しするリスクばかりが目につき、将来を見据えた事業から手を引く恐れがある。

ＣＥＯに実行する覚悟を持たせるのもＣＥの役割だ。そのためには、コア事業と探索事業との関係を「二者択一」から「両立できる課題」へと捉え直すのがいい。捉え方を変えると、今まで浮かばなかった選択肢が思いつきやすくなる。

また、経営陣に建設的な緊張関係を持たせると、真摯な対話の場が生まれ、新規事業への資金継続に反対する人も、その理由まで打ち明けやすくなる。もしかすると、反対理由は単にコア事業への既得権益かもしれないのだ。緊張関係が高まりすぎたときは、経営陣に「鏡を見せる」のも有効だ。幹部自身が当初の目的意識と現状とを比較できるようになる。

最後に、やると決める者がいなければ、量産化は決して実現しない。未知の世界に飛び込んで偉業を成し遂げるには、リーダーの勇気が不可欠だ。

付録　CEのフレームワーク

PART 4

探索事業のリーダーシップ

サイレントキラー

- コア事業システム
- プロとしての自負心
- リスク回避への力
- 目先の利益の重視
- 組織内の調和の維持

二重らせん

- 組織の将来像
- ストーリーを語る
- 自分から人脈を広げる
- 社内CEか社外CEか
- 新規事業の評判を管理する

実行する覚悟

- 相反する目標
- 目標を両立するリーダー
- 建設的な緊張関係
- 鏡を見せる
- 勇気を持つ
- 情熱を持つ

PART 1

戦略的抱負

社内イノベーションの利点

- 創造的破壊の戦いを制する

CE

- 探索者として先を見通す
- パーパスを原動力にする
- 資金面の後押しを得る
- 不確実要素を扱う

戦略的抱負の条件

- 感情と論理と意欲
- 探索事業へのお墨付き
- 社内の団結
- ハンティング・ゾーン
- マニフェスト

PART 3

両利きの組織

探索事業部

- 組織構造の選択肢
- フォーカス型
- ボトムアップ型
- トップダウン型
- 組織構造の選択

探索事業システム

- チーム構成
- 営業部との統合
- コーポレート部門
- リソース配分
- フィードフォワード
- 経営陣の関心

リスクと報酬

- モチベーションの難題
- ベンチャーモデル
- シャドウストック
- 長期インセンティブ
- CE個人へのリスク
- CEのモチベーション

PART 2

イノベーションの原則

着想

- アイデアへの執着／ソリューションの罠
- 顧客調査
- 顧客が重視する問題
- 発案

育成

- 事業検証
- 仮説
- 実験
- 学び
- 繰り返し
- 決定

量産化

- 顧客、組織能力、経営資源
- 資産集め
- 量産化への道
- トリガー地点

解説

本書『コーポレート・エクスプローラー』は、「両利きの経営」を理解するためではなく、まさに実践するための本です。本書の意義を十分に理解するためには、この経営理論の本質、そしてこの理論が日本でどのように受け入れられてきたかを振り返ることが欠かせません。

この解説の前半では、両利きの経営の核心を説明し、後半で本書の読むべきポイントをお伝えします。

▼両利きの経営、四つの論点

上滑りする危険のある両利きの経営

マイケル・タッシュマン、チャールズ・オライリー両教授が提唱した経営理論Ambidexterityは、「両利きの経営」という名訳と、「知の探索・知の深化」というキャッチ・コピーで注目を集めています。この経営理論は、両教授が一九九六年にCalifornia Management Reviewで発表した論文Ambidextrous organizations: Managing Evolutionary and Revolutionary Changeをベースとしており、『両利きの経営』（原題：Lead and Disrupt、原著出版：二〇一六年）が二〇一九年に出版されて以降、日本でも広まりました。

成熟企業が「イノベーションのジレンマ」に陥らず、既存事業（コア事業）を深化させながら、新規事業をどのように立ち上げ（探索）、組織全体として進化するかを説明したこの理論は、経営者を中心に賛同を得て、多くの企業の中期経営計画（中計）やビジョンの策定などに影響を与えています。例えば、中計において「既存事業の磨き上げと成長領域の探索」を掲げる企業や、「収益軸と成長軸の両軸経営」といった独自性を打ち出す企業も現れてきました。

私は、二〇年以上にわたり、上場企業の経営者に対するエグゼクティブ・コーチングを起点とした全社的な組織変革の支援を行っています。「この先、一本調子ではやっていけないのではないか？」と考える経営者たちにとって、既存事業を回しながら、新しい領域に挑戦する両利きの経営が、彼らの発想や思考に大きな影響を与えていることを肌で実感しています。

一方、実際の組織変革に伴走するなかで、「両利き」という言葉の本質が理解されないままバズワード化し、やがては実践が難しい理論として忘れ去られてしまうのではないか、という懸念を感じる事例に遭遇することも多くなってきました。

例えば、経営者がやみくもに探索活動を形だけスタートさせてしまうケースです。ただでさえ限られた人的リソースで既存事業を回しているので、探索としての新たな取り組みは既存事業の担当者に兼務させる形にならざるをえない。担当者は既存の仕事との板挟みとなり、どうしても足元の仕事を優先する。いつまで経っても探索事業が立ち上がらない。悪循環の連鎖です。しかし、両利きの基本は、「自社の強みの拡張戦略」です。自社のコアとなる組織能力を別のどの領域に再活用するか、つまり、勝負する領域の設定（本書でいうところの「ハンティング・ゾーン」）と経営資源の再配分が不可欠です。この点を十分に理解していないと、独立した探索部門を設立したものの、経営陣が「形だけ」の両利きに満足してしまい、言わば「両利きの構え」を作ることにとどまってしまうのです。

また、「個人レベルの両利き」と「組織レベルの両利き」の混乱もあります。本来、両利きの経営は「組織レベル」を論じているにも関わらず[1]、個人の副業解禁や「二〇％ルール（仕事時間の二〇％を目の前の仕事以外にあてる）」などに飛びついている印象があります。つまり、いつの間にか両利きの経営論が「個人レベルの学習論」に置き換えられているのです。

なぜ、こうした問題や意図せざる誤解が生まれてしまうのでしょうか？　私には、「知の探索・知の深化」（原語ではExplorationとExploitation）という、わかりやすいキャッチ・コピーに、その遠因があるように思われてなりません。わかりやすいが故に、読者側のイメージが勝手に先行してしまうのです。

両利きの経営の本質は「組織としての戦略実行力」

詳しく説明する前に、タッシュマン・オライリー両教授の提唱する「両利きの経営」を改めて定義しておきましょう[2]。両利きの経営とは、「**既存の経営資源や組織能力を再活用して、新**

しい成長領域を見出す経営」のことです。そのために、同じ会社の中で（オライリー教授の表現では「同じ屋根の下で」）、コア事業を深化させる組織能力と新しい事業機会を探索する組織能力を敢えて同時に追求するのです。

有名な事例としては、やはりＡＧＣ（旧旭硝子）が挙げられます。ガラス・メーカーとして世界トップクラスだったＡＧＣが、「ガラスの会社」から「素材の会社」へと進化しました。その背景には、①自社の存在意義を再定義した上で、②「一〇年後のありたい姿」を描き、③戦略面で事業ポートフォリオの組み替えを断行し、④戦略を実行するための組織改革（ハード面での組織・制度の再デザイン、ソフト面での組織カルチャー変革）に取り組み、⑤継続的な組織変革を可能とした一枚岩の経営チームの存在がありました。まさに、両利きの経営の実践があったのです。[3]その結果、従来のコア事業だけではなく、モビリティ、電子部材、ライフサイエンスといった分野の戦略事業が立ち上がり、「素材ソリューション会社」へと進化を遂げたのです。

これまで成功してきた大企業のコア事業の論理は、主として「効率性／リスク回避」です。一方で、新たに始める探索事業の論理は「検証／挑戦」こそが求められます。「同じ屋根の下」で、どうやって異なる事業論理を併存させるのか。両利きの経営を実践するには、様々な組織運営上の工夫（組織の構造的分離と組織プロセスの部分的統合）が必要であり、さらには運営上の矛盾を引き受けるリーダーの覚悟が問われるのです。

理解の鍵は、「組織能力（ケイパビリティ）」です。組織能力とは、組織の行動能力とそれを可能とする組織構造のことです。例えば、いくら事業本部長が新たに大胆な事業方針を決定しても、それを実行するために、「我々は何が出来るようになる必要があるのか?」について合意し、組織の環境設定を整えることができなければ、その方針は実行できません。つまり、組織能力とは、「戦略実行力」と言ってもよいでしょう。

また、強調すべき点として、ここで焦点があたっているのは、個人の能力（人材育成）というよりも、「その個人を活かす枠組み」だということです。探索事業に携わる人たちの中には、「イノベーションはたった一人からはじまる」という格言があります。確かにイノベーションの起点となるのは個人の行動ですが、その行動が可能となるような枠組み・システムをどのようにつくるかにこそ、両利きの経営の本質があります。

「知の探索」では不十分

本書のなかで新規事業には「着想、育成、量産化」の三つの原則（イノベーションの原則）が必要だということが語られています。アイデアを出し、その仮説を検証し、利益が出る形でスケールしていくということです。特に本書のなかでは「量産化」が強調されています。なぜなら、そのタイミングでこそ、大企業の経営資源や組織能力を活かすことができるからです。

ところが、「知の探索」という表現でイメージされるのは、以下のような「着想」に関することが大半ではないでしょうか。

・　異業種の人と会いアイデアのヒントを得る
・　違う分野の書籍を読む
・　未知の体験を積む

もちろん、着想も新規事業の重要な一側面ではあります。しかし、両利きの経営の本質、本書の趣旨からしても、重要なのは着想から量産化までを一連の流れとしてトータルに捉えることです。

育成や量産化のタイミングになると、「コア事業とどのような関係を築くか」「コア事業の経営資源や組織能力をどのタイミングで活用するか」など、「組織システム」という観点がとても重要になってきます。しかし、「知の探索」という表現は、基本的に個人の行動や能力に依拠する「着想」をイメージさせる傾向が強く、両利きの経営にとって重要な「組織システム」という観点から注意を逸らすことにつながってしまったのではないでしょうか。[4] そもそも、もし「知の探索」というならば、それは既存事業においても必要なものです。

つまり、「知」という抽象的な概念や理論を持ち出すのではなく、「コアと探索という異なる論理で動く事業をどのようにマネジメントするのか？」という取り組みこそが実践の鍵なのです。実践の難しさを個人レベルの学習能力やマインドセットの問題にするのではなく、まず経営者が組織としての活動を促進する環境（組織システム）を整えることが必要です。だからこそ、両利きの経営の実践には、経営者の覚悟が問わるのです。

両利きの経営は第二フェーズへ

オライリー教授は、両利きの経営を概念論ではなく、実践論として捉えてほしい、と繰り返し述べています。私たちは提唱者のこの言葉をしっかりと受け止め、この理論を理解する第一フェーズを終えて、実践する第二フェーズに進む必要があります。

その第二フェーズで出版される本書において、タッシュマン・オライリー両教授に加え、主著者にアンドリュー・ビンズ氏が名を連ねていることの意味は大きいでしょう。

ビンズ氏（通称アンディ）は、マッキンゼーにてコンサルティング経験を積み、二〇〇〇年前半にＩＢＭに入社。社内コンサルタントとして、当時のＩＢＭ全社の事業変革に取り組み、その際、タッシュマン・オライリー両教授に出会いました。両教授は、当時のＩＢＭに対し外部アドバイザーとして事業変革プロジェクトに参加しており、その経験から一九九六年に発表していた両利きの経営を実行論にまで磨き上げたと言います。

そこで生まれた事例が、本書で紹介されているＥＢＯです（原著者たちが関わったＩＢＭの新規事業開発プログラムで、ここから数十億ドル規模のライフサイエンス事業などが生まれました。本書第一章などを参照）。変革プロジェクト終了後の二〇〇七年にビンズ氏は、両教授と共にコンサルティング会社であるチェンジ・ロジック（changelogic）社（在ボストン）を立ち上げました。以来、当社は両利きの経営の実践を支援する会社として、主に北米と欧州で活動しています。私自身も二〇二二年より当社に参加しており、日本においても積極的に活動しています。

したがって、本書は、両教授の監修の下で、ビンズ氏が十数年にわたる実際のコンサルティングの現場で得た知見やコンセプトが余すところなく語られています。たとえば、「ハンティング・ゾーン」「サイレント・キラー」「新3C＝顧客（Customer）、組織能力（Capability）、経営資源（Capacity）」などです。本書をざっと通読されるだけで、今すぐにでも使えそうなスライドや図表が掲載されていることに気づかれるでしょう。またクライアント企業の許可を得た実例も多数掲載されており、日本企業からは、NECとAGCの事例が取り上げられています。「探索事業に必要な組織能力とは何か、それを可能とする組織システムとは何か？」という問いに向き合った本書は、まさに、両利きの経営の「実践書」なのです。

ここまで、本書の意義を理解するための前提として、両利きの経営についてお伝えしました。ここからは本書の読むべきポイントを説明していきましょう。

▼本書のポイント

CEの立場から実践プロセスを追体験

両利きの経営は、戦略論であり、組織論でもあるという、ユニークな経営理論です。それ故に、様々な論点があり、多面的な議論や解釈が可能です。また、事業の存在意義の問い直しに始まり、矛盾した組織活動を同時に追求することによる「組織感情」も扱うこととなります。つまり、ロジック（論理）だけではなくエモーション（感情・ナラティブ）を視野に入れており、その実践には経営者のリーダーシップ（意思表示と価値判断）が問われる側面もあります。非常に奥行きのある理論なので、一冊の本では語り切れない内容を秘めています。

本書は、日本において三冊目となる両利きの経営関連書です。『両利きの経営』（東洋経済新報社）では、両利きの経営に関する経営理論と主に海外の事例が紹介されました（増補版では、組織カルチャーの重要性とＡＧＣの事例が追加されています）。拙著『両利きの組織をつくる』（英治出版）では、実際の日本企業の事例であるＡＧＣを取り上げて、日本企業における両利きの可能性、また組織開発の重要性（トップダウンとボトムアップの相互作用による組織変革）を提示しました。そして三冊目となる本書は、「大企業の中で新しい事業を探索するリーダー」、すなわち「事業開拓の責任者（コーポレート・エクスプローラー、ＣＥ）」に焦点をあてたものです。

これまでの二冊は、主に経営者の視点で理論と実践事例が語られてきました。しかし、両利きの経営は経営者のみで実現できるものではありません。なぜなら、経営者のリーダーシップに共感し呼応して動く実務レベルの人間が必要になってくるからです。本書は、豊富な実践事例をＣＥの視点で読み解き、両利きの経営の実践を描き出します。

注目すべきは、大企業の中で新事業を探索するＣＥは、スタートアップの起業家とは異なるという点です。ゼロ・ベースで新しい事業を生み出す起業家とは異なり、ＣＥはコア事業の経営資源を活用するという使命があります。つまり、起業家とＣＥとは似て非なる存在なのです。ＣＥにとって、既存の経営資源活用は、強みであると同時に弱みでもあります。

例えば、コア事業という足場がある故に、事業を立ち上げやすい一方で、コア事業からの抵抗によって事業開発のスピードが思うようにあがらない。それゆえ、ＣＥには二つの顔があります。一面においてはイノベーターの顔を持ちながら、一方で既存の組織システムに変革をもたらすチェンジ・エージェント（変革者）の顔を併せ持つ必要があるのです。つまり、CEは「コア事業と探索事業の両方を往復できる人材」、言わば、「架け橋となる人材」であると言えるでしょう。

さらに、CEのストーリーからその〝頭の中〟や〝胸の内〟を想像できることも本書の長所でしょう。両利きの経営の実現を左右するのは、「組織感情」です。CEという個人に焦点をあてることで、組織の外部からの観察ではなく、当事者の視点から実態を描き出すことを意図しています。

自分は安全なところに身を置いて、外側から冷静に観察しているだけでは、組織を動かしている原動力を感じ取ることはできません。現場では、「正しくても実行できない」という現実がある。タッシュマン・オライリー両教授は研究者の限界を自覚しているが故に、自らコンサルティング会社を設立し、理論と実践の往復運動を続けています。提唱者たちの観点で言えば、本書は両利きの実践を促すための「三本目の矢」という位置づけになります。読者の皆さんは、CEの立場に身を置き、彼／彼女の思考・行動・感情を通じて、両利きの経営の奥行きの深さを感じ取るとともに、実践の追体験をすることができるでしょう。

失敗事例から学べること

本書の魅力は何と言っても、CEが具体的な活動を通じて、どのように探索事業を立ち上げていくかをリアルに体系的に描いている点でしょう。しかし、個人的には、まず第十章から読み進めることをお勧めします。この章では「失敗事例」が分析されているからです。

なぜ成功している大企業においては探索事業が立ち上がりにくいのか、もう一歩踏み込んで言えば、なぜ探索事業はコア事業に殺されてしまうのか。意図せざる失敗が生まれる事情が生々しく描かれています。実際に探索事業に従事している方が読めば、まさにご自身の葛藤が書かれていると感じられるのではないでしょうか。

十章で注目すべきは、あのGEの衰退の歴史の一部が事例として取り上げられている点です。鳴り物入りで始まったGEデジタルという探索部門が、どのように失速し、やがて失敗に終わったか。その事例を通じて、コア事業が探索事業を殺してしまう「サイレント・キラー」が大企業の中には隠れていることを再認識されることでしょう。

オライリー教授とビンズ氏が来日した際に開催した経営者向けの講演において（二〇二一年七月）、一番反響があったのは、このGEデジタル失敗の事例でした。当時のCEOであったジェフリー・イメルト氏は、時代の先を読んでモノづくりメーカーを進化させる新しいコンセプト「インダストリアル・インターネット」を大々的に打ち出しました。探索事業部門としてGEデジタルを立ち上げ、外部からビル・ルース氏を招聘したものの、最後はコア事業との妥協を重ねた結果、GEデジタルは形骸化され、その先進的な取り組みは既存事業に「殺されて」しまったのです。

両利きの経営を実践するには、経営者の覚悟（価値判断）が問われる局面が必ず訪れます。参加された経営者にとっては、自社の取組みを振り返り、ご自身の覚悟を問い直す機会となったようです。本書が提示する数々のフレームワークと実践事例は、自社の現在地と実力を確認する絶好の素材となることでしょう。

ありたい姿（Being）だけではなく組織行動（Doing）

コア事業と探索事業では、その事業の論理、リズム、ワーク・フロー（組織プロセス）等がまるで違います。前者は効率／リスク回避が目的であるのに対し、後者は検証／挑戦が目的なので、それらが異なるのは当然です。

オライリー教授は、「実践の鍵は異なる組織カルチャーのマネジメントだ」と繰り返し強調します。なぜなら、事業システムの中でも特に組織カルチャーの形成が最も時間がかかり、経営トップのコミットメントがないと、全社共通のカルチャー、各事業部門において必要なサブ・カルチャーの実現が難しいからです。

オライリー教授の語る組織カルチャーとは、いわゆる社風や風土のことではありません。社風や風土と捉えてしまうと、マネジメントの対象となりえないからです。経営者が取り組むべき組織カルチャーとは、その組織特有の行動パターンであり、経営者の役割は、当該事業に適した行動パターンを生み出すための基準・原則を明示することなのです。

例えば、グローバル空調メーカーのダイキン工業では、「二流の戦略、一流の実行力で勝つ」という合言葉が社内にあります。そうしたモットーを支えている行動原則のひとつに、「答えのないところに答えを出し、走りながら修正する」というものがあります。強い組織カルチャーを有する組織は、価値観としてのありたい姿（Being）だけではなく、具体的な組織行動（Doing）として行動基準を設定しているのです。

流行のパーパスやMVV（ミッション・ビジョン・バリュー）を策定するだけでは、戦略の実行力は高まりません。経営者が必要な組織行動の文脈として、大きな方向性とセットで望ましい行動パターンの基準・原則を再設定し、自ら有言実行する。こうして初めて大企業に潜む「サイレント・キラー」を駆逐する組織行動にスイッチが入るのです。CEに期待される役割とは、これらの基準・原則を体現する「ロール・モデル」であるとも言えましょう。

行動の前提にある思考のあり方

本書は読まれる方の立場によって、様々な読み方ができます。例えば、CEや探索部門の方にとっては、自らの役割や行動を振り返る鏡となることでしょう。経営者の方であれば、探索部門にどのような支援が必要なのか、さらには具体的にどんな人材をCEに任命すべきかを考えるヒントとなるでしょう。コア事業の方にとっては、CEの行動や言動の背景にある論理や感情を理解するための良いテキストとなるのはないでしょうか。また本社コーポレート部門にとっては、ＣＥに対しては従来の管理型ではなく、支援型のアプローチが必要であることを再認識するきっかけになるでしょう。

様々な読み方と気づきが得られるのが本書の醍醐味ですが、どの立場の方にとっても有益なのは、十二章で触れられている「両立する」思考法（Both/And、課題を二者択一ではなく、両立できる課題として捉えなおす思考法）です。前節で組織行動の重要性に触れましたが、行動の前提には思考があることを考えると、その思考のあり方に着目することには大きな意義があります。

状況が複雑で、正解が存在しない事業環境においては、「ＡかＢか」ではなく、「ＡもＢも」という思考が求められます。目標が固定されている状況であるならば、その目標から逆算して、最も効率的な選択肢を選べばよいでしょう。しかし、目標自体が動いている状況にあっては、ＡもＢも試して、検証を通じて学びながら、自ら正解を作り出していく必要があります。不確実性に対応するアプローチが、従来の論理的な思考法とは異なるのです。

実際、両利きの経営を実践しているＡＧＣの宮地伸二副社長（ＣＦＯ）は、公開インタビューの場で次のような発言をされています。[5]

「両利きの経営は〈Ａ ｏｒ Ｂ〉ではなく、〈Ａ ａｎｄ Ｂ〉という発想でやっています。〈Ａ ｏｒ Ｂ〉の判断を求められることが多い中で、〈Ａ ａｎｄ Ｂ〉だと言うと、部下からは〈それは難しい〉と言われます。しかし、私は〈難しいからやるんだよ。

それが出来ればこそ、当社の差別化になるのだから〉、と言っています。」

ＡＧＣは二〇〇二年以来、「innovation and operational excellence」をシェアード・バリューとして、掲げてきました。ここにも「and」が表れています。矛盾したものを包摂する思考様式が、ＡＧＣにおける両利きの経営の底流に流れているとも言えましょう。

両利きの経営を、「矛盾のマネジメント（Management of Paradox）」という文脈で捉えようとしている研究者たちもいます。(6) また日本にも、矛盾したものを包摂して考えることを「楕円思考」と呼んだ経営者がいます。(7)

不確実性がますます高まる事業環境において、二者択一だけでは乗り切れない経営の局面もあることでしょう。もし判断の選択肢が二者択一に陥り、葛藤やジレンマを感じる場合には、一歩引いて、相矛盾するものを両立できる課題として捉えなおしてみる。それは敢えて組織の中に矛盾を抱え込むことで組織の進化を目指す両利きの経営を実践することの第一歩です。矛盾の中で感じる違和感にこそ、私たちのパーパスにつながるヒントが隠れているのです。

本書を通じて、「両利きの経営」が概念論を越えて、さらに具体的な実践論へと加速することを願ってやみません。

二〇二三年一月

株式会社アクション・デザイン

加藤雅則

解説・注

1 タッシュマン・オライリー両教授が提唱する「両利きの経営」論は、コア事業と探索事業を構造的に分離する点を特徴としています。組織の構造的分離には、組織間での経営資源の再配分が必要であることから、最低でも事業部レベルでの両利き論を想定しています。つまり、個人レベルやチームレベルでの両利きは想定していない点ついて、注意が必要です。

2 一般的な両利きの理論研究には、組織学習論と組織進化論の流れがあります。また研究対象も、組織レベルの両利き論から個人レベルまで、幅広い射程を有しています。しかし、タッシュマン・オライリー両教授の提唱する理論は「構造的両利き」と分類されるもので、組織レベルを扱っています 。そのベースにある考え方は、組織経営のシステム論、すなわちコングルエンス・モデル （組織経営の整合性モデル）です。コングルエンス・モデルについては『両利きの組織をつくる――大企業病を打破する「攻めと守りの経営」』（加藤雅則、チャールズ・A・オライリー、ウリケ・シェーデ著、英治出版、2020年）の70頁以降を参照。

3 AGCの両利きの経営については、以下のサイトを参照。「【超図解】日本初の「両利きの経営」事例企業はどう課題を打破してきたのか」、https://www.agc.com/hub/pr/np_infographic.html

4 2022年７月の来日時における独占インタビューで、オライリー教授は「両利きの経営は知の探索ではない」と明言しています。（「【本家】両利きの祖師が、日本に「どうしても伝えたいこと」〔特集：本当の両利きの経営〕、NewsPicks、2022年7月26日号）

5 『NewsPicks Stage.：New Business Way #1 両利きの経営で企業の進化を加速する――両軸を実現する経営＆組織戦略――』（2022年5月25日配信）

6 Wendy K. Smith, Marianne W. Lewis, *Both/And Thinking: Embracing Creative Tensions to Solove Your Toughest Problems* (Harvard Business Review Press 2022)

7 常盤文克著『楕円思考で考える経営の哲学』（日本能率協会マネジメントセンター、2017年）

図表一覧

ハーバード・ビジネス・レビュー』、2014年8月号]

8 Michael L. Tushman, David Kiron, and Adam Kleinbaum, “BT Plc: The Broadband Revolution (A),” ハーバード経営大学院ケース407-0001、2006年9月（2007年10月改訂）

9 著者とのインタビュー（2017年9月）より。

5 McDonald and Bremner, “When It’s Time.”［「ストーリーは時に足かせにもなる――戦略転換でステークホルダーを説得する法」ロリー・マクドナルド、ロバート・ブレンナー著］

6 Sebastian Klein and Ben Hughes, *The Loop Approach* (Campus, 2020).

7 Andrew Binns and Michael L. Tushman, “Getting Started with Ambidexterity,” in *Advancing Organizational Theory in a Complex World* (Routledge, 2016).

8 Andrew Binns, J. Bruce Harreld, Charles A. O’Reilly, and Michael L. Tushman, “The Art of Strategic Renewal,” *MIT Sloan Management Review*, Winter 2014.

9 David Thomson, *Blueprint to a Billion* (Wiley, 2006).

12 実行する覚悟――新規事業の量産化を決断するリーダー

1 Michael Tushman, Colin Maclay, and Kerry Herman, “Denver Public Schools 2015: Innovation and Performance?” ハーバード経営大学院ケースPEL-076、2016年

2 Meg Wingerter, “Imaginarium Never Got a Chance to Make Change for DPS Students, Some Former Leaders Say,” *Denver Post*, August 12, 2019, https://www.denverpost.com/2019/08/12/imaginarium-denver-public-schools-achievement-gap/

3 Robert Kegan and Lisa Laskow Lahey, “The Real Reason People Won’t Change,” *Harvard Business Review*, November 2001.

4 Wendy K. Smith, Marianne W. Lewis, and Michael L. Tushman, “‘Both/And’ Leadership,” *Harvard Business Review*, June 2016［「矛盾を受け入れる動的均衡のマネジメント――リーダーは「二者択一」の発想を捨てよ」ウェンディ・K・スミス、マリアンヌ・W・ルイス、マイケル・L・タッシュマン著、辻仁子訳、『DIAMONDハーバード・ビジネス・レビュー』、2017年5月号］

5 企業も事例も実在するが、個人情報に配慮して仮名とした。

6 David Snowden and Mary Boone, “A Leader’s Framework for Decision Making,” *Harvard Business Review*, November 2007「『クネビン・フレームワーク』による臨機応変の意思決定手法」、デイビッド・J・スノウドン、メアリー・E・ブーン著、松本直子訳、『DIAMONDハーバード・ビジネス・レビュー』、2008年3月号

7 Donald L. Laurie and J. Bruce Harreld, “Six Ways to Sink a Growth Initiative,” *Harvard Business Review*, July 2013［「新規事業が頓挫する6つの理由――成長には何が必要か」ドナルド・L・ローリー、J・ブルース・ハレルド著、『DIAMOND

6 Geoff Colvin, "What the Hell Happened at GE?," *Fortune*, June 1, 2018.

7 Karim R. Lakhani and Michael L. Tushman, "Havas: Change Faster," ハーバード経営大学院、マルチメディア・動画ケース615–702、2014年9月

8 Giovanni Gavetti, "Kodak: Interview with Dr. George Fisher, Video," ハーバード経営大学院、2005年10月1日

9 Daniel Kahneman, *Thinking, Fast and Slow* (Farrar, Straus and Giroux, 2011)［『ファスト＆スロー――あなたの意思はどのように決まるか？』ダニエル・カーネマン著、村井章子訳、早川書房、2012年］

10 Dan Seifert, "Mozilla Has Killed the Firefox Phone," The Verge, December 8, 2015.

11 "GE Reduces Future Investment in Predix," センティエントサイエンス社のブログ：http://blog.sentientscience.com/blog/ge-reduces-future-investment-in-predix-digitalization-solution-what-went-wrong（2018年7月23日にアクセス）

12 P&GのラフリーCEOとGEのイメルトCEOとの対談。CNNで2006年12月11日に放送。

13 Michael L. Tushman, *GE Case*、ハーバード経営大学院のケーススタディとして使用予定。Lohr, "GE Makes a Sharp Pivot."も参照のこと。

11　二重らせん――イノベーションと組織変革を「両立する」リーダー

1 David Snowden, "The Art and Science of Story," *Business Information Review*, 17, no. 3 (September 2000).

2 我々の推薦記事は、Jeff Dyer, Nathan Furr, and Mike Hendron, "Overcoming the Innovator's Paradox," *MIT Sloan Management Review*, July 20, 2020。高リスクの価値提案を聴衆に伝えるために起業家が用いる方法が多く取り上げられている。

3 Rory McDonald and Robert Bremner, "When It's Time to Pivot, What's Your Story?" *Harvard Business Review*, September 2020［「ストーリーは時に足かせにもなる――戦略転換でステークホルダーを説得する法」ロリー・マクドナルド、ロバート・ブレンナー著、渡部典子訳、『DIAMONDハーバード・ビジネス・レビュー』、2021年1月号］

4 Charles O'Reilly and Michael Tushman, *Lead and Disrupt* (Stanford University Press, 2021)［『両利きの経営（増補改訂版）――「二兎を追う」戦略が未来を切り拓く』チャールズ・A・オライリー、マイケル・L・タッシュマン著、入山章栄監訳、渡部典子訳、東洋経済新報社、2022年］

Press, 2021)［『両利きの経営（増補改訂版）――「二兎を追う」戦略が未来を切り拓く』チャールズ・A・オライリー、マイケル・L・タッシュマン著、入山章栄監訳、渡部典子訳、東洋経済新報社、2022年］

3 同上。

4 同上。

5 Peter Robertson, *Always Change a Winning Team* (Marshall Cavendish Business, 2005)。CE志望者の必読書である。

9 CEのリスクと報酬

1 Will Gornall and A. Strebulaev, "Squaring Venture Capital valuations with Reality," *Journal of Financial Economics* 135, no. 1 (January 2020): 120–143.

2 Mitch Wagner, "Cisco's 'Spin In' Innovation Team Spins Out," *Light Reading*, June 7, 2016, https://www.lightreading.com/carrier-sdn/sdntechnology/ciscos-spin-in-innovation-team-spins-out/d/d-id/723891（2019年2月11日にアクセス）

3 Elham Asgari and Richard Hunt, "The Curious Case of Corporate Spin-ins," *Frontiers of Entrepreneurship Research* 35, no. 13 (2015).

１０ 探索事業を妨げる「サイレントキラー」

1 Karim R. Kakhani, Marco Iansiti, and Kerry Herman, "GE and the Industrial Internet," ハーバード経営大学院ケーススタディ、2014年

2 Brad Power, "How GE Applies Lean Startup Practices," *Harvard Business Review*, April 23, 2014; Ashley Kindergan, "Digital Magic: How Eric Ries Brought The Startup Way to GE," October 31, 2017, www.ge.com/news/reports/digital-magic-eric-ries-brought-startup-way-ge（2020年8月15日にアクセス）

3 Jeffrey R. Immelt, "How I Remade GE," *Harvard Business Review*, October 2017.［「GEで切り拓いたデジタル・インダストリアル・カンパニーへの道」ジェフリー・R・イメルト著、『DIAMONDハーバード・ビジネス・レビュー』、2017年12月号］

4 J. Stewart Black, "Digitization of an Industrial Giant," 欧州経営大学院（INSEAD）ケーススタディ、2017年9月

5 Steve Lohr, "G.E. Makes a Sharp 'Pivot' on Digital," *New York Times*, April 19, 2018.

7 *BCC Report*, *Elder Care Services and Assistive Devices*, BCC Publishing, January 2021.

8 Daphne Howland, “Best Buy Goes on the Offensive with New Growth Strategy,” *Retail Dive*, September 20, 2017, https://www.retaildive.com/news/best-buy-goes-on-the-offensive-with-new-growth-strategy/505322/（2020年5月11日にアクセス）

7 探索事業部

1 その後設立した「マイクロソフト・チームズ」部署はさらに高い自治権を持ち、めざましい生産性を持つサービスを生み出した。

2 Charles O’Reilly and Michael Tushman, *Lead and Disrupt* (Stanford University Press, 2021)［『両利きの経営（増補改訂版）――「二兎を追う」戦略が未来を切り拓く』チャールズ・A・オライリー、マイケル・L・タッシュマン著、入山章栄監訳、渡部典子訳、東洋経済新報社、2022年］

3 同上。

4 Sheila Melvin and Charles O’Reilly, “The Intel Incubation Program: Disruption Inside,” スタンフォード大学ケース、2020年10月

5 Charles O’Reilly, “AGC Inc. in 2019,” スタンフォード大学経営大学院

6 Hieu Nguyen and Amy Wilkinson, “Walmart: Driving Innovation at Scale,” スタンフォード大学経営大学院

7 Sarah Perez, “Walmart Shuts Down Its Experimental Personal Shopping Service, Jet Black,” *Tech Crunch*, February 13, 2020, https://techcrunch.com/2020/02/13/walmart-shuts-down-its-experimental-personal-shopping-service-jet-black/.

8 Nathan Furr and Andrew Shipilov, “How Does Digital Transformation Happen?” 欧州経営大学院（INSEAD）、ケース02/2018-6348.

8 探索事業システム

1 データベース「クランチベース」によると、米国のベンチャーキャピタルによる資金額は2021年1月に過去最高を更新した。以下サイト参照：https://news.crunchbase.com/news/january-2021-vc-funding-report-record/

2 Charles O’Reilly and Michael Tushman, *Lead and Disrupt* (Stanford University

チャー創業から大企業の新事業立ち上げまで』スティーブン・G・ブランク、ボブ・ドーフ著、堤孝志・飯野将人訳、翔泳社、2012年] Eric Ries, *The Lean Startup* (Currency, 2011) [『リーン・スタートアップ――ムダのない起業プロセスでイノベーションを生みだす』エリック・リース著、井口耕二訳、日経BP社、2012年]

3 David Kelley and Tom Kelley, *Creative Confidence* (Currency, 2013) [『クリエイティブ・マインドセット――想像力・好奇心・勇気が目覚める驚異の思考法』デイヴィッド・ケリー、トム・ケリー著、千葉敏生訳、日経BP社、2014年]

4 本情報の提供元を失念してしまった。著者(アンドリュー)に事例を共有してくださった方にお詫び申し上げる。

5 Ron Adner, *The Wide Lens* (Penguin Portfolio, 2012) [『ワイドレンズ――イノベーションを成功に導くエコシステム戦略』ロン・アドナー著、清水勝彦監訳、東洋経済新報社、2013年]

6 同上。

7 Daniel Kahneman, *Thinking, Fast and Slow* (Farrar, Straus and Giroux, 2011) [『ファスト&スロー――あなたの意思はどのように決まるか?』ダニエル・カーネマン著、村井章子訳、早川書房、2012年]

6 量産化――新規事業のための資産を集める

1 Michael J. Mauboussin and Dan Callahan, "Public to Private Equity in the United States: A Long-Term Look," Morgan Stanley, August 4, 2020.

2 Alan Lewis and Dan McKone, "So Many M&A Deals Fail Because Companies Overlook This Simple Strategy," *Harvard Business Review*, May 10, 2016, https://hbr.org/2016/05/so-many-ma-deals-fail-because-companies-overlook-this-simple-strategy. (2019年2月11日にアクセス)

3 Yaakov Weber, Shlomo Tarba, and Christina Öberg, "M&A Paradox"。出典は *A Comprehensive Guide to Mergers and Acquisitions* (FT Press, 2013), 3–12.

4 Lewis and McKone, "So Many M&A Deals Fail"

5 Charles A. O'Reilly III, J. Bruce Harreld, and Michael L. Tushman, "Organizational Ambidexterity: IBM and Emerging Business Opportunities," *California Management Review*, July 1, 2009.

6 Jerome Buvat et al., *Digital Talent Gap*, Capgemini Digital Transformation Institute, June–July 2017.

Chotukool: A Cooling Solution for Mass Markets," *Harvard Business Review*, November 15, 2011.

5 Alan Klement, *When Coffee and Kale Compete* (CreateSpace Independent Publishing Platform, 2018).

6 Kahneman, *Thinking, Fast and Slow* ［『ファスト＆スロー――あなたの意思はどのように決まるか？』ダニエル・カーネマン著］

7 Vanessa Ceia, "Corporate Explorers to Watch in 2021: Sara Carvalho, Bosch Innovation Consulting," Change Logic, April 1, 2021, https://changelogic.com/blog/corporate-explorer-sara-carvalho（2021年6月20日にアクセス）

8 Jonathan Alan Silver and John Charles Thompson Jr. "Understanding Customer Needs: A Systematic Approach to the 'Voice of the Customer'" (master's thesis, MIT, 1991).

9 Lance Bettencourt and Anthony Ulwick, "The Customer-Centered Innovation Map," *Harvard Business Review*, May 2008［「ジョブ・マッピングでイノベーションを見出す」ランス・A・ベッテンコート、アンソニー・W・アルウィック著、鈴木敏昭抄訳、『DIAMONDハーバード・ビジネス・レビュー』、2008年12月号］

10 「顧客バリューマップ」手法はジョージ・グラッキンにご教示いただいた。ここで謝意を表したい。

11 Bettencourt and Ulwick, "The Customer-Centered Innovation Map."［「ジョブ・マッピングでイノベーションを見出す」ランス・A・ベッテンコート、アンソニー・W・アルウィック著］

12 C. K. Prahalad and Gary Hamel, "The Core Competence of the Corporation," *Harvard Business Review* 68, no. 3(1990): 79–91.

13 Ulrike Schaede, Vanessa Ceia, and Charles O'Reilly, "NEC Corporation 2020: Innovating for the Future," スタンフォード経営大学院、ケースOB-106、2021年1月26日

5 育成――検証を通して学ぶ

1 Michael Tushman, John Winsor, and Kerry Herman, "Deloitte's Pixel (A): Consulting with Open Talent," ハーバード経営大学院、ケース9-420-003.

2 Steve Blank and Bob Dorf, *The Startup Owner's Manual: The Step-by-Step Guide for Building a Great Company* (Wiley, 2020)［『スタートアップ・マニュアル――ベン

2 Shikhar Ghosh, quoted in Carmen Nobel, "Why Companies Fail – and How Their Founders Can Bounce Back," ハーバード経営大学院「ワーキング・ナレッジ」、2011年3月7日

3 *Global Startup Ecosystem Report*, Startup Genome Project, May 9, 2019; Phil Santoro; "Why Startups Fail: Lessons from 150 Founders," February 8, 2021, Wilbur Labs.

4 Alexis C. Madrigal, "Moondoggle: The Forgotten Opposition to the Apollo Program," *The Atlantic*, September 12, 2012.

3 戦略的抱負の条件

1 Nathan Furr and Andrew Shipilov, "How Does Digital Transformation Happen?" 欧州経営大学院（INSEAD）、マスターカード事例（A）（2018年）、（B）（2020年）

2 Interview with Ajay Banga, *Singju Post*, December 7, 2015. NEC 2030 Vision, www.nec.com

3 Michael Tushman, David Kiron, and Adam M. Kleinbaum, "BT Plc: The Broadband Revolution," ハーバード経営大学院、ケース407-001、2006年9月（2007年10月改訂）

4 マニフェストの例は、以下を参照。www.changelogic.com/manifesto

4 着想――新規事業のアイデアを出す

1 Ann-Christine Duhaime, "Our Brains Love New Stuff, and It's Killing the Planet," *Harvard Business Review*, March 17, 2017.

2 Daniel Kahneman, *Thinking, Fast and Slow* (Farrar, Straus and Giroux, 2011)［『ファスト＆スロー――あなたの意思はどのように決まるか？』ダニエル・カーネマン著、村井章子訳、早川書房、2012年］

3 Charles Arthur, "Mozilla Still Has Three Big Problems – and Now It Needs a New CEO," *The Guardian*, April 4, 2014, https://www.theguardian.com/technology/2014/apr/04/mozilla-still-has-three-big-problems-and-now-it-needs-a-new-ceo (2020年5月19日にアクセス).

4 Charles Dhanaraj, Balasubrahmanyam Suram, and Prasad Vemuri, "Godrej

原注

1 社内イノベーションの利点

1 Charles O'Reilly and Michael Tushman, *Lead and Disrupt* (Stanford University Press, 2021)［『両利きの経営（増補改訂版）――「二兎を追う」戦略が未来を切り拓く』チャールズ・A・オライリー、マイケル・L・タッシュマン著、入山章栄監訳、渡部典子訳、東洋経済新報社、2022年］

2 Tom Kelley and David Kelley, *Creative Confidence: Unleashing the Creative Potenaial within Us All* (Crown Business, 2013)［『クリエイティブ・マインドセット――想像力・好奇心・勇気が目覚める驚異の思考法』トム・ケリー、デイヴィッド・ケリー著、千葉敏生訳、日経BP社、2014年］

3 Robert A. Burgelman, *Strategy Is Destiny* (New York: Free Press, 2002), 269［『インテルの戦略――企業変貌を実現した戦略形成プロセス』ロバート・A・バーゲルマン著、石橋善一郎・宇田理監訳、ダイヤモンド社、2006年］

4 Steve Blank and Bob Dorf, *The Startup Owner's Manual: The Step-by-Step Guide for Building a Great Company* (Wiley, 2020)［『スタートアップ・マニュアル――ベンチャー創業から大企業の新事業立ち上げまで』スティーブン・G・ブランク、ボブ・ドーフ著、堤孝志・飯野将人訳、翔泳社、2012年］

5 O'Reilly and Tushman, *Lead and Disrupt*［『両利きの経営（増補改訂版）――「二兎を追う」戦略が未来を切り拓く』チャールズ・A・オライリー、マイケル・L・タッシュマン著］残念ながら、二〇一〇年にCEOが替わると、IBMはEBOプログラムを中止した。その後の一〇年間は、変革に割ける労力の減少によって苦戦している。

6 同上。

7 Michael Beer and Russell Eisenstat, "The Silent Killers of Strategy Implementation and Learning," *MIT Sloan Management Review* 41, no. 4 (2000).

2 新規事業は CE が動かす

1 Amy Wilkinson, *The Creator's Code* (Simon & Schuster, 2015)［『クリエイターズ・コード』エイミー・ウィルキンソン著、武田玲子訳、日本実業出版社、2016年］

［著者］

アンドリュー・J・M・ビンズ　Andrew J. M. Binns

ボストンを拠点とするコンサルティング会社チェンジ・ロジックの共同創業者。組織の大変革を率いるCEOや経営陣とともに、組織が潜在性を解き放ち、イノベーションで世界中に変化を起こすことを目指している。マッキンゼー・IBM・チェンジ・ロジックにおいて、25年にわたり社内／社外コンサルタントを務めてきた。IBMの「新規事業創出（EBO）プログラム」にも深く関わり、副会長賞も受けた。企業やビジネススクールでの講演も多数。

オライリー教授と共同執筆した記事「Three Disciplines of Innovation」は、2020年に『カリフォルニア・マネジメント・レビュー』の年間最優秀記事に選ばれた。『ハーバード・ビジネス・レビュー』に「Ambidextrous CEO」、『MITスローン・マネジメント・レビュー』に「The Art of Strategic Renewal」などの記事も共同執筆。書籍『Advancing Organizational Theory in a Complex World』では、「Getting Started with Ambidexterity」を寄稿。また、ドラッカー経営大学院の「the Center for Future Organization」のエグゼクティブ・フェローを務め、変革を起こす人材ネットワーク「the Fast Company Executive Board」の一員でもある。サセックス大学、ニューヨーク大学、ロヨラ大学シカゴ校のクインラン・ビジネススクールで、政治学・マーケティング・組織開発の学位を取得。

チャールズ・A・オライリー　Charles A. O'Reilly III

スタンフォード大学経営大学院教授（The Frank E. Buck Professor of Management）、チェンジ・ロジックの共同創業者。ハーバード・ビジネス・スクールのプログラム「Leading Change and Organizational Renewal」を共同担当。これまで、組織カルチャー・人材管理・組織変革とイノベーションが企業に与える影響などを幅広く研究。現在の研究対象は、リーダーシップ、組織カルチャー、経営陣がイノベーションや組織変革に及ぼす影響、人材管理など。アドバイザー・講演家として、大企業からも人気が高い。

タッシュマン教授との共著『両利きの経営（増補改訂版）――「二兎を追う」戦略が未来を切り拓く』（東洋経済新報社、2022年）、『競争優位のイノベーション――組織変革と再生への実践ガイド』（ダイヤモンド社、1997年）、ジェフリー・フェファーとの共著『隠れた人材価値――高業績を続ける組織の秘密』（翔泳社、2002年）などの著書がある。論文も数多く執筆し、『カリフォルニア・マネジメント・レビュー』の年間最優秀記事に三回選ばれた。アカデミー・オブ・マネジメント（AOM）から最優秀論文賞と組織行動部門の生涯功労賞を受賞。

[著者]

マイケル・L・タッシュマン　Michael L. Tushman

ハーバード・ビジネススクール（HBS）教授（Baker Foundation Professor, Paul R. Lawrence, MBA Class of 1942 Professor Emeritus, and Charles〔Tex〕Thornton Chair of the Advanced Management Program〔AMP〕）、チェンジ・ロジックの共同創業者。世界中のCEOや経営陣とともにコンサルタントとしても活動している。

AMP以外に「Leading Change and Organizational Renewal」で主任教授を務め、HBSの「Program for Leadership Development」の前主任教授でもあった。同校初の他学連携オンライン講義「Harvard Business Analytics Program」でも教鞭をとる。アカデミー・オブ・マネジメント（AOM）から経営部門の最優秀論文賞を受賞。

主な著書に『両利きの経営』、『競争優位のイノベーション』（ともにオライリー教授との共著）、『Navigating Change: How CEOs, Top Teams, and Boards Steer Transformation』（ドナルド・ハンブリックとデービッド・ナドラーとの共著、1998）、『Competing by Design: A Blueprint for Organizational Architectures』（デービッド・ナドラーとの共著、1998）、『Managing Strategic Innovation: A Collection of Readings』（フィリップ・アンダーソンとの共著、2004）がある。コロンビア大学経営大学院の主任教授、マサチューセッツ工科大学（MIT）の客員教授、フランスの欧州経営大学院（INSEAD）教授を経て現職。

ノースイースタン大学で電気工学修士、コーネル大学で理学修士、MITのスローン経営大学院で博士号を取得し、ジュネーヴ大学からは名誉博士号を授与されている。博士課程の学生への指導経験も豊富で、AOMのフェローにも選出。

[訳者]

加藤今日子　Kyoko Kato

翻訳者。愛知県立大学外国語学部英米学科卒。主な訳書に『ベゾス・レター――アマゾンに学ぶ14カ条の成長原則』（すばる舎）、『マグネティック・マーケティング――新規顧客を引き寄せて離さない集客システム』、『Google広告「超」集客術――世界最大のインターネット広告で新規客を集める方法』、『ストーリー説得術――人を動かす5つの実践ステップ』（いずれもダイレクト出版）などがある。

[解説]

加藤雅則　Masanori Kato

（株）アクション・デザイン代表取締役、IESE（イエセ）客員教授。

2000年以来、上場企業を中心とした人材開発・組織開発に従事する。経営陣に対するエグゼクティブ・コーチングを起点とした対話型組織開発を得意とする。「両利きの経営」の提唱者であるオライリー教授（スタンフォード大学経営大学院）の日本における共同研究者であり、オライリー教授が会長を務めるコンサルティング会社チェンジ・ロジック社の東京駐在を兼務する。大手企業を中心に、人材育成・組織開発・後継者育成に関するアドバイザーを多数務める。主な著書として、『両利きの組織をつくる』（チャールズ・A・オライリー、ウリケ・シェーデとの共著）『組織は変われるか』（ともに英治出版）がある。

● 英治出版からのお知らせ

本書に関するご意見・ご感想を E-mail（editor@eijipress.co.jp）で受け付けています。
また、英治出版ではメールマガジン、Web メディア、SNS で新刊情報や書籍に関する記事、イベント情報などを配信しております。ぜひ一度、アクセスしてみてください。

メールマガジン：会員登録はホームページにて
Web メディア「英治出版オンライン」：eijionline.com
ツイッター：@eijipress
フェイスブック：www.facebook.com/eijipress

コーポレート・エクスプローラー

新規事業の探索と組織変革をリードし、「両利きの経営」を実現する４つの原則

発行日	2023 年 2 月 8 日　第 1 版　第 1 刷
著者	アンドリュー・J・M・ビンズ、チャールズ・A・オライリー、 マイケル・L・タッシュマン
訳者	加藤今日子（かとう・きょうこ）
解説	加藤雅則（かとう・まさのり）
発行人	原田英治
発行	英治出版株式会社 〒 150-0022 東京都渋谷区恵比寿南 1-9-12 ピトレスクビル 4F 電話　03-5773-0193　　FAX　03-5773-0194 http://www.eijipress.co.jp/
プロデューサー	平野貴裕
スタッフ	高野達成　藤竹賢一郎　山下智也　鈴木美穂　下田理 田中三枝　上村悠也　桑江リリー　石﨑優木　渡邉吏佐子 中西さおり　関紀子　齋藤さくら　下村美来
印刷・製本	中央精版印刷株式会社
装丁	山之口正和（OKIKATA）
校正	株式会社ヴェリタ
翻訳協力	株式会社トランネット　http://www.trannet.co.jp/

ISBN978-4-86276-329-7　C0034　Printed in Japan